KB251987

마라톤 아무것도 아니다

거설픈 마라톤 마니아의 완주기 모음

2

마라톤

아무것도 아니다

양원희 지음

이담
Books

　마라톤을 시작한 것이 2002년 7월로써 이제 6년 6개월째 접어들었다. 그동안 10킬로미터를 처음 뛴 후 실력을 조금 늘려 하프를 뛰고 더 연습해서 풀코스에 도전을 하였고 100킬로미터 울트라마라톤도 완주해 보았다. 마라톤을 본격적으로 시작하기 전에는 인터넷을 통하여 마라톤온라인, 마라톤 114 등 전문사이트를 통해 마라톤에 관한 지식과 정보를 얻었다. 21C 지식정보화 시대를 맞이하여 우리나라가 전 세계적으로 두각을 보인 IT기술의 고도화, 보편화의 영향과 혜택을 크게 입은 것이다. 내 몸과 생활여건에 맞는 운동의 필요성이 절실하게 필요한 상황에서 인터넷을 통한 정보의 접근이 이를 가능하게 한 것이다.

　그긴 10킬로미터와 하프코스를 가 20여 회씩 뛰었고 풀코스는 24회, 100킬로미터 울트라는 1회를 완주하였다. 2007년 8월 울릉도에서 개최된 '독도 지키기 울릉도오징어마라톤대회'는 10명 미만의 선수가 풀코스에 참가했는데 30킬로미터 지점에서 포기해 버린 안타까운 기억도 가지고 있다. 그리 많이 뛰지도 않았지만 기록은 과히 좋지 않다. 4시간 안에 완주한 것이 3번 밖에 되지 않는다.

　달리는 것이 좋아 참가 신청은 많이 하나, 이런저런 핑계로 연습을 충분히 하지 못하니 당연한 결과지만 기록에는 개의치 않으려고 한다. 실력이 없는 핑계일 수도 있겠지만 대회가 열리는 대한민국의 방방곡곡을 찾아 아름다운 산하를 달리며 보고 즐기고 느끼고 싶다. 그리고 경비가 허락되면 세계 5대 메이저대회는 물론, 해외의 유명 마라톤대회에도 참가해 보고 싶다.

사람을 즐겨 만나고 술도 매우 즐기는 편이다. 본래 운동에 소질도 없지만 흥미도 느끼지 못해 남녀노소 누구나 다 하는 등산조차도 하지 않았다. 그래도 술을 자주 많이 하는 까닭에 뭔가는 해야 한다는 강박관념과 친구의 권유로 1988년에 동해시청 테니스클럽에 가입하였다. 그러나 여유시간과 잘 맞지도 않고 테니스를 잘해 보아야겠다는 성취 욕구도 일어나지 않아 월 2~3회 정도 라켓만 들고 오가며 음식만 축내는 회원생활을 13년이나 하였다.

이래서는 안 된다. 찾아보면 뭔가 내 생활에 맞는 운동이 있을 것이라는 절박한 마음과 막연한 기대감 속에서 발견한 것이 달리기였고 이때가 2001년이었다. 2001년 하반기부터 2002년 상반기까지 인터넷을 뒤지면서 활자로나마 마라톤상식을 배웠고 흥미를 가지게 되었다. 마침내 나의 주도로 2002년 7월 동해시청마라톤클럽을 창립하였고, 26명의 동료들과 함께 본격적으로 달리기를 시작하였다. 동해시에서 주최하는 마라톤대회의 개최를 2001년부터 제안하여 2004년에 제1회 동해해돋이하프마라톤대회가 열리기도 하였다. 수년 전에 테니스는 그만두고 두 번째로 동해마라톤클럽에 가입하여 이제는 마라톤에 올인하고 있으며 달리기중독프로그램을 통해 자가진단을 해 본 결과 중증 중독 상태로 판정이 나온다. 연습 및 대회 참가를 포함해서 6년 6개월간 띈 거리는 대략 873회

7,400킬로미터이다. 건강도 중요하고 성취감도 필요하지만 조금이라도 뜻있게 달린다는 뜻에서 2006년부터는 킬로미터당 100원씩 적립하여 기부금으로 내고 있다. 2008년 4월에는 6년간 꿈꾸고 3년간 준비하여 아내와 함께 제112회 보스턴마라톤대회에 다녀왔는데 마라톤을 세계적인 축제로 승화시킨 문화적인 충격을 크게 받았으며 세상을 보는 시야도 많이 넓히는 계기가 되었다. 처음에는 아무런 목적도 없이 단지 달리는 것으로 시작하였으나 스스로의 여행과 그 누군가를 위한 정보 제공 차원에서 기록을 조금씩 하게 되었는데 글의 구성과 내용도 조금씩 보완되어 가는 느낌이다. 귀찮은 가운데 순간순간 메모하고 조금씩 틈을 내어 기록을 남긴 것이 보잘것없지만 이 책을 발간하기에까지 이르게 된 것이다.

수많은 책들이 나름대로의 주제와 내용을 가지고 끊임없이 발간되고 있다. 이 글은 내 눈으로 보고 느낀 것을 더하고 빼어냄이 없이 내 수준에 맞추어 쓴 것이다. 잘잘못을 따지거나 악의적인 뜻은 전혀 없으므로 다소 부정적이고 비판적인 내용이 있더라도 오해가 없기를 바란다. 또한 간혹 성명이나 상호 등이 실명으로 등장하는데 이미 외부에 노출되고 공개된 것이므로 개인정보 보호나 사생활 침해 등의 문제는 발생되지 않을 것으로 생각되었고 온라인상의 여러 마라톤 사이트를 통하여 이미 공개된 글임을 밝혀둔다.

아내는 내가 마라톤 여행을 다니는 것에 대하여 표면적으로는 적극 찬성하고 도와준다. 아마도 마라톤을 핑계로 내 용돈을 모아 울릉도로, 보스턴으로 동반여행을 다녀온 약발도 조금은 작용했을 것이다. 그럼에도 "너무 자주 풀코스를 뛰는 것이 아니냐, 마라톤을 많이 하면 빨리 늙는다고 하더라”며 걱정해 준다. 또한 나에게 관심과 애정을 갖고 지켜봐 주시는 분들께서도 아내와 비슷한 말씀을 하시며 염려해 주신다. 모두 너무 고맙다. 아직까지는 SUB-3을 한다거나 기록을 얼마 단축하겠느니 하는 목표는 없다. 그냥 달리는 것 자체가 좋고, 건강을 유지 증진시키며 스트레스를 해소하는 데 도움이 되므로 즐길 뿐이다.

먼저 가족과 함께해야 할 시간을 내게 배려하여 마라톤을 즐길 수 있도록 넓게 이해하여 주었음은 물론, 늘 큰 관심을 갖고 적극 도와준 아내와 가족들에게 고마움과 사랑의 마음을 전한다. 그리고 마라톤을 시작할 때부터 지금까지 거칠게 호흡하고 굵은 땀방울을 같이 흘리면서 관심과 애정으로 함께 해 주신 동해시청마라톤클럽 회원 여러분과 동해마라톤클럽 회원 여러분께도 깊은 감사를 드린다. 끝으로 모든 마라톤 현장에서 기쁨과 슬픔, 고통과 즐거움을 같이하면서 마라톤 발전을 위해 코스를 달리는 모든 분들의 건강하고 행복한 생활을 기원하며 마라톤대회의 성공 개최를 위해 애쓰신 모든 분들께도 깊은 감사의 뜻을 전한다.

2009년 1월

| 목차

5   책머리에

13   풀코스를 너무 얕본 '제8회 양평 맑은 물 사랑 이봉주 마라톤대회'(5번째)

18   술의 유혹을 이기지 못해 고생한 '제4회 하이서울마라톤대회'(6)

25   전설과 즐거움을 함께한 '2006 조선일보 춘천마라톤대회'(7)

31   마라톤 맛을 배워가는 '제7회 경향신문 서울마라톤대회'(9)

37   또 하나의 잊지 못할 새로운 경험 '제12회 바다의 날 마라톤대회'(10)

47   첫 울트라 완주, 도와주신 모든 분께 감사를. '2007 진고개 대관령 울트라마라톤대회'(11)

59   분단과 6·25 전쟁의 현장을 체험하면서 달린 '제4회 철원DMZ 국제평화마라톤대회'(12)

70   너무도 아쉬움이 남는 '제7회 독도 지키기 울릉도 오징어마라톤대회'(13번째 도전 실패기)

77   뛰고 즐기면서 도와주는 '2007 국제평화 기원 마라톤축제'(13)

85   가을의 전설은 만들지 못했지만 즐거웠던 '2007조선일보춘천마라톤대회'(14)

93   그래도 조금은 아쉬웠던 '2007 중앙서울마라톤대회'(15)

102 혹독했던 날씨 속의 '2008 새해 첫날 마라톤대회'(16)

114 以熱治寒, 독감과의 일전을 치fms '제5회 한강 동계 마라톤대회'(17)

125 처음으로 조금은 즐겁게 달린 '제11회 서울마라톤대회'(18)

135 '제112회 보스턴마라톤대회' 참가 및 캐나다 여행기(19)

191 아들의 군 입대 기념 '제4회 HCN 충북방송 충주마라톤대회'(20)

202 화천의 아름다움과 함께한 '평화통일기원 제7회 비목마라톤 대회'(21)

211 첫 산악마라톤 참가, '한가위맞이 제5회
남산우정마라톤대회'(22)

220 포기와 자존심의 갈등, '2008 경기
평화통일마라톤대회'(23)

234 신라 천년의 고도를 달린 '동아일보 2008
경주국제마라톤대회'(24)

244 1년 8개월 만에 SUB 4를 이룬 '2008
중앙서울마라톤대회'(25)

256 마라톤 참가현황 및 기록

풀코스를 너무 얕본 '제8회 양평 맑은 물 사랑 이봉주 마라톤대회' (5번째)

풀코스 얕보다가 정말 가는(?) 줄 알았습니다.

어제(2006. 6. 4.) '제8회 양평 맑은 물 사랑 이봉주 마라톤대회'에 참가했습니다.

한마디로 죽다 살았습니다.

이번이 풀코스 5번째 도전인데 완주라기보다는 골인 지점에 억지로 걸어서 도착(?)했습니다.

기록일 것도 없지만, 굳이 아시려고 하신다면 04:57:32입니다.

제가 가장 빨리 달린 것이 03:46:55이니 1시간 11분이 늦은 것입니다.

그것도 5시간 안에는 어떻게 해서라도 꼭 좀 도착해 보려고 엄청나게 애쓴 덕분이랍니다.

사연이 조금 있는데 말씀 드려 볼까요?

제가 몸도 잘 이기지 못하는데 술은 약간 과하게 마시는 편입니다.

특별하게 좋아하는 취미활동 하는 것도 없고, 꽤 오랫동안 술을 친구로 사귀었다고나 할까요?

6월 3일 14시에 무릉계곡에서 등산(별로 좋아하지는 않습니다.) 모임이 있었답니다.

산에 갈 때는 다음 날의 대회도 걱정되고 또 아내도 동행을 했기에 가급적이면 술을 하루 참자고 마음을 다짐하면서 갔지요.

막상 등산을 마치고 뒤풀이로 술자리가 마련되니 땀 흘려 갈증도 나는 상태에서 오랜만에 좋은 사람들 만나니 그만 유혹을 이기지 못하고, 산 둘을 쉽게 해치워 버렸지요.

집에 가서 샤워하고 양평대회 참가할 준비 하면서 조금 쉬다가 6월 4일 00:34 동해역발 양평행 심야 열차에 몸을 실었답니다.

심야 열차는 처음 타 보았는데 5시간 정도 소요되기 때문에 수면량이 그 정도면 되겠다 싶어 하루 전에 가려다가 계획을 바꾸었던 것입니다.

그런데 자리도 불편하고 덜컹거리기도 해서 제대로 잠을 자지 못하겠더군요.

어찌 되었든 05:32에 양평역 도착!

전일 술에다가 잠도 제대로 못 잤지요. 몸이 개운치 못해서 사우나를 찾아 시내를 헤맸으나 보여야 말이지요. 아까운 시간만 버리고는 세수도 하지 못한 채 해장국 한 그릇(맛은 왜 그리 없던지……)으로 빈속을 채우고 대회장으로 30여 분간 터덜터덜 걸어갔지요.

옷 갈아입고 화장실 다녀온 다음에 몸풀기 하고 08:30에 강상체육공원에서 출발했습니다.

사회자(배동성)는 풀코스 1,000여 명 등 1만여 명이 대회에 참가했다고 하더군요.

　남한강 변을 끼고 달리는 코스라고 하던데 강이 보이는 곳은 그렇게 많은 것 같지 않고 오르막 내리막이 많은데다가 구불구불한 곳도 많아 제가 보기에는 코스가 별로인 것 같더군요. 날이 맑아 조금은 덥다 느껴지긴 했지만 몸 상태가 좋지 않아서인지 반환점 가기도 전에 몸은 축축 처지고 발걸음은 땅바닥에서 잘 떨어지지도 않더군요.

　25킬로미터 지점부터는 계속 걷다, 쉬다, 조금 뛰다 했답니다. 마라톤 하다가 죽었다는 소식도 많이 들었는데 숨은 차지요, 오른쪽 가슴 아래는 뜨끔뜨끔하지요. 갈증 때문에 물을 많이 마신 까닭에 소변은 계속 마렵고, 왜 또 배는 살살 아파오는지……. 결국 30킬로미터 지점에서는 화장실에 가서 5분 정도는 낭비(?)를 했는데도 시원하다는 느낌은 들지 않더군요.

　이때부터는 '너무 무리하는 것인가' 하는 생각에 겁도 나고 해서 그만 중단할까 하는 마음이 들기 시작했습니다. 그런 와중에서도 지금까지 시간을 허비(?)한 것이 아까워서 '설마 5시간 안에는 못 들어가랴, 빨리 걷다가 조금씩 뛰더라도 5시간 안에 들어가기만 하자'는 결심을 했답니다.

　왼쪽 오른쪽 엉덩뼈의 통증도 계속 심해지고, 가슴 아래쪽은 걸을 때는 괜찮은데 조금씩 뛸 때마다 계속 뜨끔거리고 40킬로미터 지점부터는 머리도 어질어질하다는 느낌이 들고…….

　시계를 계속 보면서 5시간 안에만 들어갈 수 있으면 정말 좋겠다는 생각이 간절했답니다.

　골인 지점 500여 미터를 남겨 두고는 사람들도 많이 보이고 하니 걸어갈 수는 없지 하는 생각에 살살 뛰어서 도착하니 4시간 59분을 지나고 있었습니다.

출발할 때 조금 늦게 나갔으니까 5시간 안에는 들어왔구나 하는 안도감과 함께 다섯 번째 풀코스를 완보(完步)했다는 성취감이 들긴 했는데 골인 지점 지나고 나서 한 5분간 이상은 어지럽더군요.

이때가 13:30, 너무 늦게 도착하는 바람에 이제는 귀가할 시간이 촉박해졌답니다.

14:49 동해행 열차를 타야 했으니까요. 역으로 이동하는 거리는 차로 넘쳐 택시 탈 엄두는 내지도 못하고 도보로 이동을 해야 하는데 위치는 정확히 모르지요. 아무리 따져 봐도 점심식사는 포기해야 할 것 같아 간식으로 내준 바나나 한 개와 우유 및 음료수 한 개씩으로 해결할 수밖에 없더군요. 아프던 배는 계속 살살 아프고 양평역으로는 빨리 가야 되겠고……. 14:20에 역에 도착하니 이제야 안도의 한숨이 놓이더군요.

가장 먼저 달려간 곳이 화장실, 꽤 오래 시간을 보냈는데도 속은 계속 불편하지만 무한정 있을 수도 없고…….

14:50에 동해행 열차에 탑승하고도 화장실에 다섯 번 이상을 갔을 겁니다. 마라톤 출발할 때부터 25킬로미터 정도 달릴 때까지 별 이상이 없었는데 너무 무리해서 몸이 정말 잘못되었나 하는 생각도 계속 들더군요.

얼음물을 3곳에서 제공했는데 그것을 다 마셨기 때문에 배탈이 났었는지 모르겠습니다.

열차 안에서도 갈증은 계속 나고, 배는 고프고……. 간식으로 받은 빵 하나와 계란 한 줄(3개), 캔 맥주 하나를 사서 먹고 나니 조금 나아진 것 같더군요.

비몽사몽 하다 보니 예정보다 늦은 20:10 동해역 도착!

힘겹고 악몽 같았던 마라톤 여행 한 건이 이렇게 끝났습니다.

정말 힘들게 뛰었습니다. 지금 생각해 보아도 겁이 났던 순간들이 있었습니다.

평소에 술자리를 마다하지 않기 때문에 과음한 다음 날에도 풀코스를 포함해서 여러 번 뛴 적이 있었답니다. 마라톤을 우습게 알고 건강에도 웬만큼은 자신 있다는 우매한 생각과 큰 착각 때문이었겠지요. 이번에 그 대가를 정말 톡톡히 치렀습니다.

앞으로는 클럽의 훈련활동에 가급적 참여하는 등 연습을 보다 더 체계적으로 하고, 제대로 배우도록 노력할 것이며, 몸 관리에도 좀 더 세심한 관심을 기울일 생각입니다.

내용이 너무 긴 반성문(?)이 되었나요?

마라톤 선배님, 그리고 고수님들께서 앞으로 많이 지도 편달해 주시면 매우 고맙겠습니다.

술의 유혹을 이기지 못해 고생한
'제4회 하이서울마라톤대회'(6)

안녕하세요.

양양송이마라톤대회 그렇게 즐거우셨나요?

저는 같이하지 못해 너무나 안타까웠습니다.

혹시 남은 송이 조금 있나요?

북평장에서 송이 5개 정도 가지고 5-7만 원씩 하던데 맛 좀 보게 조금만 주세요.

저는 힘! 힘! 자랑하는 동마클에서 양양 다녀오실 때 서울의 제4회 하이서울마라톤대회 다녀왔습니다. 기록은 4시간 55분대입니다. 창피한 기록이지요.

6번째 풀코스 완주입니다.

저 술 좋아하는 것 아시는 분께서는 아시지요.

9월 30일 15시 50분 차로 서울에 올라가서 이리저리 얽히다 보니 새벽 2시 30분까지 술을 마셨습니다. 아마 소주량이 꽤 될 것 같습니다.

10월 1일 5시 30분에 기상을 했지요.

최소한 달리기 3시간 전에 식사는 해야 한다고 하잖습니까?

아침식사는 바나나우유 2개에 카스텔라 빵 한 개로 해결했지요.

조금 쉬다가 몸도 풀 겸 서울시청 앞까지 걸어서 갔습니다.

시간을 재 보니 30분 정도의 거리에서 숙박을 했더군요.

8시경 시청 앞에 가 보니 9천여 명의 건각들이 모여서 몸 풀고 등등……. 난리더구먼요.

저도 몸풀기 40여 분 정도.

전날의 술이 과해서인지 어질어질, 몽롱, 졸리기도 하고, 뛰어야 되나 말아야 되나. 할까 말까……. 조금은 고민되더군요.

참가비에, 교통비에, 숙박비에, 술값에, 체면에.

그래도 빛나는 동마클의 회원인데 하는 마음에 일단은 뛰기로 확실히 결정을 했습니다.

오세훈 서울시장의 인사말씀에 이어 후원사인 김학준 동아일보 사장 등등의 소개가 있고 9시 출발.

청계천 옆을 10킬로미터 정도 뛴 것 같고 그 이후로는 한강 변을 계속 달렸는데 어디로 뛰었는지는 잘 모르겠습니다.

앞 사람만 보고 그냥 뛰었지요. 주변을 살펴볼 여유도 없었고. 한마디로 취중에 무아지경(?)으로 뛰었다고나 할까요.

골인할 때까지 절대 시계를 보지 않기로 작정을 하고 뛰었지요.

처음 15킬로미터 정도까지는 잘 뛰었답니다.

제 최고기록이 3:46:55인데 잘만 하면 기록 단축도 가능하겠구나 생각했지요. 여기서 오버페이스를 했나 봅니다.

힘이 나더라고요. 10킬로미터 이상을 마구 달려 버렸답니다.

4시간 페이스메이커까지 앞질러 버렸으니까요.

25킬로미터 지점부터는 오른쪽 무릎에 통증이 왔습니다.

아파서 뛰지 못할 정도였지요.

계속할까 말까 고민했습니다.

그때 지나가시는 주자 분의 한마디 "멀리서 왔네. 동해시청 파이팅!!"

끝까지 가 보기로 마음을 먹었지요.

시계를 보았습니다. 남은 거리 17킬로미터 시간은 제한 시간까지 100여 분. 어찌 되었든 5시간 안에는 들어가야 하잖습니까?

작전을 세웠지요.

뛰든 빨리 걷든 5시간 안에만 들어가자 마음을 단단히 먹고 절뚝절뚝하면서 힘든 싸움을 시작했습니다.

…… …….

서울 지리도 잘 모르지만

한강 변을 많이 뛰긴 했습니다.

코스는 참 좋더군요. 특히 청계천 변은…….

이리저리 시간 재면서 헤매다가 4시간 55분 정도에 63빌딩 앞 한강시민공원 여의도지구 수변마당에 도착했습니다.

지금도 계단 오르내릴 때는 상태가 좋지 않습니다만, 도착지점에서는 오른쪽 다리를 억지로 움직일 정도였습니다. 무릎보다는 괜찮았지만 엉덩뼈도 엄청 아팠고…….

이게 모두 연습 부족이 원인이겠지요.

풀코스 완주할 때마다 다음에는 연습 좀 제대로 하고 뛰자고 마음은 먹어 보는데 잘 안 되네요. 핑계지만 그놈의 술이 무언지…….

내년 말까지는 3시간 35분대를 만들어야 2008보스턴마라톤대회에 갈 수 있는데. 정말 걱정입니다.

오른쪽 무릎 아픈 것 때문에 다음 주에는 병원에 가 보려고 합니다. 보통 20킬로미터 정도만 뛰면 아파 오거든요. 그런데 풀코스 뛰고 나서 10여 일 정도만 지나면 괜찮아지거든요.

안내책자를 보니 이번 대회에 강원도 출신 54명이 참가 신청을 했더군요.

힘든 경험 한 번 또 했습니다. 다음 풀코스는 10월 29일 조선일보 마라톤인데 더 열심히 준비해 보기로 마음을 다짐해 봅니다.

제가 조금 게으르고 특별한 음식(?)을 과하게 좋아하다 보니 회원 가입한 지 몇 달 되었지만 연습게임에 한 번도 참석을 하지 못했습니다. 앞으로는 참석하려고 많이 노력하겠습니다.

하지만 동마클의 회원이 된 걸 무척 자랑스럽게 생각하면서 동마클의 회원 모두를 엄청 사랑합니다. 그리고 존경합니다.

여러 선배님 그리고 친구 또래와 동생 분들!

부족한 점 많지만 앞으로 계속 예쁘게 잘 봐주세요.

2008보스턴대회에 꼭 갈 수 있도록 많이 도와주세요.

양원희 선배님, 주 사랑만큼이나 주 사랑을 하시니, 주로에서 동반주로
리드주 해 주세요.
신윤승[2006/10/05]

선배는 딴 거 필요 없이 그거만 절제할 수 있으면, 보스턴 가실 수 있을 것 같은데
요……. ㅎㅎㅎ
배포 한번 크십니다. ……
2시 반까지 술 마시고 5시 반에 일어나서 풀코스라…….
모든 참가자가 소주 3병 먹고, 세 시간 자는 동등한 조건에서 달렸다면, 아마 등수에
들었겠지요? ㅎㅎㅎ
이건흠[2006/10/05]

하이서울마라톤대회 이미 선약된 대회라~~
충분한 준비가 되었을 줄 알았습니다만 대회후기를 접하니 고생을 좀 하셨네요~.
2008년 보스턴대회를 목표로 하신다면 지금부터 철저한 자기 관리를 하면 달림이로
서 바라는 목표를 충분히 성취할 수 있으리라 믿습니다. 힘내시고 즐건 명절 되시기
바랍니다.
권석관[2006/10/04]

선배님~! 수고하셨습니다.
양양송이대회에 선배가 없어서 조금 섭섭했는데~
내년에는 함께~ 즐거운 시간이 되었음 합니다.*^^*
풀코스에 특별한 음식이라 대단한 정신력입니다. 힘~!
김재영[2006/10/04]

닭 계장님!
동마클 양양 가던 날 새벽
닭 계장님 콜 드시고 달리는 것이 서글퍼
동해의 꼬끼오 님들이 목 놓아 울어 제쳐
새벽잠 설쳐 양양대회에서 완주하느라 혼이 났다오.
송이 나누어 먹으면 양양 뛴 사람이나 뛰지 않은 사람이나 똑같아지니 그건 불공평하
잖나요.
닭 계장님!
송이 생각나시면 내년 양양대회 동반주해요.

6회 풀코스 완주를 진심으로 축하드리며 닭 계장님 정도 근성이라면 보스턴은 저보다 빨리 갈 것 같아요.
육체, 정신 등 모든 면에서 건강을 위한 달림이가 될 수 있도록 우리 모두 노력합시다
권우찬[2006/10/03]

특별한 음식(?)을 새벽까지 드시고 풀코스를 뛰셨다니 크게 잘못하셨네요. 그러다가 큰일 납니다. 너무 욕심내지 마십시오. 한 번만 뛰고 말 것이 아니고 평생을 달릴 건데요.
불편한 곳이 있으면 고치고 달리기를 하세요. 방치하면 고치는 시간도 배가되니까요.
당분간 특별한 음식(?) 조금 줄이시고 맛있는 것 많이 먹고 몸 추스르세요.
닭 계장님! 파이팅!!!!
임진호[2006/10/03]

서울 가지 말고 양양 갔더라면 좋았을 것을 그놈의 술 때문에 풀코스 우습게 보지 말고 술이 덜 깬 상태나 전날 음주로 달렸다면 심장에 무리가 오지 않을까요? 상식은 없지만 우리는 동마클 회원이고 가족이기에 걱정하는 겁니다. 술을 좀 자제하시고 특히 시합 전에는 컨디션을 점검하고 무리한 레이스를 하지 마세용, 가급적이면 동마클 회원들과 함께하는 대회에 같이 갔으면 해요, 아무 탈 없이 다녀온 닭 계장님 축하해요.
홍성태[2006/10/03]

☺ 마라톤 유머

- 비올 때만 -

한 여자가 남편이 없는 틈을 타 애인을 집으로 불러들여 뜨거운 시간을 갖고 있었습니다.
그런데 밖에 남편의 차가 들어오는 소리를 듣자 여자는 황급한 목소리로 애인에게 말했습니다.
여자: 서둘러요! 남편이 오고 있어요. 빨리 창밖으로 나가세요!
애인: 뭐? 밖에 비가 저렇게 쏟아지는데 어떻게 나가?
여자: 남편이 우릴 보면 둘 다 죽일 거예요!

애인은 어쩔 수 없이 옷가지를 주워 들고 창밖으로 뛰어내렸습니다.

마침 밖에서는 시민 마라톤대회가 열리고 있었다.

엉겁결에 남자는 그들과 함께 달리기 시작했습니다.

그러자 옆에 뛰고 있던 노인이 남자에게 말했습니다.

노인: 젊은이는 항상 그렇게 홀딱 벗고 뛰오?

남자: 예~ 벗고 뛰는 게 편해서요.

노인: 그 옷가지를 들고?

남자: 예. 그래야 다 뛰고 난 다음에 옷을 입죠.

노인: 그럼 그 콘돔도 항상 끼고 뛰오?

그러자 남자가 씩 웃으며 하는 말……

아하! 이거요? 이건 비올 때만 껴요……

－정수, 유머 및 토막(http://blog.daum.net/blueload487) －

전설과 즐거움을 함께한 '2006 조선일보 춘천마라톤대회' (7)

안녕하세요.

날씨 참 좋습니다.

단풍 물들고 파란 하늘 높아 가며(확인 가능) 말이 살찌는(보지 못해 확인 불가) 나날들 속에서 즐겁고 행복한 시간을 잘 보내시고 계시나요?

2006 조선일보 춘천마라톤대회!

저에게는 영원히 잊지 못할 새로운 경험으로 남을 것 같습니다.

저의 마라톤 인생에서 다시는 깨어지지 않을 대기록을 남겼습니다. 5시간~ 22분~ 55초~ 56!!! 정말 대단한 기록 아닙니까?

걷든 뛰든 5시간 22분을……

아무리 생각해 보아도 참 놀라운(?) 체력이라는 생각이 듭니다.

회장님을 비롯한 여러 분들의 관심과 성원 속에서 참가한 대회였는데 참 잘~했다는 생각이 듭니다. 참가하셨거나 하지 못하신 모든 회원님들께 진심으로 고마움의 인사를 드립니다.

대회 끝나고 귀향길의 버스 나이트클럽(?)

참 분위기 좋더군요. 모든 분들 알코올 음료 잘 드시고 노래도 잘하시데요. 특히 도우미(?)로 정말 고생하신 여성 두 분. 분위기 높이 높이 올리시더군요.

저도 덩달아 분위기 올린다고 회원님들의 기분을 상하게 하는 오버 액션(?)을 하지 않았는지 모르겠습니다.

혹시 있었다면 절대 고의는 아니었다는 사과의 말씀을 드리겠습니다.

제가 마라톤을 우습게 알고 동마클의 마라톤 사랑! 회원사랑! 분위기에 편승해 참가하였습니다만 정말 즐거운 하루였습니다.

함께하신 모든 분들께 깊이깊이 감사드립니다.

2006년 5월 16일!(박정희 대통령의 혁명기념일이네요.)

힘이 넘치는 전설의 모임!!! 동마클에 제가 가입한 날입니다.

그 이후 수많은 연습과 대회일정 중에 저는 연습 한 번, 대회 한 번밖에 참가를 하지 못했으나 음주가무가(?) 따르는 곳은 여러 번 참석했었지요. 이유야 여러 가지가 있겠지만, 아시는 분께서는 잘 아시겠지요.

올해 풀코스 4번 뛰었습니다.

뛰었다는 표현이 조금 그렇습니다. 4시간 12분, 4시간 53분, 4시간 57분, 5시간 22분이 올해의 기록입니다. 사람 만나 술 마시는 것 좋아하다 연습을 제대로 하지 못한 결과지요.

최정희 형님께서 마라톤은 거짓말 절대 하지 않고 뿌린 그대로 거둔다고 말씀하시더군요.

다 아는 얘기지만 풀코스 38번 완주하신 분께서 하시는 말씀이라 새롭게 다가오더군요.

저는 내년에 전설을 다시 쓰겠습니다.

3시간 20분대라는 저에게는 정말 놀라운 전설을 만들어야 2008년에 보스턴에 갈 수 있거든요.

저는 3년 전에 보스턴을 목표로 정하고 현재 준비 중에 있답니다.

형님! 그리고 동생님들!

많이 도와주시기 바랍니다.

여러 모임이 있습니다만, 앞으로는 동마클과 함께하는 시간을 더 많이 늘려 가도록 노력하겠습니다.

회원으로 가입시켜 주시고, 즐거운 시간을 같이할 수 있도록 해 주신 모든 회원님들께 다시 한 번 진심으로 감사의 인사를 드립니다.

동해마라톤클럽. 힘! 힘!! 힘!!! 파이팅!!!!

풀코스를 네 번씩이나, 헉,
양원희 선배님, 보스턴의 꿈, '꿈은 이루어진다.'
멋있습니다.   신윤승[2006/11/01]

양 선배!!!
보스턴은 준비만 하다가 말겠네. ……
이제부터는 진도도 좀 나가면서, 준비를 하심이 어떨지요? 양 선배님이 있어
동마클이 활력이 넘친다고요. ……감사해요.   이건흠[2006/11/01]

닭 계장님은 여러 가지 장점을 소유하신 분이고 개성이 있어서 좋았고 실수한 것도
없고요 재미있었습니다.
보스턴에 같이 노력해서 함께 참가해요   홍성태[2006/10/31]

1년에 풀 네 번?
Oh, really? If yes, you' re the best!   한석희[2006/10/31]

양원희 선배님~! 수고하셨습니다.
5시간 22분 대~단한 기록입니다. 마라톤은 기록보다 완주가 더 중요하다고 생각합니다.
누구나 도전할 수 있지만~ 누구나 완주하지는 못합니다.
양 계장님~! 언제 한번 술 한잔 함께해요.*^^*~
                                                                  김재영[2006/10/31]

선배님 고생하셨습니다.
버스 안에서도 내내 유흥을 돋우고 회원 분들의 배꼽을 뽑아 버릴 정도로 모두 즐거
이 하나가 되었으며, 선배님 덕분에 쌓인 피로가 모두 사라졌습니다.
                                                                  안병억[2006/10/31]

양 계장님! 고생 많이 하셨죠?
앞으로 술 먹는 시간 조금 줄이고 저와 함께 달리기에
쪼끔 더 투자합시다.
시간 나면(?) 닭갈비 안주로 소주 한잔 합시다. ㅎㅎㅎㅎ
                                                                  임진호[2006/10/31]

형님께서 마이 마이 즐겁게 춘천여행을 다녀오셨다니 제가 즐겁고 행복하네요. 그 좋아하는 술 마다하지 않고 풀코스 4회를 완주하시다니 그 체력(?) 정말 놀랍습니다. 혹…… 닭 마이 먹으면 그리 달릴 수 있는 건가요? ㅎㅎ!

도일수[2006/10/31]

우리의 호프!
음주 달리기의 1인자(동마클 내)
새벽마다 울어 젖히는 울음의 1인자
음주가무의 1인자
찐따의 1인자(찰거머리)
뭐 또 없나요?
꼬끼오! 닭 계장님
내년에는 열심히 노력하여
목표 달성하도록
여유 부리지 않는
산토끼가 됩시다.

권우찬[2006/10/31]

☺마라톤 유머

- 야한 여자가 싫어하는 운동선수 -

1. 100미터 달리기 선수: 10초도 안 돼서 끝난다. 허무하다.
2. 축구 선수: 90분 동안 문전만 맴돌다 겨우 한두 번 들어온다. 지루하다.
3. 골프 선수: 겨우 18번 들어오면서 초보는 100번 넘게, 프로도 70번 가까이 허우적거리며 왔다 갔다 한다. 감질난다.
4. 레슬링 그레코로만형: 상체만 더듬고 허리 아래는 신경도 안 쓴다. 짜증난다.
5. 야구 선수: 나무나 알루미늄 방망이를 사용한다. 비겁하다.
6. 유도 선수: 보기만 하면 자빠뜨리고, 누르기 들어온다. 너무 피곤하다.

- 야한 여자가 좋아하는 운동선수 -

1. 마라톤 선수: 한 번 시작하면 2시간 이상은 보장한다. 감동적이다.
2. 당구 선수: 넣는 데는 귀신이다. 놀랍다.
3. 체조 선수: 허리가 유연하고 자세가 다양하다. 항상 새롭다.
4. 농구 선수: 덩크슛 할 때는 온몸이 떨린다. 짜릿하다.
5. 양궁·사격 선수: 내가 원하는 장소를 정확히 맞힌다. 믿는다.
6. 권투 선수: 길게, 짧게, 위로, 아래로, 결국은 다운까지 시킨다. 무아지경이다.
   - 돈준(http://blog.naver.com/donjoon_kr.do) -

마라톤 맛을 배워가는
'제7회 경향신문 서울마라톤대회'(9)

안녕하세요.

오늘의 합동훈련과 월례회는 성공적으로 잘 끝났겠지요.

저는 9번째 풀코스 포기하지 않고 억지로 완주했습니다.

작년에 처음으로 04:06:30경에 뛰어 보았는데 코스가 상당히 좋더군요.

그래서 올해도 한 번 뛰어 보자고 3개월 전에 신청을 한 경기였습니다.

오늘의 기록은 04:16:25이고, 677/1,350위입니다.

제게는 참 힘든 또 한 번의 도전이었는데 기대 이상의 성적을 올린 것입니다.

초반에 몸 상태와 주제(?)를 모르고 무리를 조금 했거든요.

어제 서울에는 비가 내렸는데 오늘 아침에는 날씨가 쌀쌀한 것이 해도 안 보이고 정말 뛰기 좋았습니다.

시작부터 3시간 30분 페이스메이커를 앞에 두고 20킬로미터까지는 5분 정도로 냅다 달려 버렸잖습니까?

결국 반환점부터는 절절 매었답니다.

30킬로미터 지점에서는 뛰든 걷든 5시간 안에만 들어가자고 새롭게 마음을 먹었지요.

오늘 그만둘 것도 아닌데 무리하지 말자고요.

7번 정도를 상당히 쉬어 가면서 뛰다가 오늘의 기록을 만들어 낸 것이지요.

어제 저녁 18시 40분에 서울행 고속버스에 몸을 실었지요.

강남고속터미널에 도착하니 22시 20분. 주말인 까닭에 버스가 조금 늦게 도착했는데 23시까지 터미널 내 식당에서 제육볶음으로 저녁을 먹었습니다.

지하철을 타고 상암동월드컵경기장으로 도착을 하니 24:05, 비가 조금씩 내리더군요.

월드컵경기장 주변이므로 가까운 곳에 찜질방이 있지 않을까 해서 00:30까지 비를 맞으면서 찾아보았더니 안 보이더군요.

결국 찾는 것을 포기하고 택시를 잡으려고 하니 숱하게 지나가면서도 그놈(?)의 택시들은 왜 이리 서 주지를 않는지?

별로 좋지도 않은 추리닝을 입고 비는 맞았지 하니 차 버릴까 봐 서지를 않는 것 같더군요.

비 한참 맞다가 00:40에 억지로 택시를 한 대 얻어 타고는 경희대 앞에 있는 벨리타랜드라는 찜질방에(미터기요금 3,100원) 도착하니 01:00경. 지하 1층 지상 7층의 건물인데 이용요금은 8천 원 받더군요. 택시기사 말로는 상당히 유명한 집이라 하더군요.

버스 안에서 1시간 30분 남짓 잠을 자서 그런지 잠이 안 오더군요.

사우나 한 시간 하고 나니 02:10. 억지로라도 잠을 자려고 수면실로 찜질방으로 4곳을 옮겨 다녔는데 코를 고시는 분이 얼마나 많은지 02:40까지는 확실히 잠을 자지 못했고, 자는 둥 마는 둥 하다 04:55에 확 일어나 버렸지요.

달리기 최소한 3시간 전까지는 식사를 해야 한다고 해서 05:00에 찜질방 내 식당에서 순두부백반을 한 그릇(5천 원) 먹고, 사우나를 06:20까지 했지요.

07:00까지 상암월드컵경기장 앞 평화의 공원으로 가는 시간을 맞추기 위해서였습니다.

06:30 찜질방을 나와 07:00까지 월드컵경기장까지 지리는 잘 모르지만 물어 물어서 뛰어갔습니다. 시간도 맞추면서 몸도 풀기 위해서였지요.

마라톤행사장에 도착해 보니 수많은 사람들이 벌써 모여 있더군요. 안내책자에 의하면 11,000여 명 정도 되는 것 같더군요. 옷 갈아입고 몸풀기를 하고 정동영, 김근태, 박진, 김희선 의원, 경향신문 사장 등 내빈 소개하고 08:00에 출발했습니다.

안개도 조금 끼고 날씨가 시원해서 매우 좋았습니다.

찜질방에서 경기장까지 6킬로미터 정도 뛸 때의 몸 상태도 아주 좋았고요.

그 바람에 욕심이 조금 생겼습니다. 잘만 하면 내 최고기록 할 수도 있겠다 싶었지요.

별것 아니지만 제 최고기록은 03:46:55입니다.

그동안의 연습 부족과 지난밤 제대로 자지도 못한 것은 머릿속에 계속 찜찜하게 남아 있기 때문에 절대로 무리는 하지 말자 하는 마음은 계속 되새겼답니다.

그 다음은 앞에서 얘기했으니까 생략하고요.

풀코스가 사람의 체력을 완전히 바닥까지 소진시키는 것 같습니다.

오늘 새벽에 찜질방에서 아침 든든히 먹고 목욕탕에 가서 체중을 재니 62.85킬로그램!

사우나 하고 나서 재니 61.85kg! 짧은 시간에 1킬로그램이 줄었습니다.

여기까지는 놀랄 일이 아닌데요.

달리기하면서 5킬로미터마다 물 한 컵씩 계속 마시고, 30킬로미터에서는 500밀리리터 한 통을 다 마셨습니다. 또한 초코파이 1개와 바나나 1개도 달리는(?) 중에 먹었지요.

완주하고 난 후에는 빵 큰 것 한 개, 우유 2개(360밀리리터), 바나나 한 개, 물 500밀리리터를 마셨습니다. 상당히 마시고 먹고 한 것 같은데 고속버스터미널로 이동해서 14:20경에 목욕탕에서 몸무게를 달아 보니 61.05킬로그램!

참 놀랐습니다. 저만 그런 것인지. 모두 그런 것인지?

제 몸 주인(?) 잘못 만나 오늘 고생 참 많이 했습니다.

하지만 몸이 자랑스럽습니다. 앞으로 잘 관리해야겠습니다.

계속 해야만 할 것 같은 달리기!

앞으로는 동마클의 공식 연습에 참여하도록 힘쓰겠습니다.

동마클! 힘!!!! 파이팅!!!!

아자. 아자. 계속 분발할 수 있도록 기대합니다.

하영철[2007/04/18]

혼자 다니지 말고, 같이 가자고요……
마음 맞춰서 몸 같이 가는 그런 회원들 되세요. ……
1박 2일로 움직이는데, 아는 사람 옆에 두면 얼마나 든든한데요.
…… 형아~~~~ 담에는 같이 가자고요. …… 아셨죠?

이건흠[2007/04/18]

완주 축하드려요!!!　　　　　　　　　　　　　　　　안병억[2007/04/16]

헉! 풀을 쉽고…… 즐겁게 달리시는 모습 너무 부럽습니다.
빨리 회복하시어 또 행복한 달리기 쭈-욱 이어 가셔야죠!　　도일수[2007/04/16]

고생하셨습니다.
영양가 있는 음식 많이 드시고
빨리 회복하시기 바랍니다.　　　　　　　　　　　　임진호[2007/04/16]

강변북로를 질주하시는 모습이 눈에 선합니다. 완주 축하드립니다. 얼른 회복하셔서
합훈 때 뵙겠습니다.　　　　　　　　　　　　　　　심관홍[2007/04/16]

선배님 완주를 진심으로 감축드리옵니다.
원기회복 빠른 시일 내에 하시기 바랍니다.　　　　　김연수[2007/04/16]

고생 많이 하셨군요.
즐런 하시려면
매주 합동훈련 자주 나오세요.
연습한 만큼
몸과 마음은 편하답니다.　　　　　　　　　　　　　권우찬[2007/04/16]

- 바셀린과 텍스(콘돔) -

요즘은 날씨가 무더워 달리기도 쉽지 않다.
트레드밀에서 달리는 것은 더욱 힘이 든다.
그런데 짧은 바지 입고 달리면 항상 사타구니가 헌다.
운동 후 집으로 가는 길에 약국에 들렀다.
약국 간 김에 텍스(콘돔)도 필요하고 해서 무심코
"텍스 하나하고 바셀린 한 통 주세요."
그런데 약사의 표정이 이상했다.
순간 아차 실수를 한 것 같았다.
그 약사에게 괜한 오해를 준 것 같아 씩~ 웃으며
이거(바셀린) 달리기할 때 아리지 말라고 여기(사타구니)
바를 겁니다. 했더니
"나 뭐라 안 했소."
아이~
더욱더 무안해 얼마를 계산하고 나온 줄도 모르고 집으로
돌아왔다.
담부턴 궁합이 맞지 않는 것들은 함께 사지 말아야지.
  - 말톤맨, http://www.marathon.pe.k -

또 하나의 잊지 못할 새로운 경험
'제12회 바다의 날 마라톤대회'(10)

1. 준비 및 출발

5월 13일 내린천마라톤대회에서 하프를 뛴 후 대회일을 1주일 앞둔 5월 27일까지 뛴 것이 고작 2회 16킬로미터. 정말 걱정이 많이 되어 5월 29일~6월 1일 기간 중 2회 42킬로미터를 뛰고, 2회 14킬로미터를 빨리 걸었다. 이것이 제12회 바다의 날 마라톤을 앞두고 공사다망한(?) 내가 준비한 전부였다.

6월 1일 19시에 퇴근하고 아내가 운영하는 가게에 저녁식사를 하러 갔다. 별로 잘하지도 못하고, 예쁠 것도 없을 터인데 내일 풀코스 뛰러 간다고 후배가 경영하는 식육점에서 최고급 불고기를 사 왔다고 한다. 술은 무엇으로 먹든지 봉급에는 손 안 대고 잘 갖다 주니 머슴(?) 몸 망가지면 안 된다고 생각했던가 보다. 고기는 별로 안 좋아하는데도 오랜만에 맛있게 먹었다.

20시경에 집으로 가서 서울로 갈 준비를 한다. 마라톤 가방에 들어가는 것도 꽤 많다. 동해마라톤클럽의 유니폼 상의, 하의는 즐겨 입는 검은 반바지, 선글라스, 모자, 손수건, 수건, 속옷 한 벌, MP3, 대일밴드(가슴 ○○ 부착용), 책 한 권, 참가번호…… 빠진 게 없나 한 번 더 확인을 해 본다.

21시 20분에 집을 나선다. 몸도 풀 겸 집(범주성지 1차)에서 시외버스터미널까지 빠른 걸음으로 가기로 마음을 먹었다. 21시 25분에 출발해서 부지런히 걸어갔더니 45분에 도착한다. 20분에 갈 수 있는 거리는 아닌 것 같은데 엄청 빨리 걸었다는 생각이 든다. 22시에 강릉행 버스를 타서 22시 35분에 도착했다. 23시에 동서울행 버스를 타자마자 잠을 자려고 눈부터 감았다. 눈을 떠 보니 24시 30분 휴게소에 들를 시간인데 그냥 막 간다. 잠을 더 자려고 해도 잠은 오지 않고 01시 20분에 서울에 도착하였다. 버스가 강릉에서 서울 시내의 터미널까지 2시간 20분 만에 주파를 하다니 엄청 놀랍다.

2. 서울 도착에서 경기장까지

찜질방을 찾아야 하는데 어느 방향으로 갈까? 고민하다가 그냥 아무데로 갔다. 200미터 정도 가다 보니 두 곳이 보인다. 그중 좋아 보이는 '강변스파랜드'로 01시 35분에 들어갔다. 어떤 종류가 있나 싶어 한 번씩 다 돌아보니 황토 · 소금 · 전통식 · 생잣나무 ·

이글루·은 등 6가지나 되며 3시가 다 되어 간다. 잠은 오지 않지만 어떻게든 더 자려고 수면실로 가니 만원이다. 그냥 아무데나 적당한 자리에 들어 누워 MP3로 귀를 막고 안대를 쓴다. 잠을 자는 둥 마는 둥 헤매다가 눈을 뜨니 5시. 눈두덩은 천 근 같고 눈이 조금 아프다. 정신을 차리려고 찜질방 두 군데를 들러서 5시 20분에 한식당으로 갔다. 출발 3시간 전에는 식사를 해야 한다고 하므로 그것만은 지금까지 거의 지켰던 일이다. 가 보니 식당 바닥에 3명이 곤히 주무시고 계신다. 깨울까 말까 잠시 고민하다가 5천 원짜리 한 그릇 때문에…… 나도 양심이 있지!

밖에 나가서 식사하기로 작정하고 그냥 나왔다. 계획에 차질이 생기기 시작한 것이다. 바로 사우나로 내려가 몸을 씻고 찜질방을 나오니 6시 10분. 옆에 '본가신촌설렁탕' 집이 보인다. 설렁탕을 한 그릇 시켜서 남길까 말까 고민하다가 다 먹었는데 조금 속이 부담스럽다는 느낌이 든다. 06시 40분에 강변역으로 가서 지하철을 타고 여의나루역에 도착하니 07시 20분. 역에서 행사장까지는 10여 분을 걸었다. 옷 갈아입고, 물품 맡기고, 몸 풀고, 해양수산부 차관 축사하고, 경품 추첨하고…… 현대건설 마라톤동호회는 무려 303명이 참석을 했으며 3년 연속 최다 참가팀이라고 하여 해수부 장관이 현대건설 사장에게 감사패도 전달을 했다.

3. 마라톤—또 하나의 잊지 못할 새로운 경험

08시 30분에 출발! 날씨가 조금 덥게 느껴진다. 사회자도 오늘 날씨가 상당히 무더우니 절대 무리한 레이스는 하지 말라고 몇 번씩 당부한다. 매일 새벽에 보던 큰 일(?)을 시원스럽게 해결하지 못한 상태에서 아침은 조금 도를 넘은 탓인지 속이 영 부담스럽다. 연습이 부족하다는 생각은 들지만 다리는 괜찮다. 스타트 라인을 막 넘어가는데 사회자가 "강원도 동해시도 보이네요. 멀리서 오셨군요!" 한마디 멘트를 한다. 새벽에 지하철 안에서 나름대로 계획을 세웠다. 25킬로미터 지점까지는 절대 무리하지 말고 4시간대의 페이스메이커와 뛰며 그 이후에 결정을 짓자는 것이었다. 지금까지 풀코스를 뛰면서 하프까지는 거의 킬로미터당 5분대였는데 그만 25킬로미터부터는 파김치가 되어 버렸기 때문이다.

2.5킬로미터마다 수분을 보충하며 17킬로미터까지 계속 같이 달렸다. 17킬로미터 지점에서 작은 일(?) 잠깐 보고 달리는데 나이도 나보다 훨씬 많아 보이는 시각장애인 한 분이 도움을 받아 잘 뛰신다. 20킬로미터 지점을 통과하니 반대편에 한 무리가 지나간다. 오늘 100회째 풀코스 완주한다는 100회마라톤클럽의 '정미영' 씨라는 여자 분이다. 같은 클럽의 남자 분 10여 명이 같이 동반주를 한다. 참 대단한 여자 마라토너라는 생각이 든다. 25킬로미터 지점에서 작은 일을 더 보고 계속 달린다. 아직 다리도 괜찮고 호흡도 양호하다.

28킬로미터 지점! 여기서부터 엄청난 문제가 발생했다. 아랫배와

늑막 쪽이 살살 아프기 시작한 것이다. 손으로 배를 꽉 누르고 천천히 뛰기는 하는데 엄청 불편하다. 조금 더 가다가 이제는 걷는다. 29킬로미터 지점에서 자전거를 타고 지나가는 사람에게 화장실이 어느 정도 가면 있느냐고 물으니 2킬로미터 정도 더 가야 한다고 대답한다. 큰일 났다. 이렇게 걷다가는 화장실 가기 전에 무슨 일이 생길 것 같다. 배를 더 움켜잡고 속도를 내어 본다. 한참 가다 보니 뒤에서 "동해마라톤 파이팅!" 한다. 옆에 보고 대답할 정신도 없어 고개만 끄덕이고 만다. 뒷모습을 보니 서울의 '용왕산 마라톤클럽' 회원이다. 배는 아프지만 30킬로미터 지점에서 남들 쉬는 모습을 보니 나도 쉬어 가자는 마음이 생긴다. 배를 살살 달래면서 물 마시고 바나나 반 개, 연양갱 1개를 먹었다. 다시 배를 움켜쥐고 31킬로미터를 지나는데도 화장실이 안 보인다.

급하니까 속도는 느리지만 계속 달린다. 33킬로미터 지나니 저 멀리 화장실이 보인다. 별 속도도 아니지만 속도를 더 내어 화장실에 도착해서 큰 일(?)을 보는데도 영 시원치가 않다. 한없이 앉아 있을 수도 없고…… 나와서 조금 달리니 또 아프네. 34.5킬로미터에서 화장실 이용, 이후 화장실 2회 더 이용…… 물은 계속 마시는데도 소변은 시원스럽게 나오지 않고, 뒤쪽은 계속 무겁기만 하고…….

38킬로미터 지점부터는 수변공원이 없기 때문에 화장실이 없다. 골인 지점까지 최대한 빨리 가는 길밖에 없다는 생각에 몸이 오싹한다. 부지런히 달려가자는 생각과 함께 급수대 외에는 계속 달리자고 마음을 먹는다. 날씨가 무더워서인지 2킬로미터 정도 이어지는 강변 고가도로의 그늘 밑이 마냥 좋기만 하다. 골인 지점을 앞두고 1.3킬로미터 정도는 또 뙤약볕이다. 나도 힘들지만 다들 축 처져 있다. 나에게도 따라 잡히는 사람이 꽤 있다. 정신없이 가다 보니 골인 지점으로 들어가는 코스를 지나쳐 엉뚱한 곳으로 가고 있다. 아마도 왕복 10미터 이상은 손해 본 것 같다. 골인 지점에 들어서니 사회자가 한마디 한다. "동해시 양원희 선수! 수고하셨습니다. 박수로 환영해 주세요!" 10번째 마라톤 도전은 이렇게 끝났다. 최종기록은 04:48:55.44!!

4. 뒷마무리 및 귀가

통과하자마자 생수공급처로 갔다. 10여 명이 벌써 자리를 잡고 물을 마신다. 얼음물 2통(500밀리리터)을 한꺼번에 마셨다. 그리고는 곧바로 화장실행. 가기는 갔는데 속 시원한 성과(?)는 거두지 못하고 그냥 나온다. 칩을 교환하러 가니 통상적인 간식 외에 멸치 1킬로그램과 월드컵콘 아이스크림을 하나 준다. 그늘 밑에 앉아서 하드 먹고, 물 마시고 옷 챙겨 입고…… 2시에 63빌딩 바로 뒤의 식당에 가서 백반으로 점심을 먹고, 2시 30분에 그 옆의 사우나로 들어갔다. 온탕과 냉탕을 몇 번 반복하니 몸도 가볍고 배의 통증도 한결 덜하다. 16시에 여의나루역으로 가서 지하철을 타고 강변역에 도착하니 16시 40분. 동서울터미널에 가서 동해행 버스표를 구입하니 17시 45분행! 아랫배의 상태가 또 좋지 않다. 차를 탈까 말까 망설이다가 결국은 17시 40분에 배가 아파서 그러니

다음 차로 바꿔 달라고 부탁을 했다. 터미널에서도 화장실을 세 번이나 이용했다. 다음 차 타는 것도 두렵다. 무슨 좋은 방법이 없나 하는 궁리를 한다. 약을 사 먹을까? 아니면 시원한 캔 맥주를 한 개 사먹고 일을 확 낼까? 결국은 캔 맥주를 한 개 사서 마신다. 속이 조금 진정이 되는 듯싶다. 드디어 18시 57분행 동해행 버스에 탑승.

한참 자다 눈을 뜨고 5분여 지나니 평창휴게소. 아직까지는 속이 괜찮다. 진작 캔 맥주 하나 마실 걸 하는 생각이 든다. 다시 버스가 출발한 후 10여 분 지나니 배가 또 살살 아파오네. 아직도 4~50여 분간은 더 가야 하는데. 안전벨트도 풀고, 의자도 똑바로 세우고 아랫배에 부담이 최대한 가지 않도록 별궁리를 다하면서 시계만 계속 내려다본다. 천만다행인 것이 기사 아저씨께서 운전을 얼마나 잘하는지…… 승용차고 뭐고 보는 차마다 다 추월을 해 버리네. 21시 54분에 동해 도착했으니 이 기사분의 서울-동해 통과 시간(?)이 2시간 57분. 그것도 토요일에…… 참 대단하신 분의 버스를 이용했다.

21시 55분에 택시를 잡았는데 우리 집까지 걸린 시간이 5분이며 요금은 기본. 참 신기하다. 미터기를 잘못 꺾었는지……. 거스름돈은 받지 않았다. 이번 대회의 총 소요경비는 참가비 포함 100,300원!!!

정말 새로운 경험을 또 한 번 했다. 가장 기본적인 것을 지키지 않았기 때문이다. 충분한 수면과 충분한 휴식을 취하라. 달리기 3시간 전 식사하되 소화가 잘되는 것으로, 그리고 평상시 먹는 그대로를 깬 것이다. 충분히 연습하고 뛰어야 하는 것도 기본이지만 기록은 생각하지 않고 완주 그 자체에 목표를 두므로 이 부분에 대해서는 넘어가도 될 것 같고······ 연습량은 없었지만 이번 주에는 술을 엄청 자제했었고, 완주하고 난 이후에도 다리나 몸에 별 부담이 없었다. 오늘 새벽에도 5시 30분에 일어나 몸을 풀어 준다는 차원에서 1시간 20분 정도를 걸었으니 말이다.

또 잊지 못할 새로운 경험을 하면서 다짐을 해 본다.

지금까지 뛴 대회를 뒤돌아보면 2003 첫 도전(김제) 이후 2004(동아, 하이서울), 2005(양평 남한강) 2006(경향, 하이서울, 조선), 2007(동아, 경향, 바다의 날) 뛰어왔다. 나도 100회가 목표인데 한 해 5개 대회씩이면 앞으로 18년은 더 뛰어야 하는데······.

선배님! 그리고 후배님! 많이 도와주시기 바랍니다.

'술을 줄이자! 연습을 많이 하자! 기본에 충실하자! 즐겁게 달리자!'를 다시 다짐해 본다.

댓글

출발에서 도착까지 상세한 여정을 그려 주셨네요.
  선배님의 고통이 읽고 있는 저에게까지 짠하게 전해지네요, 고생 많으셨습니다.
                                                        신윤승[2007/06/05]

조용하게
계획을 실천하는
당신이 울 클럽의
귀감이 되고 있습니다.
술. 가무는 빼고······. 으 ㅎㅎ   권우찬[2007/06/04]

선배님~! 10회 완주를 진심으로 축하드립니다.
즐거운 마음으로~ 달리다 보면
좋은 기록도 유지하리라 생각합니다.   김재영[2007/06/04]

완주기 잘 봤습니다.
드뎌 10회를 완주하셨군요.
고생했습니다.
자주 합동훈련 및 월례회에
얼굴 많이 보여 주세요. ……　　　　　　　　　　　　　이명종[2007/06/04]

ㅎㅎㅎ 고생 많으셨습니다. 뒤가 무거우면 만사가 귀찮던데……. 완주하셨네요.
　　　　　　　　　　　　　　　　　　　　　　　　　　심관홍[2007/06/04]

생고생했습니다. 앞으론 생고생하지 말고 기본에 더욱 충실하여 좋은 결과 기대합니다.
수고했습니다.　　　　　　　　　　　　　　　　　　　심재천[2007/06/04]

상세하게 잘 올려 주셨군요. …….
그래요~ 평소 하던 대로 하고, 먹는 것도 세 시간 전에 꼭 챙겨 먹고~~~
속(?) 편하게 달리는 게 가장 중요하다는 생각이 듭니다. ……
원희 형 잘 봤습니다. ……실시간으로 이어지는 생동감을 느낄 수 있었어요……ㅎㅎ
　　　　　　　　　　　　　　　　　　　　　　　　　　이건흠[2007/06/03]

정말 고생 많이 하셨군요. 그래도 완주하셨으니 축하드립니다.
그리고 아, 그거 정말 스트레스입니다.
저는 새벽에 운동하다가 갑자기 신호가 와서는 화장실을 10여 미터 남겨 두고 참다가
참다가 못 참고는……. 화장실 문을 여니 마침 한 분이 나오는데…… 바로 들어가서
는 팬티를 찢어서 버렸다는 웃지 못할 사건이 있었습니다. 그래도 볼일 본 후는 얼마
나 시원한지 ㅠㅠㅠㅠ 우 쪽팔려…….　　　　　　　　　　　연놀부, 06/23

달림이들의 최대 복병이 갑자기 찾아오는 볼일 아니겠습니까.
그도 그럴 것이 운동을 시작하면 장운동이 되어, 밑으로 착착착…… 필연적으로 뒤
따르는 것이라고 볼 수도 있지만, 매번 운동하기 전에 볼일을 보기도 그렇고…….
참!!! 운동 중에 갑자기 용무가 보고 싶은데 주위에 정규화장실이 없어, 야외에 있는
지형지물을 이용하려 할 때에는 절대로 높은 곳을 향하여 가시면 안 됩니다. 올라가면
서 복부에 힘이 들어가기 때문에 도달하기 전에 낭패를 당합니다. 제가 그런 불상사를
당하여 운동을 5분 만에 끝낸 아픈 기억이 있거든요.
하여튼 달림이 여러분들!!!! 똥 누고 나서 달립시다. 파이팅!!!
　　　　　　　　　　　　　　　　　　　　　　　　　　아미새, 06/24

대회 1주 전에 호두(캘리포니아산) 1봉지/잣(가평산) 1봉지: 작은 봉지로 사서 아침저
녁으로 호두 4쪽/잣 30알을 드시면 3일 후부터 용변 나오는 시간이 10초 이내입니
다.~ 또한, 화장실 타임을 저녁시간으로(22시~24시) 조정도 가능하지요~

중수달림, 06/28

☺ 마라톤 유머

- 59명의 부인시리즈 -

1. 젖소부인 바람났네 2. 물소부인 물 올랐네 3. 황소부인 고집 부렸네 4. 뱁새부인 가랑이 찢어졌네 5. 비만부인 살 떨렸네 6. 걸레부인 몸 더럽혔네 7. 김밥부인 옆구리 터졌네 8. 연필부인 흑심 품었네 9. 표창부인 몸 날렸네 10. 방패부인 칼 맞았네 11. 호떡부인 돌아누웠네 12. 골초부인 88 빨았네 13. 늦잠부인 못 일어나네 14. 큐대부인 삑사리 났네 15. 폐차부인 막 굴렸네 16. 애마부인 낙마했네 17. 우리 부인 몸살 났네 18. 너네 부인인 줄 몰랐네 19. 당신 부인 집 나갔네 20. 옆집 부인 담 넘었네 21. 대물부인 죽어났네 22. 꽃뱀부인 똬리 틀었네 23. 셈통부인 열 받았네 24. 지랄부인 염병하네 25. 드릴부인 구멍 났네 26. 수박부인 겉핥았네 27. 석류부인 갈라졌네 28. 조개부인 벌어졌네 29. 김치부인 국물 흘렸네 30. 스팀부인 열 받았네 31. 샘물부인 물맛 나네 32. 봄비부인 옷 젖었네 33. 홍수부인 난리 났네 34. 장마부인 봇물 터졌네 35. 비리부인 옷 벗었네 36. 악몽부인 가위 눌렸네 37. 골대부인 골 먹었네 38. 방귀부인 건더기 나왔네 39. 미역부인 먹 감았네 40. 밥통부인 뜸 들였네 41. 골통부인 줘도 못 먹네 42. CD부인 판 돌렸네 43. 고도리부인 광 팔았네 44. 도시락부인 뚜껑 열렸네 45. 꽈배기부인 몸 풀었네 46. 거북이부인 몸 뒤집혔네 47. 대마초부인 풀렸네 48. 빳데루부인 또 깔렸네 49. 잠꼬대부인 헛소리하네 50. 만득이부인 귀신 봤네 51. 수정액부인 또 지웠네 52. 다시마부인 국물 냈네 53. 단무지부인 노랑물 들었네 54. 밤송이부인 날밤 깠네 55. 콤파스부인 다리 벌렸네 56. 비디오부인 다 돌았네 <u>57. 마라톤부인 골인했네</u> 58. 방망이부인 안타 쳤네 59. 바나나부인 벗겨졌네
헉~~ 헉~~ 59명의 부인을 다 만나 보셨나요. ^^
　- 이철수, http://www.marathon.pe.kr/

첫 울트라 완주, 도와주신 모든 분께 감사를.
'2007 진고개 대관령 울트라마라톤대회'(11)

1. 도전의 계기

아마도 2개월 전 쯤으로 여겨진다. 월례회 시에 울트라마라톤이 화제에 올랐었는데 회장님께서 풀코스 완주만 몇 번 하면 100킬로미터 울트라도 할 수 있다고 하셨으며, 한잔 먹고 약간은 삐리(?)한 기운에 호기가 발동해서 그만 울트라를 신청하겠다고 공언을 해 버렸다. 풀코스 완주기록도 별로 좋지 않고 억지로 완주만 하는 실력인지라 다음 날 맨 정신이 되었을 때 얼마나 후회를 했던지……. 이래서 나의 울트라마라톤 첫 도전은 시작된 것이다.

2. 울트라 참가를 위한 준비

6월 1일부터 7월 13일까지 달리고, 걷고, 등산한 거리는 대략 34회에 346킬로미터 정도. 그동안 6월 2일 바다의 날 마라톤대회에 참가하여 풀코스 한 번 뛰고 7월 1일 경포마라톤대회에서 10킬로미터 뛴 것이 공식대회에 참가하여 연습한 전부였다. 50킬로미터 정도는 한 번 뛴 후에 대회에 참가해야 한다는 회장님의 훈련방법과 충고도 지키지를 못했고 좋아하는 술 때문에 합동훈련에도 자주 참석을 하지 못했었다. 그래도 큰 부담이 되었기 때문에 주야장창 목운동(?)하는 중에도 바쁜 시간을 쪼개어 나름대로 연습은 했었고, 그 일환으로 청옥산 등산(8시간 30분 소요) 1회, 두타~청옥산~연칠성령 등산(11시간 20분 소요) 1회 한 것은 큰 도움이 되었던 것으로 여겨진다. 동해시에 26년간 살면서 두타산, 청옥산 등산을 한 것이 이번에 처음이었기 때문이다. 한마디로 요약하자면 연습은 다소 소홀했던 것이다.

3. 준비 및 대회장 이동

7월 14일 16:00에 종합경기장에서 모여 출발을 하기로 했으므로 15시부터 준비를 했다. 준비물은 배낭, 헤드랜턴, 경광등, MP3, 마라톤 바지와 상의 2벌, 수건, 예비용 건전지, 벌꿀 약간, 초콜릿 5개 등이었다. 나름대로 준비를 했지만 꼭 필요한 것이 무엇인지를 회장님께 질문했더니 벌꿀과 초콜릿은 큰 도움이 되므로 꼭 준비하라고 하셔서 준비를 한 것이었다.

15시 20분에 집을 나선다. 종합경기장까지는 20분 정도 소요되므로 몸도 풀 겸 걸어서 가기로 한 것이다. 운동장에 가 보니 최정희 선배님, 최철순 선배님, 하영철 선배님, 김철회 선배님, 이준희 씨 등이 벌써 기다리고 계신다. 이어서 회장님, 이상식 선배님, 신윤승 씨, 황상문 씨와 김덕녀 여사님, 하경옥 여사님, 최영미 씨의 모습이 보이는데 홍성태 선배님께서는 급작스러운 사정 때문에 참가를 못 하신다고 한다. 회장님과 신윤승 씨, 이준희 씨의 차(선수 지원차량)로 이동하기로 결정을 하고 경포 인공폭포 뒤편에 설치된 강릉경포호수마라톤클럽하우스에 도착하니 17시경. 등록을 하고 배 번호와 기념품을 지급받고, 옷 갈아입고, 몸풀기를 하고 출발 장소로 이동해서 기념 촬영 한 판 박고 출발선에 집결하였다. 오늘의 참가 신청 인원은 111명이라고 하는데 일기도 그리 좋지 않고 밤에는 폭풍우가 이어진다고 해서 그런지 100여 명도 채 안 되어 보인다.

4. 울트라마라톤 참가

18시 정각에 인공폭포 앞에서 출발을 하였다. 선발대는 최정희, 최철순 선배님, 이준희 씨, 황상문 씨 등으로 구성되었고 후발대가 회장님, 하영철, · 김철회 선배님, 신윤승 씨, 양원희로 구성되었다.

경포호수를 한 바퀴 돌고 안목~경포 해변상가~사천진~연곡해수
욕장~연곡4거리를 조금 지나가니 주문진클럽에서 수박화채와 초
코파이, 바나나 등을 준비해서 선수들에게 간식을 제공하고 있었
다. 아마도 20킬로미터를 앞둔 지점으로 여겨지는데 아직까지는
몸 상태가 괜찮다. 흐린 날씨인지라 그리 덥지는 않은 날씨인데
웬 땀이 이리도 많이 흐르는지……. 나만 그런 것이 아니고 윤승
씨께서도 이상하게 땀이 많이 난다고 하신다. 화채 한 그릇과 물
한 컵을 받아먹으니 한결 시원하고 몸에서는 힘이 솟는다. 이때의
통과 시간이 대략 20:00 정도로서 날씨가 어둑어둑해져 가므로 선
수들이 헤드랜턴과 경광등을 꺼내 야간 주행에 대비한다. 필수 지
참물인 랜턴과 경광등을 옥션에서 구입을 했는데 경광등(Made in
China)을 잘못 구입했는지 조작도 어렵지만 불이 깜박거리지 않는
것이었다. 대략 10여 분간의 시간을 이곳에서 허비를 했는데 보다
못 한 이상식 선배님도 조급했는지 고쳐 준다고 하신다. 우여곡절
끝에 작동은 되는데 영 시원치가 않고 결국은 이상식 선배님이 가
지고 간 경광등 한 개를 배낭에 달아 주신다. 우리 클럽의 선수들
은 벌써 상당한 거리를 갔을 것이라 생각하니 약간은 불안하나 절
대 서두르지 말자고 다짐을 하면서 느린 속도로 달려간다. 한참
후에 이상식 선배님이 운전을 하고 지나가시면서 서두르지 말고
천천히 뛰라고 조언을 해 주신다.

22킬로미터 지점에서 헤드랜턴의 불을 밝힌다. 지나가는 차들은
얼마나 씽씽 달리는지 소름이 끼친다. 도로변에서 심야에 뛰는 사
람들 때문에 운전자들도 불편하긴 하겠지만 전혀 배려하는 마음이
없는 것 같다. 정신 나간 사람들로 볼 수도 있겠다는 생각을 하니

실소가 나온다. 연곡온천을 지나 25킬로미터 지점에 도착하니 후발대의 다섯 분께서 휴식을 하며 추어탕을 드시고 계신다. 물 한 컵 마시고 부리나케 추어탕을 한 그릇 받아 먹는다. 참 맛있다. 점심을 14시 30분경에 먹고 아무것도 먹지 않아서인지 시장기가 팍 돌 때 적시에 공급해 주는 추어탕은 정말 꿀맛이다. 정말 고마운 마음이 많이 든다. 지나가는 선수 분들 또한 모두 몰려들이 커피도 달라 하고, 물도 달라고 한다. 우리 아름다운 봉사단원들께서는 군말 없이 흔쾌하게 인심을 베푼다. 이곳에서는 김재영 씨의 모습도 보인다. 참 반갑고 고마울 뿐이다. 어쩌면 경포호수마라톤클럽에서 제공하는 것으로 알 수도 있었겠지만 모두에게 엄청 반가웠을 것이고, 고갈된 원기를 보충하는 데 큰 도움이 되었을 것이다. 이때부터 부슬부슬 비가 내리기 시작한다.

진고개 입구인 소금강 입구 3거리에서 잠깐 쉬고 고개를 오른다. 30킬로미터 지점인 청전교를 지날 때의 시각이 21시 27분. 내리는 비의 강도가 조금 더 거세졌으나 바람이 불지 않는 것이 천만다행이다. 맨 후미에서 윤승 씨와 같이 달렸는데 이쯤에서 윤승 씨의 모습이 보이지 않는다. 세 분은 앞서 나가고 나와 회장님이 동행이 되어 주로를 통과한다. 회장님은 윤승 씨 걱정을 많이 하시는데 윤승 씨의 기본 실력과 엄청난 연습량이 있는데 걱정하지 말라고 한마디 거든다. 진고개휴게소~오대산휴게소를 지나 오르막 중간인 40킬로미터 지점을 통과한 시각이 23시 05분. 고개가 매우 길기도 하지만 오르막도 참 많다. 오르막에서는 대부분의 선수들이 거의 걸어가고 내리막이나 평지에서도 걷는 것보다 조금 빠른 속도로 뛰는 것 같다. 이때부터는 안개가 장난이 아니다. 랜턴의 불빛이 없다면 20~30미터 앞도 제대로 보이지 않을 정도이다. 비는 계속 내리고, 고개는 경사가 심해지고…….

700미터, 800미터, 900미터를 지나 해발 960미터인 44.6킬로미터 지점의 진고개 정상에 도착한 시각이 24시 05분. 정상에는 무인 급수처로서 500밀리리터들이 생수가 몇 박스 준비되어 있다. 물을 2통 챙겨서 배낭에 집어넣는다. 경포클럽의 준비와 배려가 몹시 고맙게 느껴진다. 가장 멀리 뛴 풀코스 거리를 넘어서면서 무릎과 엉덩뼈 쪽에서부터 통증이 온다. 뻑적지근하고 아프다. 한 발자국 한 발자국 걷는 것이 고통이다. 참 힘도 들고 이 짓 왜 하나 하는 마음과 실패하면 웬 창피인가 하는 마음이 번갈아 생긴다. 회장님도 상당히 힘들어하는 모습이 역력하다. 저 멀리서 봉고차와 우리의 Hope인 응원단과 봉사단이 보인다. 참 반갑다. 이번 메뉴는 전복죽이다. 허겁지겁 한 그릇 받아 먹고 조금 쉬니 고갈되었던 힘이 조금은 생기는 것 같다. 얼굴이 창백하다고 걱정을 하면서도 힘내라고 격려와 응원을 해 주신다. 참 고맙다. 이곳에서도 많은 선수들이 우리 봉사단의 차량에 들러 따뜻한 커피로 몸을 녹이고 휴식을 취한다. 빗줄기가 더욱 거세지므로 회장님을 비롯한 많은 선수들이 1회용 비옷을 입는다. 24시 12분에 고맙다는 감사의 표시를 하고 다시 주로로 들어선다. 뛰면 땀나겠지 하는 마음으로 비옷을 입지 않고 조금 뛰다 보니 추워서 도저히 안 되겠다 싶다. 걸음을 잠시 멈추고 회장님의 도움으로 비옷을 입으니 한결 낫다.

50킬로미터 지점인 오대산 화훼마을 통과 시각이 7월 15일 00시 50분. 병안 3거리~오대산호텔을 지나 C.P인 57.3킬로미터 지점의 월정3거리에 도착한 시각이 01시 45분. 이곳까지의 제한 시간은 8시간인데 15분을 앞두고 억지로 도착한 것이다. 다른 분들은 벌써 휴식을 하고 출발을 했는지 하영철 선배님의 모습만 보인다. 30여 명의 선수들이 휴식을 하면서 육개장으로 간식을 섭취하고 있었다. 천막 안으로 들어가려고 하니 김재영 씨께서 의자를 권하면서 의자 위에 발을 올려놓도록 하고 얼음 2봉지를 구해 무릎 찜질을 해 주신다. 찜질을 받으면서 가장 편안한 자세로 육개장을 한 그릇 후딱 해치운다. 식사를 끝마치니 이번에는 이상식 선배님께서 마사지를 해 주신다. 다리의 피로가 확 풀린다. 통증도 가시고 다시 뛸 의욕이 생긴다. 02시 04분에 회장님 및 하영철 선배님과 함께 다시 주로로 들어섰다.

60킬로미터 지점을 통과한 시각이 02시 26분. 싸리재를 올라 싸리재 정상에서 하영철 선배님께 앞서 가시라고 권유한다. 횡계고속도로 진입로~대관령 진입로를 지나니 봉사단 차량이 우리를 맞는다. 69킬로미터 지점에서 따뜻한 꿀차를 한 잔 공급받는다. 이곳에서도 이상식 선배님이 양발을 마사지해 주신다. 정말 고맙다. 거짓말 조금 보태서 눈물이 앞을 가릴 정도이다. 고마움을 표시하고 주로에 다시 들어서서 70킬로미터 지점인 대관령 기상대를 통과한 시각이 04시 06분. 조금 약해지던 빗발이 또 거세지기 시작한다. 벗었던 비옷을 다시 챙겨 입는다. 고랭지연구소를 거쳐 대관령 정상에 도착하니 무인 급수처가 또 마련되어 있다. 안개는 자욱하고 비는 계속 많이 내리고 앞뒤로 선수들은 아무도 보이지 않는다. 우리 둘만 정처 없이 걷고 있는 것 같아 보인다.

이제부터는 구영동고속도로이다. 회장님께서는 너무 늦었다는 생각 때문에 조금 힘이 들지만 내리막에서 달리자고 하신다. 사임 당 시비를 지나 초막교 아래인 80킬로미터 지점 통과 시각이 05시 36분이다. 10킬로미터의 주행시간이 90분으로서 10분을 앞당겼다. 어흘리 마을~보광리 입구~용봉주유소를 거쳐 90킬로미터 지점인 동해고속도로 진입로 교각 통과 시각이 07시 05분으로서 89분이 소요되었다. 조금 더 당긴 것인데 조금은 무리해서 참 많은 선수 들을 추월했다. 무릎과 엉덩뼈에는 통증이 계속 오는데 거의 감각 이 마비된 기분이다. 조금 뛰다가 빨리 걷다가를 계속 반복하면서 골인 지점을 향해 한 걸음 한 걸음 다가가는 것이었다. 90킬로미 터 지점을 약간 못 미쳐 우리보다 앞서서 잘 달려가던 부부 마라 토너 중 여자 분이 다리에 무리가 왔는지 주저 않는 모습을 보았 다. 참 안되었다는 생각이 든다. 골인 지점을 10여 킬로미터 앞두 고 포기해야 하다니 얼마나 억울한 일일까?

홍제교차로를 지나는데 중학교 동창이 뒤에서 부른다. 이 친구 는 풀코스 한번 뛰어 보지 못한 사람인데 울트라를 도전했다. 평 상시 등산을 매우 좋아했었는데 등산의 여력으로 울트라를 완주하 는 것이라 여겨진다. 그 친구의 모습을 보니 갑자기 마음이 상하 고 오기가 팍 생긴다. 회장님도 열을 받는지 계속 뛰자고 하신다. 결국은 그 팀을 추월해서 시청 앞~터미널교차로~솔올택지4거리 를 지나니 이상식 선배님께서 동반주를 해 준다고 그 먼 거리를 뛰어오셨다. 이때가 94.5킬로미터 지점을 통과해서 힘들어 죽겠는 데 옆에서 슬슬 달리라고 계속 부추긴다. 고맙기는 한데 참 죽을 맛이다.

우리꽃농원~경포4거리를 지나 경포해수욕장 백사장에 도착한 시간이 08시 28분 정도로서 83분에 10킬로미터를 달린 것이다. 계속 뛰라고 동반주해 주신 이상식 선배님 덕분에 상당한 시간을 당긴 것이다. 마지막 5킬로미터 정도를 앞두고 따라잡은 선수가 10여 명은 될 것이다. 골인 지점에서 꽃다발을 들고 기념 촬영을 하고 물과 음료수를 한 컵 마시고 나니 이어서 회장님의 골인하는 모습이 보인다. 최종기록은 14시간 28분 정도. 이렇게 해서 첫 울트라 도전은 성공을 거두었다. 참 힘든 달리기 여정이었다.

5. 소감

울트라 첫 도전 및 완주는 평생 잊지 못할 추억과 경험으로 오래도록 남아 있을 것이다.

울트라마라톤에 도전을 해 보아야겠다는 생각은 벌써부터 했었지만, 이렇게 빨리 기회가 오리라고는 미처 생각하지 못했다. 또한 우여곡절 끝에 수많은 분들의 도움으로 완주를 하게 되었다. 대회를 개최하시고 준비부터 사우나와 마지막 식사까지 철저히 준비하여 달림이들의 달리고자 하는 욕구를 해소하도록 장을 만들어 주신 최종덕 경포호수마라톤클럽의 회장님과 회원님들께 감사를 드린다. 또한 처음부터 끝까지 이끌어 주시고 동반해 주신 회장님, 밤잠을 이루지도 못하시고 응원과 봉사활동을 통해 우리 선수들을 뒷바라지 해 주신 이상식 선배님, 김재영 회원님, 김덕녀 회원님, 하경옥 회원님, 최영미 회원님과 문자와 마음으로 성원과 격려해 주신 모든 분들께 진정으로 깊은 감사를 드린다. 울트라 마라톤을 다시 도전하게 될지는 아직 장담하지 못하겠다. 그러나 도전을 하게 된다면 충분한 준비와 연습은 필수적이며 좀 더 체계적으로 대비를 해야겠다는 각오를 되새긴다.

누구나 충분히 연습하고 도전하면 이루어 낼 수 있는 운동이겠지만 주로에 있던 오랜 시간 동안 나 자신에 대해서 많이 생각하는 계기가 되었다. 또한 나의 체력과 도전정신에 대해서는 약간의 자부심도 느끼게 됨은 부인할 수 없는 사실이다. 60의 연세에도 제일 먼저 골인한 최정희 선배님의 엄청난 체력과 그 체력관리를 위한 부단한 노력에 존경심이 솟구치며 과연 나는 미래에 어떤 모습이 될까를 생각해 보게 된다. 완주하신 우리 클럽의 모든 회원님들과 울트라맨들께 축하의 말씀을 드리며 이런저런 사정으로 불가피하게 포기를 하신 분들께는 다음 기회에 반드시 완주하시기를 기원한다.

축하합니다.
완주기를 읽는데도 너무 길어 어거지로 대충 훑어보았는데 그 먼 길을 어찌 준비도 소홀이 뛰었을까?
암튼 走 & 酒에는 일가견이 있습니다. 몸조리 잘하십시오.

심재천[2007/07/25]

큰일 이루셨습니다. ……
대단한 용기와 노력을 보여 주셨습니다. ……
그저 부러울 따름입니다. ……

이건흠[2007/07/24]

축하합니다.
걸음마의 멋진 사나이 양[닭] 계장 파이팅.

하영철[2007/07/21]

먼저 울트라 첫 완주 진심으로 축하드립니다! 달리고 걷는 데도 정신없었을 터인데…… 어찌 요렇게 상세하고, 생생하게 기억을 내어 후기를 풀어 놓으셨는지 참 대단한 체력에 머리이십니다. 지난번 청옥산 밑에서 좀 거한 모습에 걱정이 많이 되었었는데 그래도 무사히 내려오신 것이 울트라를 거뜬히 완주할 수 있는 기본이 되어 있는 것이 아닌가 싶네요. 멋진 완주기를 읽고 나니 저는 솔직히 엄두가 나질 않습니다. 빠른 쾌유 바라며 이제부터는 맛난 약주 맛있게 드십시오. ㅎㅎ!

도일수[2007/07/20]

우 - 와 - -

신윤승[2007/07/20]

하이구~~~ 대단하십니다요. …….
달리지도 않은 내가 팔다리 허리 어깨 그리고 종아리에 쥐가 나는 거 같습니다.

이명종[2007/07/20]

ㅎㅎㅎ 제가 뛰는 기분입니다. 고생 많으셨습니다. 뻣뻣해 오는 다리를 계속 움직이는 그 기분…… 다시 경험해 보고 싶어집니다.

심관홍[2007/07/19]

100킬로미터 울트라 완주를 축하드립니다.
컨디션, 몸 상태도 좋지 않은 상황에서도 끝까지 포기하지 않고 물고~~ 늘어지는 끈기와 인내…… 체력은 떨어지고, 다리에는 쥐가 나서 달리기엔 힘들어지고, 이러한 어려운 상황을 이겨 내신 선배님~! 정말로, 너무나~ 대단한 정신력입니다.

김재영[2007/07/19]

울트라 준비하느라고 그 좋아하는 술을 6일 동안이나 안 마셨다면서요. 또한 양 계장님의 끈기와 인내심에 또 한 번 놀랐습니다.

임진호[2007/07/19]

울트라 완주를 진심으로 축하드리며
은근과 끈기를 보여 주는
진수인 것 같습니다

酒, 풀코스, 울트라를 섭렵하는 님을 사랑합니다.

권우찬[2007/07/18]

축하합니다. 님 덕분에 진고개라는 오랜 역사적인 고개도 접하네요.^^ 평생 즐거운 달리기 즐기기길 기원합니다.^^ 힘ㅁㅁㅁㅁㅁ

지리산, 08/11

☺ 마라톤 유머

- 올림픽 이모저모 -

▶ 부끄러운 마라톤 우승자들

미국의 프레드 로즈는 세인트루이스 올림픽 마라톤에서 경기 도중 버스를 얻어 타고 움직여 금메달을 박탈당했고, 런던 올림픽에서는 피에트리 도란도가 결승전 바로 앞에서 지쳐 쓰러졌지만 심판들이 도와줘 우승을 차지했다. 하지만 이 금메달은 곧바로 회수됐다.

▶ 이색 종목들

제2회 파리 올림픽에서는 이색 종목들이 치러져 올림픽 역사가들을 당황케 하였다. 이 대회에서 정식종목으로 채택된 종목은 낚시, 연날리기, 대포 발사, 당나귀 타기, 당구. 특히 이 대회는 개막식이나 폐막식이 없었고, 5월 20일에서 10월 28일까지 무려 5개월간 간간이 경기가 진행되는 식이었다. 쿠베르탱이 대회가 끝난 후 "올림픽이 이런 대회를 거치고도 살아남았던 것은 거의 기적에 가깝다."고 탄식했을 정도.

▶ 올림픽 사상 최장의 경기 시간

스톡홀름 올림픽에서는 무려 11시간 동안이나 레슬링 경기를 한 진풍경이 벌어졌다. 그레코로만형 중량급 준결승에서 러시아의 마틴 클라인이 핀란드의 아시카이넨과 11시간 동안이나 사투를 벌여 승리를 거뒀다. 두 선수는 30분마다 한 번씩 휴식을 취했지만 승자인 클라인은 탈진해 결승전 참가를 거부했다.

- http://www.ezday.co.kr/ -

분단과 6·25 전쟁의 현장을 체험하면서 달린 '제4회 철원DMZ 국제평화마라톤대회'(12)

1. 참가 배경 및 이동

어느 대회를 참가할까 마라톤 온라인 사이트를 방문하여 뒤지다가 아직까지 한 번도 가 보지 못한 철원으로 정했다. 철원에는 나와 오랜 친구인 공무원 동기도 근무를 하고 있고, 오래전부터 한 번 놀러 오라는 이야기도 생각났기 때문이었다.

'철원 DMZ 국제평화마라톤대회'는 올해가 4회 대회로서 우리 동해 해돋이 마라톤대회와 같은 해에 시작되었다. 우리 시에서는 마라톤 이벤트 회사의 미흡한 경기 운영으로 올해는 시 예산을 확보하지 못해 개최를 하지 못하기 때문에 내년에 다시 개최된다 하더라도 철원보다는 1회차가 항상 늦어질 수밖에 없다는 점이 조금은 아쉬웠다.

9월 16일 아침 9시에 집을 나선다. 9월 13일~14일 연 이틀 계속된 술 때문에 일어나는 것도 쉽지 않았으나 조금이라도 일찍 가서 철원 구경을 하고자 출발을 서둘렀고, 아내가 시외버스터미널까지는 태워 준다고 하니 고맙다. 여행복장을 챙기고 친구에게 선물할 오징어 한 축을(30,000원) 들고 나선다. 9시 30분 동서울행 버스(14,400원)를 타고 서울에 도착하니 13시. 신철원행 13시 30분 표(8,900원)를 사고는 터미널 내 식당에서 부리나케 비빔밥(4,500원) 한 그릇을 먹고 철원행 버스를 타러 가니 표를 잘못 샀다고 한다. 시간을 조금 보내다 14시 18분 차를 타고 신철원에 도착하니 16시 15분. 동해에서 출발해서 6시간 45분이 걸렸는데도 상당히 빨리 왔다고 한다. 친구가 터미널에 일행 한 분과 같이 와서 대기를 하고 있다. 전화 통화는 가끔 해도 얼굴 본 지는 꽤 오래된 친구라 무척 반갑다. 이어서 친구의 안내를 받아 임꺽정의 전설이 어려 있는 고석정, 마라톤행사장, 삼부연폭포, 태봉대교, 직탕폭포 등을 구경하고 철원갈비 집에 도착한 것이 18시 20분경. 철원은 강원도 내에서 평야면적이 가장 넓고 임야비율은 가장 적으며, 한우 사육두수도 가장 많다고 한다. 철원한우고기로 소주를 곁들여 저녁을 먹었는데 그만 소주가 너무 과해서 3명이 6병을 비워 버렸다. 내일의 상당한 전투가 있음에도 불구하고 이어서 입가심하러 가자는 유혹을 뿌리치지 못하고 그만 2차를 가서 맥주와 소주를 섞고 만다. 잠을 자기 위해 친구 집에 도착한 시간이 24시경. 버스에서 많이 졸았음에도 술기운에 떨어져 그만 언제 잠든지도 모르게 잠이 들었다.

2. 대회장 이동 및 행사장 이모저모

9월 16일 5시 30분에 눈을 뜬다. 전날 친구에게 출발 3시간 전에는 음식을 먹어야 한다고 해서 그런지 친구 아내가 5시 30분에 일어나 아침을 챙겨 준다. 입안이 까칠하지만 먼 거리를 뛰어야 하므로 고마운 마음으로 밥 한 공기를 먹고 휴식을 취한다. 친구도 행사 종사요원으로 지정되어 있기 때문에 친구와 함께 8시 10분에 행사장으로 이동을 한다. 행사장 주변에서 상당히 떨어져 있는 지점인데도 불구하고 행사장으로 진입하려는 차량 때문에 도로의 정체가 몹시 심해서 행사장에 도착한 시간이 8시 30분. 친구와 작별인사를 하고 출발 지점에 도착해서 옷을 갈아입고, 짐을 맡기고, 몸풀기를 하고…… 참 바쁘다.

인파가 엄청나다. 공식적인 참가 인원은 6,200여 명이고 가족 등을 포함하면 1만여 명은 될 것이라는 사회자의 멘트가 들린다. 행사장의 규모는 작은데 참가 신청 인원이 너무 몰려 접수를 조기에 중단했다고도 하며, 현장 접수도 하지 않았다는 얘기를 나중에 들었다. 행사장은 2곳으로 구분되어 있는데 메인 무대와 탈의실, 물품보관소, 먹을거리 행사장 등은 잔디 구장에 설치되어 있고, 출발 장소는 50여 미터 떨어진 철의삼각지 안보전시장 입구 광장에 마련되어 있다. 전날 행사장을 구경하러 갔을 때 마침 부군수님께서 행사 관계자와 함께 행사장을 최종 점검하고 있었는데 큰 관심을 갖고 행사를 준비하고 있다는 느낌을 받을 수 있었다.

3. 출발 및 달리기, 코스

　9시 정각에 출발신호가 울렸다. 대략 1,500여 명이 풀코스 신청을 한 것 같다. 철원을 처음 가보기 때문에 어디로 뛰는지 지명은 전혀 알 수는 없지만 휴전선을 향해 뛰는 것 같았다. 민간인 출입 통제구역을 통과해서 철의삼각지 통일전망대가 하프 지점이었는데 뛰었던 길을 돌아오는 것이 아니라 다른 주로를 달려 골인 지점으로 향하는 것이었다. 통상적인 풀코스와 같이 2.5킬로미터마다 급수대가 준비되어 있고, 5킬로미터 지점에는 물 스펀지가 공급되고 있었는데 급수대 300미터 전방에는 급수대 예고 표지판이 설치되어 있었고 스펀지 공급대에서도 급수를 병행하고 있었다. 인라인봉사대원들은 선수들과 같이 계속 달리면서 에어파스를 뿌려 주고, 급작스럽게 부상을 입은 선수들의 부상을 응급 치료해 주었다. 철원군은 면적이 넓고 주민수가 많지 않음에도 불구하고 주민들과 학생들, 군인들이 주로에서 선수들을 열심히 응원해 주었는데 50여 곳 이상의 장소에서 몇천 명 정도는 되는 것 같다.

　전 코스가 오르막 내리막이 없이 평탄하였고 2차선 도로의 교통을 전면 차단하였으므로 선수들에게는 최적의 코스였다고 생각한다. 민간인 통제구역을 넘어서자 6·25 전쟁 당시 폐허가 된 노동당청사 잔해, 미곡공장 터, 병원 등 동족상잔의 아픈 상처가 곳곳에 유적으로 보존되고 있었고 각 시설마다 안내판이 설치되어 있었다.

　대부분의 사람들이 강원도 하면 산이 많고 평야지대는 없는 곳으로 인식하고 있고 나 역시 같은 생각을 하고 있지만, 철원은 정말 넓고 넓은 평야지대에 그리 높지 않은 산들이 자리를 잡고 있었다. 들판에는 추수를 앞둔 황금빛 벼 이삭들이 고개를 숙이고 있었고 추석을 앞두고 햅쌀을 공급하기 위해 추수하는 모습도 간간이 보였는데 참 평화로운 모습이었다. 황금빛 들녘에는 코스모스 꽃이 만발하여 바람에 한들거리고, 먼 산에는 단풍이 서서히 물들고 있었다. 주로 변을 따라 '지뢰지대'임을 표시하는 깃발들과 도로변에 설치된 각종의 장애물들이 이곳이 전방이고, 북한과의 전쟁이 아직도 끝나지 않은 상태에서 첨예하게 대치 중에 있음을 실감하게 하였다. 10월 초에 남·북 정상회담이 열린다고 하는데 금강산 관광도 이루어지고 있는 상황에서 남북을 연결하는 마라톤 이벤트 행사를 개최하는 것은 어떨까 하는 엉뚱한 생각도 해 본다. 마라톤대회의 개최 시기와 코스는 매우 만족스러웠다. 선수들을 위한 여러 가지의 배려와 철원군민들의 응원도 선수들에게는 큰 힘이 되었으리라 생각된다.

4. 골인! 기념품 및 먹을거리 등

며칠간 계속된 술이 또 말썽이다. 하프 지점을 통과할 때의 기록이 2시간 25분 정도. 5시간 안에만 들어가기로 작정을 하고는 2.5킬로미터 뛰고 3~5분간은 걷기를 반복하면서 40킬로미터 지점에 도착한 시간이 13:30경. 제한 시간 안에 골인은 확실히 할 것 같아 마음을 놓으면서 천천히 계속 달린다. 1킬로미터 지점을 남겨 놓고부터는 주로에 응원을 나온 사람들의 행렬이 계속 이어지므로 창피해서 걸을 수도 없다.

마침내 골인 지점을 통과한 기록은 04:47:53.39! 이렇게 해서 11번째 풀코스 도전은 억지로 끝이 났다. 이번 마라톤도 연습 부족과 사람 만나고 술 좋아하는 것 때문에 참 힘들게 뛰었다. 그러나 뿌듯한 마음은 든다. 철원에서 만난 친구와 일행으로부터 '정말 이해가 안 되고 정상적인 사람이 아닌 것 같다.'라는 말을 들었다. 스스로 생각해 보아도 같은 마음이다. 그러나 힘은 들지만 좋은데 난들 어쩌나…….

칩을 반납하니 의례적인 간식과 메달 이외에 '다미나909'라는 스태미나 음료를 한 박스 준다. 친구의 말에 따르면 가격이 15만 원(15개들이)이나 한다고 한다. 번호표를 받을 때에도 '철원오대쌀' 3킬로그램을 기념품으로 받았으니 철원마라톤대회는 절대적으로 남는 '마라톤 여행'을 한 것이다. 먹을거리 마당에서는 점심식사로 오대쌀밥과 김치, 깍두기, 콩나물국을 제공하며 막걸리도 잔으로, 통으로 나누어 준다. 막걸리 한 잔 할 생각도 있었으나 속이 불편해 마시지 못하고 점심식사를 배급받아서 먹었다. 배도 고프지만 모두가 내 입맛에 잘 맞기 때문에 참 맛있게 먹었다.

5. 귀향 및 소감

식사를 마치고 나니 14시 20분. 이제는 동해로 갈 일이 걱정이다. 부지런히 서둘러도 밤 22시는 넘어야 도착할 것 같다. 옷을 갈아입고 짐을 챙기고 시내버스를 타기 위해 도로변으로 나선다. 14시 35분에 신철원행 시내버스(1,200원)를 타고 터미널에 도착한 것이 14시 45분. 동서울행 표(7,800원)를 구입해서 15시 버스에 탑승을 하자마자 친구에게서 전화가 온다. 기억도 가물가물한 철원군청 직원 한 분이 나를 보고 싶다고 하니 다음 버스로 가라는 것이다. 몸은 피곤하지만 일부러 터미널까지 찾아온다니 성의가 고마워 버스에서 내린다. 세 명이 인근의 다방에서 음료수를 마시며 짧은 시간이지만 이런저런 얘기를 나누는데 마라톤대회가 끝난 뒤인지라 주로 마라톤에 관한 이야기들이다. 작별인사를 나누고 15시 40분 동서울행 버스에 오른다. 피곤한 탓에 금방 잠이 들었고 한참 자다 눈을 뜨니 17시가 조금 넘었다. 차창 밖으로는 비가 조금씩 내린다. 정차와 주행하기를 여러 차례 한 후 동서울터미널에 도착한 시간이 18시 35분. 배도 살살 아프고 저녁식사를 해야 하므로 20시 4분 동해행 표(14,400원)를 구입했다. 터미널 안의 적당한 식당을 찾아 들어가서 병천순대 1접시(10,000원), 소주 한 병과 공깃밥(4,000원)을 시켰는데 버스에서 한잠 잘 생각으로 소주를 마시기로 한 것이다. 허기도 지고 너무 기운이 없어 속을 든든히 채울 생각으로 주문을 했는데 순대는 반 정도를 남겼다. 식사를 마치고 대합실에서 조금 쉬다가 동해행 20시 4분 버스에 올랐다. 자다 깨다 하면서 뉴스를 듣는데 제주도는 태풍 '나리' 때문에 큰 피해를 입었다고 하며 강원 영동지방에서도 9월 15일부터 이틀 동안 비가 줄기차게 내리고 있다고 한다. 이번 철원마라톤대회는 택일을 참 잘했고, 정말 먼 길을 다녀가지만 날씨 덕분에 무사히 완주했었다는 안도의 한숨을 내쉰다. 동해에 도착할 무렵, 비가 오고 있으니 버스터미널까지 태우러 온다고 아내가 전화를 한다. 평일에는 일과 모임 핑계로 매일 늦고, 주말에도 달리기와 등산, 모임 등으로 자주 집을 비우는데 뭐가 예쁘다고 태우러 온다는 것인지 참 고맙다. 마침내 동해터미널에 도착한 시간이 23:00로서 마라톤 행사장에서 출발한 지 8시간 25분이 소요된 것이다.

이번에 처음 참가한 제4회 철원DMZ 국제평화마라톤대회는 이동하는 데 너무 오랜 시간이 걸린 것을 제외하고는 4시간 47분이라는 기록을 포함해서 모든 것이 만족스러웠다. 철원 땅을 개인적으로 처음 가 보고 비 온 뒤라 맑고 깨끗한 한탄강 물을 보지 못해서 다소 서운했지만 유명관광지 몇 곳을 친구의 안내로 돌아본 것, 그곳에서 오랜 친구를 만나 그 유명하다는 철원한우 맛을 보고 잘 지은 친구 집에서 하룻밤을 보낸 후 친구의 아내가 새벽 일찍 차려 준 정성스러운 아침식사를 한 것, 전국 각처에서 모여든 마라톤 선수들을 위하여 철원군청과 한국일보, 육상경기단체와 스폰서 회사 등에서 철저히 준비하고 손님들을 맞이한 것, 마라톤 구간의 처음부터 끝까지 친절하게 음료수와 간식을 배부해 주며 '파이팅!'을 외쳐 준 봉사대원과 응급의료요원, 교통통제를 위하여 애쓰신 경찰과 봉사단체 회원을 비롯하여 차량 이용상의 불편을 감수하고 교통통제에 협조한 철원군민들, 모든 코스의 일원에서 선수들을 위하여 열심히 손을 흔들고 환호하거나 농악을 연주한 학생들과 군 장병을 포함한 철원군민들, 황금빛으로 물들어 가는 넓은 평야와 깨끗한 산간 계곡 사이로 만들어진 평탄한 마라톤 코스, 따갑지 않은 좋은 날씨 속에서도 계속적으로 불어 준 상쾌하고 맑은 바람…….

다시는 잊지 못할 마라톤의 추억을 또 하나 만들었다. 이번 마라톤대회에서는 친구의 큰 관심과 후원(?)에 힘입어 참가비(40,000원)를 포함하여 135,200원의 저렴한 경비가 소요되었다. 다음 기회에 도전할 마라톤대회부터는 조금 더 착실하게 준비하며, 나의 가장 큰 장점이자 단점인 술을 확실하게 자제해야 하겠다고 참 어려운 다짐을 다시 해 본다.

댓글

여행 삼아 무리하지 않고 즐겁게 뛰는 님의 모습이 참으로 아름답습니다.
홍성태[2007/09/24]

홍보팀장님 말대로 마라닉을 즐기시는군요.
  항상 즐거운 달림이 되세요.
임진호[2007/09/21]

정말로 달리기를 사랑하는군요.~~
상세한 일지 잘 봅니다. …….
석우가 말한 진정 달리기를 통한 여행이라는 마라닉을 보는 듯합니다…….
이건흠[2007/09/20]

양 계장님
완주를 축하드립니다.

각종 마라톤대회에서
보고 느끼고 배운 것을
동해 해돋이 마라톤에 잘 접목하여
전국대회로 거듭나게 해 주시길…….

권우찬[2007/09/20]

그야말로 마라톤 여행을 다니시네, 배낭 메고 버스 타고 어리할 정도의 酒有에 벗도
만나고 세상구경까지…….
멋있습니다. 앞으로도 쭉~ 좋은 모습 보여 주시죠.
수고하셨습니다.

심재천[2007/09/20]

캬~~~~
통일의 초석, 철원 기행문 잘 읽었습니다. ……
너무 멋있습니다.

신윤승[2007/09/19]

양원희 선수 수고 많이 하였네요.
하여간 술이 말썽이야. ……
나는 9월 9일 횡성 청정마라톤에 참가하여
4시간 40분의 기록으로 억지로 제한 시간 안에 골인…….
원인인즉 7일 저녁에 과음으로 온 영향…….
아무쪼록 수고했어. ……

김화수[2007/09/19]

강원도에서 최고로 먼 철원지역까지 달리려 가셨군요. ……
그 열정이 참으로 부럽사옵니다.
대회 참가기를 다 읽고 나니 내가 술도 좀 취하는 것 같고
풀코스를 달린 듯 고관절도 뻐근한 듯합니다.
유유자적 마라톤을 즐기는 양 선배야말로
진정한 마라토너이십니다. ……

이명종[2007/09/19]

- 아 그거 -

마라톤 중간에 큰 일을 보고 싶을 땐 심판에게 허락을 받고 코스를 이탈해서 볼일을 볼 수 있다고 한다.

1973년 프랭크 쇼터는 일본에서 개최된 비와코 마라톤 대회를 달리다 갑작스러운 통증을 느끼고 화장실로 내달렸다.

물론 심판의 허가를 얻었으며 무사히 일을 마쳤으며 돌아와서 우승 테이프까지 끊었다는 믿기 힘든 사건이다.

그런데 그가 휴지 대용으로 사용한 것은 사람들이 길가에 서서 흔든 일본 국기였다고 한다.

　- http://www.ezday.co.kr/ -

너무도 아쉬움이 남는 '제7회 독도 지키기 울릉도 오징어마라톤대회' (13번째 도전 실패기)

안녕하세요.

참 무더운 날씨가 계속되고 있지요. 모두 건강하신지요?

8월 18일~8월 19일 양일간의 야유회는 회장님을 비롯한 여러분들의 정성어린 준비 때문에 성공적으로 이루어졌을 것이라고 생각합니다.

저는 8월 19일 삼화동 서학골에서 다른 모임이 있기 때문에 아침 일찍 나왔습니다만, 전날에 이루어진 모든 행사의 내용만 보더라도 그 이후의 일정에 대해서는 의문의 여지가 없었으리라 믿습니다. 애쓰신 모든 분들께 깊은 감사의 말씀을 드립니다.

제가 조금 심하게(?) 한다 싶으면 도를 넘는 경향이 있는데 혹 본의 아니게 실수를 하지나 않았는지 궁금하며 기분을 상하게 하는 일이 있었다면 진심으로 사죄를 드리겠습니다.

저는 8월 25일~8월 26일 중에 제7회 독도 지키기 울릉도마라톤대회에 참가하고 왔습니다.

울릉도를 한 번도 가 보지 않았기에 아내를 꽤 오랫동안 꼬여서 갔다 온 것입니다.

완주기가 아니고 참가기인 이유는 제가 29킬로미터 지점에서 불가피한 이유로 포기가 아닌 중단(?)을 했기 때문입니다. 이번 마라톤대회에 대해서 잠깐 알려 드리겠습니다. 한국마라톤기획(주)에서 기획을 했고, 세계일보, 스포츠월드, 울릉군오징어축제추진위원회에서 주최를 했는데 육지에서의 모집 계획 인원이 500명임에도 불구하고 100명밖에 참가 신청을 하지 않은 것입니다. 저는 제 아내가 '마라톤의 마'자도 모르는 사람인데 5킬로미터 참가 신청을 해서 같이 같으니 1/50을 차지한 셈이지요. 마라톤 참가비는 종목에 관계없이 2만 원이었는데 여행사의 여행비용 포함해서 1인당 제일 비싼 205,000원짜리(2인 1실 기준)로 선택했습니다.

중도에서 포기한 이유는 행사를 주관한 울릉군로타리클럽 회원님들과 지원하는 울릉군청 직원들께 너무 미안스러웠기 때문입니다. 왜 미안했냐고요. 앞에서 얘기했다시피 육지에서 100명, 울릉군에서 참가한 군인, 경찰, 학생 등(이분들은 참가비가 없음) 포함해서 대략 400여 명이 참가를 한 것 같은데 들은 얘기에 의하면 풀코스 신청사가 15명이었디고 합니다. 그중 제가 아는 바에 의하면 풀코스 반환점을 돈 사람이 6명인데(기획사 측에 의하면 반환점에서 확인받지 못했다고 주장한 사람이 1명 더 있다고 함) 제가 4번째로 돌았거든요. 그런데 23킬로미터 지점에서 꼴찌가 된 것입니다. 반환점을 향해 뛰어오는 사람이 계속 없었기 때문에 안 것입니다.

25킬로미터 지점을 통과하니 주최 측에서도 더 이상 뛰는 사람이 없는 것으로 판단을 하고 마라톤 거리표지판을 회수하고, 앰뷸런스도 뒤따라오고, 울릉군청 직원(나중에 대화를 하며 알게 되었음) 차량 등 3~4대가 저와 보조를 맞추면서 운행을 하는 것입니다. 풀코스 10번 정도 뛰었으니 안전사고 걱정 마시고 그냥 가시라고 3번 정도 말씀을 드렸는데 안 된다는 겁니다. 몇 시간이 걸리든 신경 쓰지 말고 쉬든 뛰든 걷든 그냥 가라고 하시는 겁니다. 처음에는 고맙던데 나중에는 부담스럽고 미안해서(?) 뛰든 걷든 도저히 할 수가 없더라고요. 10여 명 정도의 인력이 저와 같이 내지는 제 뒤로 따라 오는데 어차피 5시간의 제한 시간을 최소한 30분 이상은 넘길 것 같고 기본 양심(?) 있는 놈이면 그만두는 것이 맞겠다고 판단을 했지요. 울릉군청 직원 분 하시는 말씀이 너무도 고맙더군요. 맨 뒤니까 순위에는 변동 없는 것으로 하고 차를 태워 줄 테니 5위 뒤를 계속 따라가다가 골인 지점 2킬로미터 정도 남겨 두고 내려서 골인하고 완주증을 받아 갈 수 있도록 도와드리겠다고요. 그런데 제가 어디 그럴 놈 입니까? 말씀은 고맙지만, 그러지 마시라고 했지요.

하여튼 11시 40분에 울릉군청 직원 분 차 타고 행사장에 도착했습니다. 기념품(칠갑산삼계탕) 받고, 군청 직원 덕분에 기본식인 국수 외에 운 좋게도 특식으로 울릉도 백숙을 로타리클럽 회원님들과 같이 먹었습니다. 식당으로 3등 하신 분이 들어왔는데 12시 2분에 골인을 했다고 하더군요. 저를 제외한 마지막 선수가 5등이었는데 12시 35분경에 골인을 했고, 시상은 5등까지 하더군요. 얼마나 아깝던지……. 미안한 마음 조금 참고 끝까지 한 번 달려 볼걸 하는 마음이 들더군요. 1등의 부상품이 오징어 5축, 5등이 2축이었는데 저도 2축을 선물로 받았습니다. 제가 이번에 입은 유니폼이 동해시청마라톤클럽의 것이었고, 제가 시청 직원이라는 것을 밝혔는데 군청 직원과 로타리클럽 회원께서 무더운 날씨에도 불구하고 참가해서 30킬로미터 정도를 열심히(?) 뛰었다고 주시더군요.

대회장은 조그만 초등학교의 운동장이었는데 참 아담했습니다. 개회식에는 군수님, 의장님, 교육장님, 세계일보 부사장님을 비롯해서 울릉군 내의 기관, 단체장님께서 많이 참석하셨더군요. 군청 직원과 로타리클럽의 회원님들께서는 대회 참가자가 많지 않았음에도 불구하고 시종일관 친절하게 그리고 정성껏 선수들을 안내하고 배려해 주는 모습이 너무 고맙게 느껴졌습니다. 대회종목은 5킬로미터, 10킬로미터, 하프, 풀코스 등이었습니다.

울릉도의 풀코스에 대하여 조금 설명 드리겠습니다. 하프코스 반환점까지는 100% 바닷가를 뜁니다. 정말 좋더군요. 하프 반환점부터 언덕이 시작되는데 정말 엄청납니다. 그 코스를 뛰어서 올라간다는 것은 제 생각에는 불가능합니다. 2.5킬로미터 오르막 2.5킬로미터는 내리막, 또 2.5킬로미터 오르막 2.5킬로미터 내리막으로 이어지는데 3등 하신 분 말씀이 이런 코스는 처음이고 자기 평상시 기록보다 1시간 10분이 늦었다고 하더군요. 4등 하신 분은 60세로서 공무원 정년퇴직하신 분인데 풀코스 116회 울트라 11회를 완주하셨다고 하시며 역시 너무 심한 코스라고 하시더군요. 또한 울릉도의 오늘 날씨가 올해 들어 가장 더운 날씨였다고 합니다.

저는 군청 직원과 로타리클럽 회원님들께 내년부터는 풀코스는 없애는 것이 좋지 않겠느냐고 했습니다. 참가자도 적고 뛰는 사람도 부담스러우며 행사를 진행하시는 분도 너무 힘들지 않느냐고요.

우리 동해마라톤클럽의 SUB-3 회원님 한 분씩을 50% 정도 지원해서 해마다 울릉도로 보내시면 1등은 독식을 하지 않을까 하는 엉뚱한 생각도 해 봅니다.

참 아쉬운 대회였습니다. 풀코스 도전 이후 첫 실패입니다. 참가자만 많았다면 5~6시간이 걸리고 걸어서라도 골인은 했을 텐데 제 기본 양심으로는 도저히 끝까지 갈 수가 없었습니다. 이번 울릉도 마라톤대회는 몇 년에 걸친 '아내 꼬이기' 노력 끝에 다녀왔는데 평생 잊지 못할 아쉬운 추억을 남겼습니다. 그런데 따지고 보니 결론은 연습과 실력 부족이었던 것 같습니다. 연습 많이 해서 꼴찌 안 했으면 큰 부담이 없었을 테니까요. 또 연습 게을리한 반성을 많이 하게 됩니다. 그럼에도 불구하고 독도 관광을 하지 못한 것은 정말 아쉬움이 많이 남습니다. 울릉도~독도 관광은 보통 5시간이 소요되는데 풀코스 마라톤대회가 끝나고 난 이후 시간상의 문제와 일기 탓으로 불가능했던 것이지요. 덕분에 독도박물관, 독도전망대 등은 돌아볼 수가 있었습니다. 울릉도의 바닷물 속에 몸 한번 담가 보지 못한 점, 생선회도 먹어 보지 못한 점 등도 아쉽데요. 기회가 되시면 바쁜 시간도 내시고 돈도 투자해서 '심해선 밖의 외로운 섬' 울릉도 관광도 즐기시고, 마라톤대회에 참가해 보시기 바랍니다.

늘 즐겁고 행복하게 보내시기 바랍니다.

동마클 힘! 힘! 힘! 파이팅!!!

1. 8월 25일 09:00~12:00 묵호항~울릉도(도동항) 이동[씨플라워, 41노트]
2. 8월 26일 16:30~19:00 울릉도~묵호항 이동[한겨레호, 38노트]
* 승선료(편도): 일반 － 45,000원, 우등 － 49,500원
3. 주요 방문지
 － 울릉농수산영농조합, 현포해양박물관, 나리분지(늘푸른산장식당)
 － 독도박물관, 향토사료관, 약수공원, 독도전망대
 － 해변의 많은 이름 있는 바위 등은 제외
4. 숙소: 통구미의 거북바위모텔(통상 1실 4만 원)
5. 독도와의 거리: 87.4킬로미터
6. 독도전망대 케이블카 아용요금(울릉도 소재): 7,500원
7. 독도 관광: 37,500원, 5시간 소요
8. 새롭게 맛본 음식: 씨막걸리, 삼나물회무침, 찹쌀동동주, 해물산채전
9. 기타 울릉도 상식
 － 인구: 8,000여 명
 － 3무도: 뱀, 도둑, 공해
 － 5다도: 바람, 돌, 물, 향나무, 미인
 － 학생 2명밖에 없는 초등학교: 1개소
 － 지하수를 이용한 세계유일의 ‘추산제1수력발전소’ 소재, 논농사 전무
 － 성인봉의 높이: 984미터

댓글

캬 － －
신윤승[2007/08/29]

울릉도에 가셨으면…….
싱싱한 회 한 접시에 시원한 처음처럼을 캬~~~~~
드셔야 하는데 제가 왜 이렇게 아쉬운지…….
달리고자 하는 열정이 썹쓰리 주자 저리 가랍니다요.

이명종[2007/08/29]

엄청나네요.~~~
울릉도까지 달리러 간다는 게…….
술도 엄청나고 달리기도 엄청나고~~~ ㅋㅋ
생생한 참가기 잘 봤습니다. ……
또, 기대할게요.~~~

이건흠[2007/08/29]

5등에 부상이 이까 두 축이라
시쳇말로 안 뛰고 잘 놀고 노났네
이런 걸 두고 꿩 먹고 알 먹고
누이 좋고 매부 좋고 님도 보고 뽕도 따고
도랑 치고 가재 잡고 마당 쓸고 돈 줍고…….

권우찬[2007/08/28]

즐거운 울릉도 여행 하셨네요.
아깝다. 풀코스 대회에서 입상할 수 있었는데……. ㅎㅎㅎ

임진호[2007/08/28]

술도 잘 드시고 노래도 잘하시고 부부가 같이 울릉도까지 가셔서 즐긴다는 것이 행복
이지요. 중요한 것은 울릉군청 직원의 권유를 뿌리치고 정직하게 포기했다는 것 타인
에 대한 배려 그런 마음씀씀이가 아름답고 존경스럽습니다. 혼자 가지 말고 나 좀 데
려가 줘요.

홍성태[2007/08/30]

뛰고 즐기면서 도와주는 '2007 국제평화 기원 마라톤축제'(13)

1. 참가 배경 및 이동

　2007년 8월 이후 월 1회 정도는 풀코스를 뛰자고 마음을 다진 뒤 '마라톤온라인' 사이트를 뒤지다 참가를 해 보지 못한 곳 중에서 '2007 국제평화 기원 마라톤 축제'를 발견했다. 서울에서 개최되는 마라톤 대회를 몇 번 참가해 보았는데 어떤 대회이든 코스는 상당히 좋다는 것을 익히 알고 있었고, 한 번도 참가해 보지 못한 대회에다 참가하면 어떤 방법으로든 남에게 도움을 줄 수 있는 대회라기에 이것저것 비교하다가 마침내 신청을 하게 되었다.

　10월 2일 퇴근하여 집에서 저녁식사를 하고 나니 갈까 말까 몹시 망설여진다. 9월 16일 철원 DMZ 마라톤대회에 참가한 이후 연습을 한 번도 하지 못했다. 완주 후의 약간의 후유증도 있었고 추석연휴 등으로 이어지는 술과 계속적으로 내리는 비 때문이었다.

2시간 정도를 고민하다 '이러면 절대 안 되지' 하는 마음으로 참가를 결정하고 간단히 짐을 정리하여 20시 50분에 집을 나선다. 조금이라도 몸을 풀자는 뜻에서 터미널까지 걸어가기로 작정을 하고는 부지런히 걸어가니 21시 10분에 도착한다. 강릉행 버스 차표(3,200원)를 끊어 21시 27분에 승차하여 강릉터미널에 도착한 것이 22시 10분. 동서울행 심야버스는 3대가(22시, 23시, 24시)가 있었다.

23시행 버스표를 구입한(13,900원) 후 40여 분간을 터미널 안에서 보내고 동서울행 버스에 몸을 실었다. 10여 분도 채 되지 않아 잠이 들었으며 눈을 뜨니 동서울 톨게이트 앞에 도착을 하였고 잠시 후 동서울터미널에 도착한 시간이 10월 3일 1시 10분으로 2시간 10분 만에 서울에 도착한 것이다. 몇 번은 밤을 보낸 '강변스파랜드'로 향해서 도착한 시간이 01시 20분. 숙박비(?)를 계산(9,000원)하고 들어가 수면실로 바로 향했는데 잠을 자려고 노력해도 뜻대로 되지를 않는다. 결국은 2시 30분경에 수면실을 나와 찜질방으로 향했고 황토방, 소금찜질방을 거친 뒤에 오지 않는 잠을 다시 청한다. 비몽사몽, 자는 둥 마는 둥 하다 6시 20분에 일어난다. 6시 35분에 찜질방 안의 식당에서 된장찌개(5,000원)로 아침식사를 하는데 영 입에 맞지 않는다. 식사를 마치고 7시에 사우나로 이동하여 8시 20분까지 시간을 보낸 후 강변역에서 지하철을 이용하여 (1,000원) 올림픽경기장으로 이동을 한다. 2호선 지하철을 이용했는데 5번째 역인 종합운동장역에서 하차를 했다. 몇 번 출구로 빠져나갈까 고민할 필요도 없었다. 마라톤대회에 참가할 선수들이 지하철에서 많이 내리는데 그들만 따라가면 되기 때문이다. 8시 55분에 대회장에 도착을 하니 벌써 난리다. 달림이들이 그 넓은 경기장을 가득 메웠고, 식전 행사가 한창 진행 중이다. 강남구청장, 앙드레김, 미 8군 사령관의 모습도 보이고 7천여만 원의 성금이 국제구호단체 한국회장에게 전달된데 이어 몸풀기를 하고 출발선에 도열을 한다. 마라톤 전문 사회자인 배동성 씨의 말에 의하면 15개국에서 15,000명이 참가를 했는데 한국인이 13,500여 명이고 기타 14개국에서 1,500여 명이 참여했다고 한다.

2. 코스와 달리기

10시 10분에 출발신호음과 함께 풀코스 달림이들이 달려 나간다. 오늘의 코스는 올림픽경기장~양재천~탄천변의 성남비행장을 조금 지나쳐 여수대교를 돌아오는 것인데 서울 시내의 차량통제는 전혀 없이 한강 변과 소하천 변의 자전거·인라인·조깅 전용도로를 뛰는 것이었다. 행사장에서 1킬로미터 정도를 벗어나니 바로 한강 변이고 1킬로미터 정도를 더 가니 양재천이다. 주로의 대부분 구간은 오토바이의 통행조차도 통제를 하는 곳으로서 하천변의 양쪽으로 잘 가꾸어져 있었다. 코스모스 꽃, 들국화, 기타 이름 모를 들꽃들이 아름다움을 뽐내고 있었고, 크고 작은 수목들과 풀들이 하천 변을 가득 메우고 있었는데 매연과 공해로 찌든 서울의 모습이라고는 도저히 상상할 수가 없었다. 오히려 우리 시의 전천변, 마상천 변보다 훨씬 더 아름답게 느껴졌고 물조차도 깨끗해 보였기 때문이다. 주로 또한 투스콘으로 깨끗하게 포장되어 있었고, 우레탄이 깔린 곳도 4킬로미터 이상은 되어 보였다. 하천 제방의 상부에는 산책로가 조성되어 있었고 체육공원과 더 작은 규모의 체육시설물, 수영장, 인공 개울, 돌다리, 목재데크 등이 연이어 설치되어 있었는데 서울을 비롯한 수도권 사람들이 정말 수준 높은 여가와 문화적인 혜택을 누리고 있다는 느낌과 함께 몹시 부럽다는 생각을 떨쳐 버릴 수가 없었다.

15킬로미터 정도를 지나니 벌써 연습하지 않은 신호가 온다. 오른쪽 고관절에서 약한 통증이 시작되니 과연 오늘도 제한 시간 안에 완주를 할 수 있을까 하는 염려가 되므로 뛰는 속도를 더 줄이고 보폭도 짧게 한다. 호흡은 전혀 문제가 없고 그렇게 힘들다는 생각도 들지 않는데 달린 거리가 많아질수록 고관절의 통증은 조금씩 더 심해지고 무릎과 엉덩뼈의 통증도 느껴진다. 2.5킬로미터마다 설치된 물 스펀지와 5킬로미터 간격으로 마련된 급수대에서는 조금씩 휴식을 하면서 수분을 계속 보충하였다. 1~2분씩 쉬고 나면 다리의 통증이 덜해져서 2~3킬로미터씩은 달릴 수 있었다. 하프 지점에서는 초코파이와 바나나가 준비되었으며 반환 지점인 27킬로미터에서는 삼각김밥도 제공되었는데 지금까지 많지 않은 마라톤대회에 참가를 하였지만 주로에서 처음 먹어보는 김밥은 정말 맛있었다. 잠시 앉아서 김밥을 먹는데 60대는 되어 보이는 어르신 한 분께서 포기를 하신다고 하는데 이때의 통과 시간이 12:55분 정도 되므로 남은 15킬로미터 정도는 걸어가도 제한 시간 안에는 들어갈 수 있지 않느냐고 한마디 거든다. 28킬로미터 지점부터는 더 이상 뛸 수 없을 정도로 고관절 부근에서 통증이 오고, 주로에서는 걸어가는 달림이들의 모습이 점차 보이기 시작한다. 이때부터는 5시간 이내 완주만을 목표로 계획을 다시 세운다. 가급적이면 아주 느린 속도로라도 뛰되 통증이 오면 몸에 무리가 가지 않도록 조금 빠른 속도로 걷기로 한 것이다. 뛰고 걷기를 10여 차례 하면서 38킬로미터 지점까지 도착을 하였는데 정말 힘이 든다. 많은 여성 달림이들이 별로 지치거나 힘든 기색도 없이 나를 추월하면서 앞으로 달려 나간다. 남아 있는 4킬로미터 정도야 어떻게 해서든 5시간 안에야 못 들어가겠냐고 마음을 가다듬으면서 힘든 몸과 아픈 다리를 이끌고 한 걸음 한 걸음씩을 옮긴다. 항상 그러하듯이 골인 지점 1킬로미터 정도를 앞두고는 관중들의 시선이 많아 창피해서 걷지를 못하므로 마지막 발악(?)을 위하여 휴식하는 시간을 조금 더 늘렸다. 41킬로미터 지점부터는 이를 악물고 절뚝절뚝하면서 뛰어갔고, 피니쉬라인을 통과한 시간이 14시 45분을 조금 넘고 있었는데 4시간 35분 정도의 기록으로 또 한 번의 풀코스를 완주하였다.

3. 귀향 및 소감

곧바로 물품보관소로 이동을 해서 짐을 찾고, 칩 반납 장소로 옮겨 반납과 동시에 받은 간식으로 허기진 배를 채운다. 빵과 바나나, 우유와 음료수 각 1개씩을 모두 다 먹고 물도 거의 1리터는 마신 것 같다. 탈의실로 이동해서 땀에 젖은 옷을 마른 옷으로 갈아입고, 뻑적지근한 몸을 억지로 푼 후 올림픽경기장을 나선 시간

이 15시 30분이었고 경기장에서 동서울터미널이 있는 강변역까지
는 지하철(1,000원)로 20분이 소요되었다. 역 주변에 있는 '동방대
중사우나'(3,000원)를 찾아 들어가 온탕과 냉탕을 몇 번 왔다 갔다
하면서 다리를 주물러 주니 한결 낫다. 1시간 동안의 사우나를 끝
내고는 17시에 터미널로 이동을 해서 동해행 버스표(14,400원)를
구입하고 나니 심한 허기를 느낀다. 인근의 적당한 식당을 찾다가
17시 50분에 '진미뼈해장국집'을 찾아 들어가서 순댓국밥과 소주
1병(8,000원)을 시켜 먹고 나니 배가 제법 부르다. 18시 20분에 다
시 터미널로 이동해서 TV를 조금 시청하다가 19시에 동해행 버스
에 몸을 실었다. 피곤한데다 소주도 한잔 마셨겠다 금방 잠이 들
었고, 눈을 떠 보니 버스는 벌써 평창휴게소에 도착을 하고 있었
다. 동해에 도착을 한 시간이 21시 50분이었고, 다리의 상태가 영
좋지 않으므로 근육의 피로를 풀어 주자는 차원에서 집까지 걸어
가니 22시 10분이 되었다. 이렇게 해서 즐겁고도(?) 힘든 이틀간의
'마라톤 여행' 한 건이 또 끝났다.

9월 16일 대회 참가 이후 17일 만에 또 풀코스를 뛴 것이었는데
절대적으로 준비기간도 부족했지만, 며칠간의 휴식에 이어 연속되
는 궂은 날씨와 추석연휴로 이어지는 날들 때문에 연일 계속되는
술로 인해서 전혀 연습을 하지 못했다. 다소 무리가 아닌가 하는
생각도 많이 들었지만, 지금까지 나름대로 풀코스를 뛴 경험도 있
고, 설마 걷는 셈 치더라도 제한 시간 안에 완주하지 못할까 하는
안일한 마음으로 참가를 하게 된 것이다. 힘은 많이 들었지만 이
번 대회를 통하여 연습의 중요성을 다시 한번 절감하게 된 반면,
기록에 연연하지 않고 5시간 안에서의 완주 목표라면 약간의 준비

만으로도 자주 참가하는 것이 가능하겠다는 다소 엉뚱한 자신감
(자만심?)도 가질 수 있었다. 또 한 가지는 마라톤 완주 전후를 대
비하여 체중의 변화를 체크해 보았는데 마라톤이 정말 힘든 운동
이라는 것에 대해서는 모두가 인정하고 받아들이는 것이 당연할
것이라는 점이다. 10월 3일 아침식사를 한 후 사우나를 나설 때의
몸무게가 62.4킬로그램이었는데 완주 후 대중탕에 다시 들어갈 때
의 몸무게는 61킬로그램으로서 1.4킬로그램이 줄어들었고, 1시간
뒤에 대중탕을 나왔을 때는 60.6킬로그램으로 감량이 되어 있었던
것이다. 주로에서는 최하 물을 1리터 이상 마셨고, 김밥 1개와 초
코파이 1개, 바나나 2개를 먹었으니 적은 양이 아니다. 또한 완주
후에 경기장에서 섭취한 양도 주로에서 먹은 양과 비슷했는데 모
두 합치면 3~4킬로그램 정도는 되지 않았을까 하는 생각이 드는
데 결국은 1.8킬로그램이 줄어든 것이다. 이래서 다이어트와 체중
감량에 가장 좋은 유산소 운동이 마라톤이라고 하는 것이겠지
……. 다음 대회에 출전해서는 조금 덜 고생하고, 마지막까지도 즐
기면서 달리기 위해서 연습량을 더 늘릴 것을 다시 다짐해 본다.

- 여자는 스포츠에 약하다?? -

경석이는 만 미터 달리기 경기 중계를 보고 있었고, 엄마는 거실청소를 하고 있었다.
누나가 방에서 나오더니 엄마에게 물었다.
"엄마 지금 무슨 경기 해?"
엄마가 대답했다.
"글쎄. 계속 뛰는 것을 보니까 마라톤인가 봐."
경석이는 엄마의 대답을 듣고 웃음을 참기 위해 애를 썼지만 누나의 한마디에 더 이
상 웃음을 참을 수 없었다.
누나가 엄마에게 물었다.
"그럼 몇 대 몇이야?"
  - http://www.ezday.co.kr/ -

가을의 전설은 만들지 못했지만 즐거웠던 '2007조선일보춘천마라톤대회'(14)

눈을 뜨니 04시 30분. 아이쿠! 늦었다. 10월 27일 동부하이텍운동장에서 개최된 직원 및 가족 체육대회에서 뽕 가도록 목운동도 열심히 하고, 온 운동장을 헤매고 다니면서 응원하랴 선수 하랴 얼토당토않은 감독 하랴(?) 여러 군데 끼어 가면서 너무 무리를 했으며 결국은 알람시간 맞추어 놓는 것도 잊어버린 상태로 곯아떨어졌기 때문이다.

띵한 머리와 거북한 속을 달래면서 부리나케 일어나 대충 고양이 세수를 하고, 짐을 챙기고 나니 4시 50분. 평상시처럼 뛰어가기에는 너무 늦었기 때문에 잠자는 아내를 깨워 차를 가져간다고 얘기하고는 서둘러 집을 나선다. 분명 음주운전이기 때문에 그 와중에도 경찰차가 신경 쓰이므로 앞뒤로 눈치를 봐 가면서 모든 교통신호는 무시하고 부지런히 달려 출발 장소에 도착한 시간이 04시 59분으로서 정말 억지로 시간을 맞추었다. 차에 올라 푸석푸석한 얼굴에 입에서는 술 냄새가 느껴지지만 오랜만에 보는 반가운 얼굴들인지라 한 바퀴를 돌면서 인사를 한다.

5시 10분에 춘천을 향해 출발하자마자 곧 잠이 들었고, 영철 형님 깨우는 소리에 눈을 떠 보니 소사휴게소에 도착해 있었다. 우동을 한 그릇 시켜 다른 분들께서 준비해 온 김밥과 약밥으로 아침을 해결하고 나니 속이 한결 낫다. 휴게소 안은 우리 일행을 비롯하여 마라톤대회 참가 선수들로 북적이는데 마라톤대회로 인해 뜻밖의 매상을 올리는 것이리라.

8시에 춘천종합운동장에 도착하니 행사 2시간 전이지만 차량의 진입을 통제하며 잠깐의 도로변 정차도 하면 안 된다고 한다. 주차요원과의 약간의 실랑이 끝에 버스를 정차하고는 잽싸게 짐을 내린다. 여러 명이 고집을 부리니 어쩔 수 없는지 그냥 보고만 있다. 벌써 주차장은 인파로 가득하고 마라톤대회의 분위기가 한껏 고조되어 있다. 작년 대회가 생각난다. 10월 초에 하이서울마라톤대회 참가 후 새끼발가락을 다쳤고, 전혀 연습을 하지 못한 상태인지라 그냥 놀기만 하러 따라왔다가 분위기에 휩싸여 그만 대회에 참가를 해 버린 것이었다. 5시간 25분의 기록으로 완주는 했지만 발가락의 상태가 더 악화되어 결국은 두 달 이상을 고생한 멍청하고도 아픈 기억이 있기 때문이다. 적당한 장소를 잡아 천막을 치고, 짐을 풀고, 옷을 갈아입었는데 온몸에 한기가 느껴진다. 날씨 탓도 있지만 전날의 과음으로 인한 영향이 더 컸으리라.

2002년 마라톤을 시작할 때부터 꿈꾸어 온 2008보스턴마라톤대회의 내 참가기록을 만들어 줄 재영 씨와는 칩과 번호표를 바꾸어 달았다. A그룹의 배 번호를 달고 나니 타인의 시선을 많이 의식하게 되고 영 부담스럽다. 여러 회원님들께서는 A그룹에 가서 뛰라고 하는데 심적으로 크게 불편하고, 또 괜히 잘 달리는 분들 방해만 하게 될까 봐 D그룹으로 가서 몸을 풀고 대기를 한다. 깊은 내용도 모르는 한 분이 번호표를 보고는 "A그룹이 왜 여기와 계시냐?"고 한마디 하기에 "그럴 만한 사정이 있습니다."라고 짧게 대답하고 만다. 오늘 참가 신청한 인원이 21,000여 명이 넘는다고 하는데 정말 엄청나다. 스탠드에 앉아 있는 사람들은 가족들이겠지만 운동장 안팎으로 있거나 대회 진행요원, 잡상인들을 포함하면 3~4만 명은 족히 되지 않을까 하는 생각을 하면서 우리 시의 해돋이 마라톤대회가 빨리 다시 부활되고 전국적으로 유명한, 정말 규모 있는 대회로 성장·발전하기를 기대해 본다.

 8시에 A그룹의 출발을 시작으로 D그룹은 8시 7분에 스타트 라인을 밟았다. 이번 대회에도 내가 만족할 정도의 연습을 하지는 못했으나 작년에 참가한 경험이 있기 때문에 코스에 대한 부담은 그리 많지 않았다. 나름대로의 완주 계획을 세워 본다. 4시간 30~50분 사이에 완주하되 먹고 마실 것은 주는 대로 다 먹고, 공식적으로 쉴 수 있는 곳에서는 잠깐이라도 쉬며 가급적이면 전 구간에서 걷지는 말자는 작전이었다. 운동장 주변의 나무들과 시내 도로변의 나무들도 단풍이 곱게 물들었지만, 시내를 벗어나면서 이어지는 숲과 산의 단풍은 정말 아름답게 느껴진다. 의암호 다리를 지나 15킬로미터 지점을 통과할 때는 작년에 정신없이 뛰다가 선글라스를 잃어버린 기억이 생각난다. 힘도 들지만 새끼발가락의 통증을 최소화시키면서 달리다가 모자에 걸쳐 놓은 선글라스를 언제 떨어뜨린지도 모르게 잃어버렸는데 그리 좋지는 않았지만 3만 원 정도는 되었으므로 정말 아깝게 느꼈기 때문이다.

　17.5킬로미터 지점을 지나고부터는 오른쪽 무릎과 엉덩뼈 쪽에서 통증이 오는데 살~살 달렸음에도 불구하고 너무 이른 시간에 소식이 온 것이다. 20킬로미터 지점에서는 초코파이 한 개를 다 먹고는 무릎과 엉덩뼈의 통증을 완화시켜 주는 수지침을 맞았다.

　몸을 잠깐 풀어 주고는 다시 뛰는데 보폭은 좁히고, 속도는 늦추며, 발은 지면에서 최대한 가깝게 붙여서 달리기로 마음을 가다듬는다. 25킬로미터부터는 춘천댐을 오르는 약간 경사진 곳이다. 작년에는 이곳을 오르다가 너무 힘들어 한참을 쉬었다가 걸어서 올라갔던 곳인데 올해는 천천히 뛰어서 올라갔다. 27킬로미터 지점을 지나가는데 앞에서 아는 분이 뛰고 있다. 강원도청 마라톤동호회장님인데 재작년에 스스로 기록을 만들어 보스턴에 갔다 오신 분으로서 50대 중·후반의 연세인데 대단한 분이라는 생각이 든다. 반갑게 인사를 나누고는 먼저 앞서서 나갔다. 30킬로미터 지점에서는 바나나를 나눠 주고 또 수지침을 놓아 준다. 바나나 한 개와 물을 세 컵이나 마셨는데 뭔가 부족하다는 생각이 들어 바나나 한 개와 물 한 컵을 더 먹고는 다시 주로에 들어선다.

　35킬로미터에서는 맨소래담을 무릎에 바르고, 37.5킬로미터에서는 에어파스를 무릎에 또 뿌린다. 소양교를 지나니 포도와 배를 나누어 주는 곳이 있어 들러서 받아먹고, 조금 더 지나가니 이번에는 방울토마토를 나누어 주므로 또 받아서 먹는다. 작년에는 소양교를 지나서부터 골인 지점까지는 거의 걸었던 아픈 기억이 난다. 지금까지 다녀 본 대회 중 주로 변에 시민들이 가장 많이 나와 있고 주자들을 가장 반갑게 맞아 주면서 응원하는 대회가 이 대회라고 생각한다. 전반적으로 춘천대회의 코스가 무난하고 좋지만, 40킬로미터 지점부터 춘천경찰서 앞까지의 구간은 별로인 것 같다. 도로사정 때문에 불가피하겠지만 선수끼리 엉키고 자칫하면 접촉사고(?) 날 염려를 작년에 이어서 올해도 느꼈기 때문이다. 하지만 도로변에는 시민들과 응원인파의 행렬이 골인 지점까지 끝없이 이어져 있고, 누군지는 모르겠으나 달리는 사람을 응원하는 함성도 계속되기 때문에 흥분이 더욱 고조되며 힘은 빠지고 몸은 힘들지만 달리는 게 신이 난다. 마지막 남은 힘을 다해서 열심히 달릴 수 있게 만들어 주기 때문이다. 골인 지점을 통과한 시간이 대략 14시 40분이므로 4시간 33~4분 정도의 기록으로 통과한 것 같은데 최종 기록을 확인해 보니 04:34:44였다. 내 기록을 만들어 주기 위해 수고하신 재영 씨의 모습을 찾아보니 저녁에 집에 행사가 있어 먼저 귀가를 하셨으며 기록은 3시간 24분대라고 했는데 최종 기록은 03:24:19였다. 올해 두 분의 회원께서 기록을 만들어 주기로 했었는데 한 분께서는 컨디션 조절과 다른 사정으로 인해서 실패를 했었고, 마침내 보스턴에 갈 수 있는 기준기록이 만들어진 것이다. 정말 고마움을 느끼면서 나중에 소주 한잔 꼭 대접하리라고 마음을 다짐한다. 이번 대회는 급수대와 물 스펀지를 공급한 구간을 제외하고는 그리 걷지 않았다는 데 큰 의의가 있었다. 보통은 하프까지는 상당히 빠른 속도로 달리다가 30킬로미터 지점부터는 뛰고 걷고를 거의 반복해 왔기 때문이다. 기록이랄 것도 없는 나의 최고기록은 03:46:55인데 어떻게 그 기록을 만들어 냈는지 지금 생각해도 알 수가 없다.

칩과 기념품을 받고 천막으로 오니 거의 모든 분들께서 와 계신다. 나를 비롯해서 5~6명 정도만 게임을 끝내지 못한 것이었는데 내 얼굴이 보이니 모두 반갑게 맞아 주시면서 박수로 환호를 해 주신다. 이게 바로 목적을 같이하는 모임의 일원으로서 함께 생각하고 호흡하는 데서 오는 동료애 내지는 동질감이 아닐까?

우선 막걸리를 몇 잔 마시고, 몇백 리 길을 멀다 않고 동행하시면서 사모님들께서 준비해 주신 맛있는 오뎅국 한 그릇을 비우고 나니 힘이 난다. 이어서 막걸리 통을 모두 비울 때까지 막걸리판이 벌어지고 한 잔 한 잔 들이킬 때마다 몸에서 느끼는 피곤함과 통증은 즐거움과 몽롱함으로 바뀐다.

5시간이 조금 안 되어 짐을 정리하여 버스에 신고 귀향길을 서두른다. 버스에는 소주 박스와 마른안주 등이 올라오고, 출발을 하자마자 정해진 소주가 배급되며 술잔이 오고 간다. 노래방 기계가 작동되고, 앞자리부터 마이크를 돌려 가며 가수 뺨치는 실력으로 노래들을 부른다. 사회는 늘 그렇듯이 성태형님께서 또 맡으셨다.

시간이 더할수록 술잔을 돌리는 회원과 음악에 맞추어 춤추는 회원은 늘어나고 통로는 어느새 만원이다. 횡계에 들러 저녁식사를 하긴 했는데 무엇을 먹었는지 잘 기억도 나지 않고 헤매다 보니 어느새 '국제도시를 지향하는 해오름의 고장 동해시'다. 이제는 즐거운 시간을 끝내야 하고 아쉬운 작별의 시간이다. 10월 30일 월례모임에서 다시 만날 것을 기약하면서 헤어지긴 했는데 못내 아쉬워 몇 분들과 한 군데를 더 거쳐서 맥주를 한잔 더하고 하루의 일정이 모두 끝났다.

이렇게 해서 13번째 풀코스 도전의 일정은 대단원의 막을 내렸다. 올해 들어 대관령 울트라마라톤을 제외하고 일곱 번 도전해서 여섯 번째의 완주를 한 것이다(울릉도 마라톤대회에서는 중도에서 포기했음). 4시간 30~5시간 이내 완주를 목표로 자주 뛸 생각을 하고 최대한 무리를 하지 않아서인지 가장 쉽게 뛴 것 같다. 11월 4일에는 서울에서 개최되는 중앙일보 서울마라톤에 또 참가해야 한다. 10월 31일에는 종합건강검진도 예약이 되어 있긴 하나 그리 큰 걱정은 되지 않는다. '너무 무리해서 달리지 말자', '약간은 힘들지만 견딜 수 있을 만큼의 고통을 즐기면서 달리자'라는 마음으로 참가할 것이기 때문이다. 우리 클럽의 회원들이 편안하게 대회에 참가할 수 있도록 도움을 주신 모든 분들과 조선일보 춘천마라톤대회의 성공적인 개최를 위해 애쓰신 모든 분들께 정말 고맙다는 인사를 드리고 싶다.

동해마라톤 파이팅! 힘! 힘! 힘!

댓글

선배님, 이렇게 멋있어도 되는감유, ㅎㅎ　　　　　　　　　　　신윤승[2007/11/01]

당신께서 한잔하시고 회원들에게 구수한 입담으로 즐거움을 준 데 대하여 항상 감사드리고요 자유인이라고나 할까? 마라톤을 사랑하는 당신 진정으로 존경합니다.
　　　　　　　　　　　　　　　　　　　　　　　　　　　　홍성태[2007/10/31]

먼저 님의 13번째 풀 완주와 바라던 보스턴대회 출전자격 취득을 축하합니다.~^^
님께선 진정 마라톤을 즐길 줄 아는 멋진 달림이인 것 같고요.
또한, 달리기에 대한 사랑이 구구절절이 베어 나는 완주기 잘 읽어 보았습니다.
走酒를 슬기롭게 조율하는 님의 모습 보기가 정말 좋았습니다.
해피데이!!! 해피런!!!　　　　　　　　　　　　　　　　　권석관[2007/10/31]

양원희 선배님~ 최고입니다.　　　　　　　　　　　　　　김재영[2007/10/31]

양 계장님! 멋쟁이……　　　　　　　　　　　　　　　　임진호[2007/10/31]

- 여자이기 때문에 가능하다~! -

◆ 첫딸 낳을 때 그렇게 고생하고도 또 아들 낳자고 한다.
◆ 예뻐 보이려고 눈썹마저도 민다.
◆ 오늘 헤어져도 아무 일 없듯 내일 다른 사람 만날 수 있다.
◆ 남자들만 타고 있는 엘리베이터에 아주 씩씩하게 타고도 태연하다.
◆ 굶어 죽더라도 미용을 위해서 얼굴에는 발라야 한다.
◆ 귀찮게 따라다니다가도 시집가서는 자기 신랑 자랑한다.
◆ 바이킹 제일 뒷자리에 앉아서도 두 손 들고 좋아한다.
◆ 아무리 봐도 완벽한 여자의 흠을 금방 찾아낸다.
◆ 결혼 전에는 결혼한 친구를, 결혼 후에는 애기 있는 친구를 애기 낳고 나서는 시집 안 간 친구를 부러워한다.
◆ 내일 당장 머리를 자를지언정 오늘은 최신 파마를 하고 본다.
◆ 화장실에서 볼일, 화장, 탈의, 대화 네 가지를 동시에 하는 능력을 가졌다.
◆ 똑같은 사람에게 스무 가지 이상의 호칭을 사용한다(여보, 여~봉, 여봇!!!, 자기, 자기~이, 자기야아아~! 인간아~! 등등).
◆ 자기보다 예쁜 여자들은 모두 성질 더러운 날라리다.
◆ 학창 시절 성적은 이창명과 박수림 외에는 아무도 알 수 없다.
◆ 자기보다 조금 못난 친구를 베스트 프렌드로 삼는다.
◆ 몸뻬 바지에 화장실 슬리퍼 신고도 콩나물 사러 나간다.
◆ 눈은 텔레비전 보고 입은 잔소리하면서 일정한 간격으로 무채를 썬다.
◆ <u>애기를 업고 마라톤 완주를 하고도 젖 먹일 힘은 남는다.</u>
◆ 미스코리아 선발대회를 보면서 욕도 한다.
◆ 스포츠 중계 관계로 일일 연속극 쉰다고 방송국에 전화해서 항의한다.
   - http://www.ezday.co.kr/ -

그래도 조금은 아쉬웠던 '2007 중앙서울마라톤대회'(15)

[대회개요]

○ 대회명: 2007 중앙서울마라톤대회

○ 코스: 종합운동장4거리~성남~잠실주경기장

○ 일시: 2007. 11. 4.(일) 08:00

○ 장소: 잠실종합운동장

○ 주최: 중앙일보, 일간스포츠, 대한육상경기연맹

○ 후원: 서울특별시

○ 참가비: 4만 원

○ 기념품: 기능성 티셔츠

지난주에 조선일보춘천마라톤을 뛴 데 이어 연속으로 풀코스에 참가한다고 하니 아내를 비롯하여 친구들과 동료 직원들께서는 너무 무리가 아니냐고 가지 말라는 걱정의 만류가 상당히 심하다.

11월 2일 15시 10분에 시외버스터미널을 향해 집을 나선다. 고맙게도 아내가 터미널까지 태워 준다. 15시 30분 동서울행 버스에 몸을 실었고, 지난밤 새벽 늦게까지 마신 술과 터미널을 향해 옮길 때까지 연이어 마신 술 때문에 곧바로 잠이 들었고 눈을 뜨니 문막휴게소에 도착해 있다. 주말이긴 하지만 서울로 가는 차이기 때문에 지체될 까닭이 없을 것 같은데도 19시 35분에 서울에 도착하였으며 4시간이 걸린 것이다.

강변역에서 지하철을 타고 청계천의 광장시장으로 이동을 한다. 광장시장이 재래시장 살리기에 성공을 하였다는 내용을 '서울사랑'이라는 책자를 통해서 알게 되었고, 저녁식사도 할 겸 시장을 구경하기 위해서 간 것이다. 음식점을 제외한 점포는 거의 모든 곳이 문을 닫았는데 통로의 중앙으로 배치되어 있는 음식점들은 규격화된 스테인리스 좌판, 통일화된 간판과 조명 등으로 이색적이었으며 주변의 상가 통로 간판도 규격화되어 있었다. 시장 구내를 한 바퀴 둘러본 뒤에 강원도 사람이 운영할 것으로 보이는 '홍천집'을 찾아 들어갔는데 손님이 엄청나게 많다. 기다리는 동안 메뉴판이 크기도 하지만 음식의 종류가 많은 것 같아 일부러 세어 보니 무려 50여 가지나 된다. 전어구이(5,000원)와 순두부백반(4,000원)을 시켜 저녁을 먹었는데 그런대로 맛이 괜찮다. 식사를 마치고 나니 21시 40분인데 시장과 맞닿은 2차선 도로 옆에는 복원된 청계천이 흐르고 있고 수많은 시민들이 쌍쌍이 또는 단체로 산책을 즐기고 있다. 청계천을 따라 걷고 싶은 마음이 생겨 하천 변으로 내려갔고 10여 분 동안 하천변을 걷는데 주변 경관이 매우 좋고 서울 시민들이 누리는 문화적 혜택이 참 부럽게만 느껴진다. 지하철을 다시 타고 이제는 단골이 되어 버린 강변역 주변의 '강변스파랜드(9,000원)'를 찾아 하룻밤을 해결하러 22시 30분에 들어간다. 얼마나 손님들이 많은지 제대로 비비고 기댈 공간도 만만치 않다. 찜질방 두 곳을 들렀다가는 수면실로 내려갔는데 술을 한잔 마셔서 그런지 여느 때 와는 달리 금방 잠이 든다.

11월 3일 04시 20분에 눈을 뜬다. 알코올을 좀 빼내야겠다는 생각으로 황토찜질을 조금 하고는 식당으로 가니 문을 열지 않았다. 대회 참가 3시간 전에 식사를 마치고 조금 쉬다가 행사장으로 옮기려던 계획에 차질이 생긴 것이다. 사우나에 들러 부지런히 몸을 씻고 아침을 해결하기 위해 밖으로 나와 '신촌설렁탕' 집으로 들어가니 마라톤 대회에 참가할 것으로 보이는 세 명의 손님이 벌써 식사를 하고 있다.

설렁탕(5,500원)으로 아침을 해결하고 나니 6시 20분인데 너무 늦게 식사를 한 것 같아 심적으로 큰 부담이 된다. 6시 30분에 지하철을 타고 다섯 번째 역인 잠실종합운동장역에 도착한 것이 6시 50분이며 지하철 안에서는 대회에 참가하는 선수들이 엄청나게 쏟아져 나온다. 잠실야구장과 올림픽 경기장 주변에는 선수들과 가족으로 인산인해를 이루고 있다. 22,000여 명이 참가했다고 하니 조선일보 춘천대회보다 1,000여 명이 더 많고 사람들에 치여서 제대로 걷지 못할 정도다. 날씨가 상당히 추워 온몸에 한기를 느끼므로 '파워에너지젤'에서 나눠 주는 보온용 비닐봉투를 한 개 얻고자 10여 분 이상을 줄을 서서 기다렸는데 2만여 명 이상이 참가한 대규모대회에서 선수들에 대한 배려는 다소 미흡했다는 생각을 했다. 옷을 갈아입고 짐을 맡긴 후 출발 지점인 종합운동장 앞 12차선 도로에 도착한 시간이 7시 50분인데 사람이 많아서인지 아니면 내가 늦어서인지 잘 알 수는 없지만 단체 스트레칭도 하지 않는다. 몸을 조금 풀고자 움직여 보니 앞뒤 사람에게 부딪히고, 오가는 사람들에게 걸려서 제대로 할 수는 없으나 대충 몸을 움직이고 나니 한결 낫다.

8시에 초청선수들의 출발에 이어 A그룹이 출발하고 B그룹에 속한 나는 8시 5분에 출발을 한다. 대회사, 축사 등 의례적인 절차도 없이 중앙일보 사장의 개회선언에 이어 바로 출발을 했는데 그저 달리고만 싶어 하는 달림이들에게는 괜찮은 진행으로 여겨진다. 종합운동장 앞 도로는 12차선 전체를 통제하고 있으며 중앙분리대에는 많은 스포츠 관련 조각품들이 세워져 있고 여러 나라의 국기들이 게양되어 있는데 노랗고 빨갛게 물든 가로수들과 함께 경치가 제법 아름답다. 고층 빌딩 숲 속으로 나 있는 그 넓은 도로에 차량을 전면 통제한 상태에서 뛰는 기분은 참 좋다. 심호흡을 하면서 5시간 안에 완주를 목표로 천천히 발걸음을 옮긴다. 아침식사를 너무 늦게 해서인지 속이 조금은 불편하고 이틀간의 도를 넘은 술 때문인지 머리에 약간의 현기증이 느껴진다. '앞으로 평생 뛸 마라톤인데. 절대로 무리하지 말자'를 되새기면서 빨리 가고 싶은 욕구를 눌러 참으며 천천히 뛴다. 급수대에서는 충분하게 수분을 보충하고 무릎과 허리의 근육을 풀어 주며 공급해 주는 먹을거리는 모두 먹을 것도 오늘의 완주계획에 포함시켰다. 달릴 때마다 느끼는 감정인데 풀코스를 뛰는 여성들의 몸매는 모두 아름답다. 달리기로 단련된 몸매인지, 수많은 달림이들에게 보여 주기 위해 헬스로 단련한 몸매인지는 몰라도 군살은 거의 없으며 탄력이 느꺼진다.

5킬로미터를 지나 10킬로미터를 넘어설 때까지도 몸이 풀리지를 않는다. 속은 약간씩 쓰리고 가슴이 답답하다. 5킬로미터 간격으로 제공되는 음료는 계속 마시며 한 걸음씩 옮기는데 그 넓은 도로를 전면 통제한 상태에서 뛰는 기분은 정말 끝내 준다. 몸은 조금 힘들지만 직장과 가정에서 이런저런 일들로 쌓인 스트레스가 한 방에 날려 가는 기분이다. 15킬로미터를 지나는데도 무릎과 엉덩뼈에서 통증이 느껴지지 않는다. 보통은 이 정도에서 아픈 신호가 오는데 '홍성태' 형님의 조언에 따라서 테이핑을 해서 그런지 속도 조절을 잘해서인지는 알 수 없지만 하여튼 괜찮아서 좋다. 대략 18킬로미터 지점을 지나는 시간이 1시간 40분 정도였는데 벌써 선두의 선수들이 반대편 차로를 지나가고 있다. 10여 명의 선수들이 연달아 지나가는데 모두가 흑인들이고 파이팅과 함께 환호성을 지르며 손을 흔들어 주는데도 별다른 반응 없이 죽어라고 뛰기만 한다. 20킬로미터 지점에서는 기왕에 쉬는 것 푹 쉬자는 마음으로 앉아서 초코파이 한 개를 먹고 물 한 잔을 다 마신 후에 근육도 충분히 풀어 준다. 물을 너무 충분히 마신 까닭에 11킬로미터 지점에서는 도로변의 가건물 뒤편에서, 21킬로미터 지점에서는 주유소 화장실에서 소변을 보았는데 마라톤 하는 사람들이 도덕심도 길러야 되겠다는 생각을 해 본다. 마라톤대회 때문에 설치한 간이 화장실이 도로변에 간간이 설치되어 있음에도도 불구하고 대로변의 아무데서나 소변을 보는 모습은 그리 아름답지 않게 느껴진다.

25킬로미터를 지나는데도 무릎과 엉덩뼈가 괜찮으므로 시간을 조금 당겨 볼까 하는 생각이 들지만 아직도 갈 길이 먼데 무리하지 말자고 다짐을 한다. 30킬로미터 지점에서는 음료와 함께 연양 갱을 나누어 주므로 잠깐 동안 앉아 쉬면서 물과 함께 먹고는 근육도 풀어 주었다. 조금 속도를 내어 보니 별 탈이 없는 것 같아 선수들을 추월하면서 숫자를 세어 보는데 35킬로미터까지 대략 500여 명을 추월했다. 35킬로미터 지점에서는 파워젤과 바나나를 나누어 주므로 또 앉아 쉬면서 먹고 있는데 연세가 지긋한 분이 옆에 와서 앉으며 물을 마시다가 체한 것 같은데 어떻게 해야 하느냐고 묻는다. 응급처치 방법을 알지 못하므로 1분여 동안 등을 두드려 주었는데 나아진 것 같다면서 주로에 들어섰고 나도 따라서 달린다. 다시 또 추월하는 선수들 숫자를 세어 가면서 뛰었는데 40킬로미터 지점까지 400여 명을 따라 넘겼으며 이 구간에서는 걸어가는 모습들이 많이 보인다. 빠르지는 않지만 걷지 않고 꾸준하게 뛴 것에 대해 스스로 만족해하면서 마지막 급수대에서 음료를 마시며 잠깐 동안 쉰다. 이제는 살살 뛰긴 하지만 무척이나 힘들다. 온몸이 피곤해서 마냥 앉고만 싶고 눕고도 싶다. 하지만 '골인 지점까지 절대로 걷지는 말자'고 다짐을 하면서 다시 주로에 들어선다. 잠실주경기장을 1킬로미터 정도 남기고부터는 도로변에 응원인파가 많이 보이고 그 누군가를 위해서 파이팅을 외치므로 힘이 난다. 아픈 다리이지만 마지막 힘을 내어 속도를 높였고 100여 명 이상은 추월한 것 같다. 운동장에 들어서니 100여 미터 앞에는 플래카드를 선두로 꽃다발을 목에 건 두 선수가 뛰고 있는데 그 뒤로는 20여 명의 어린이들이 유니폼을 입은 채로 뒤따르고 있다. 부지런히 달려가서 플래카드의 내용을 보니 여성분의 풀코스 100회 완주를 축하하는 퍼레이드였는데 전광판에는 멋들어지게 중계가 되고 있었고 사회자도 안내 방송으로 축하를 해 주었다. 40대 정도 되어 보이는 여성이었는데 정말 대단하다는 생각과 함께 나는 언제쯤 100회 완주의 대기록을 세울 수 있을까 하는 마음을 가지면서 피니쉬라인을 넘었다. 최종기록은 04:10:55이고 풀코스 참가 신청자 11,700여 명 중 얼마나 뛰었는지는 알 수 없지만 총 순위는 4,691위 연령대 순위는 2,723위였다. 별 의미 없는 기록이지만 조선일보 춘천대회보다는 24분을 당겼음에도 불구하고 힘은 덜 들었으며 완주 후의 몸 상태도 더 양호한 것으로 느껴진다. 지금까지 뛰어 본 풀코스 가운데 가장 좋은 코스라는 생각이 든다. 도로변의 가로수도 울긋불긋 단풍이 곱게 들어 달리는 흥을 돋우어 주었고 깨끗하게 정비된 도로와 주변의 빌딩들은 서울시도 상당히 아름다운 도시 면모를 갖추고 있다는 느낌을 주었다. 5~6시간의 교통통제로 수많은 서울 시민들이 큰 불편을 겪었을 것이다. 마라톤대회를 위해서 불편을 감수하신 시민들과 경찰들, 급수ㆍ간식과 물 스펀지 등을 제공하기 위해 자원봉사를 한 학생들, 의료봉사대원, 환경미화원 등 대회의 성공 개최를 위해 물심양면으로 수고하고 협조하신 모든 분들께 감사의 뜻을 전하고 싶다.

　간단히 뒷마무리 운동을 하고 칩을 반납한 후 메달과 간식을 받아 든다. 대회장을 나와 12시 50분에 지하철을 타고 강변역으로 향한다. 점심식사를 하기 위해 식당을 고르다가 역 부근의 '들녘식당'으로 찾아 들어가니 마라톤대회에 참가한 것으로 보이는 몇 명이 삼겹살을 구워 먹으면서 소주를 한잔씩 하고 있다. 나는 생조기매운탕(6,000원)과 소주 한 병을 주문하였는데 배가 고픈 탓인지 매우 맛있다. 14시 15분에 식당 건물 안에 있는 동방대중사우나

(3,000원)에 들어가 샤워를 하고 나와서 15시 24분에 동해행 버스에 몸을 실었는데 몸도 피곤한 상태에서 소주를 한잔 한 탓에 금방 잠이 들었다. 평창휴게소에 들렀을 때 잠에서 깨었고 18시에 동해시외버스터미널에 도착을 하였다. 조금 있으니 아내가 태우러 왔으며 소주를 한잔하자는 분을 만나 마시는 중에 회장님 등 4명의 회원을 만나 잠깐 동안 자리를 같이하였고, 결국 길어진 술자리는 밤 1시를 넘기고 말았다. 이렇게 해서 15번째 풀코스 여행은 마무리되었고 이번 여행에서는 121,500원의 경비를 지출하였다. 올해 들어 10번째(울트라마라톤 제외)의 풀코스 도전이며 9번째로 완주를 하였다. 지난 7월에 연간 10개 대회 이상씩 풀코스를 뛰기로 작정을 했는데 너무 늦게 계획을 세우는 바람에 다소 무리하다는 생각은 들었지만 2주 연속 참가를 한 것이다. 아직 접수해 놓은 대회가 하나 더 있으므로 10개 대회 완주 계획은 성공을 할 것 같고 내년에는 연초에 계획을 잡아 몸에 너무 무리가 가는 레이스는 하지 말아야겠다.

또한 좀 더 충분한 연습을 해서 힘들기보다는 즐거운 달리기를 해야겠다는 새로운 다짐을 해 본다.

양 선수 수고했어요.
추월한 선수만 일천 명…….
좋은 기록으로 완주하여 축하하네. ……

김화수[2007/11/10]

양원희 고수 수고하셨습니다. 전날 술을 드시고 출전하니까 기록이 좋지요 부상 없이
즐기는 당신이 진정한 고수입니다. 오래 달려야 하니까요.

홍성태[2007/11/07]

양 계장님! 파이팅
진정한 고수님으로 인정합니다.

황상문[2007/11/07]

양 계장님! 멋있습니다.
여유 있게 뛰어서 그런지 풀코스 뛰고 난 표시도 없더군요.
항상 펀런 하세요.

임진호[2007/11/07]

훈련이 따로 필요가 없습니다. …… 대회 자체가 훈련이네요,
여행도 다니시면서, 멋있습니다.

신윤승[2007/11/06]

햐……. 도대체 1년에 풀을 몇 번 칠하는 겁니까? 방랑시인 김삿갓이 아니라
 '방랑마라토너 양 선배님' 이네요. ㅋㅋ 수고하셨습니다.

심관홍[2007/11/06]

혹독했던 날씨 속의
'2008 새해 첫날 마라톤대회'(16)

1. 대회개요

○ 대회명: 2008 새해 첫날 전국마라톤대회

○ 일시: 2008. 1. 1.(월) 00:00

○ 장소: 서울시 한강시민공원 여의도지구 수변마당

○ 주최: 2008 새해 첫날마라톤대회 조직위원회

○ 코스: 여의도~암사지구 왕복(풀코스)

○ 종목: 4종목(풀, 하프, 10킬로미터, 5킬로미터)

○ 참가비: 40,000원

○ 기념품: 고급 다용도 아웃도어 가방

○ 총경비: 95,700원(참가비 포함)

○ 기록: 04:38:27.06

2. 참가배경

2007년 7월부터 월 1회 이상 참가해 보지 못한 풀코스대회에 참가하기로 작정을 하였다. 동해마라톤클럽에서 주최하는 새해 첫날 알몸마라톤대회에 참가를 하지 못해 죄송한 마음을 가지면서 의미 있는 대회를 찾던 중 '2008 새해 첫날 전국마라톤대회' 소식을 알게 되었다.

2007년을 마무리하는 마당에 연초에 계획했던 일들을 너무나 많이 하지 못한 것 같아 나름대로 변화를 꾀하기 위한 방편이었다. 가장 추운 날 캄캄한 밤에 풀코스에 도전한다는 자체가 매우 부담스러웠기 때문에 1개월 이상을 고민하다가 접수 마감을 하루 앞둔 12월 14일에 마음을 굳게 다지면서 참가 신청을 하였다. '과연 완주할 수 있을까' 하는 심적 부담은 대회에 참가하는 순간까지도 떨쳐 버릴 수가 없었다.

3. 출발부터 대회장에 도착할 때까지

12월 31일 종무식을 마치고 한 해를 마무리하는 시점에서 정리를 할 마음으로 사무실에 조금 있으니 술 한잔하자는 전화가 계속 온다. 몇 번을 사양하다가 결국은 '이러면 안 되는데' 하면서도 버스에서 자면 되니까 간단히 한잔하기로 마음을 고쳐먹는다. 14시

30분경에 귀가하여 참가준비를 서둘렀고, '해넘이 술판'이 벌어지는 장소에 도착한 시간이 15시. 고래 고기를 안주로 해서 술판이 벌어졌는데 내 시간이 바쁘다 보니 술잔도 부지런히 돌아갔고, "소주도 어지간히 마셨으니 서울에 가서 얼어 죽는다."며 대회 참가를 포기하라는 유혹이 계속 이어진다. 한 잔씩 더할 때마다 내 마음도 자꾸 갈등을 한다. 당초에는 17시 40분 시외시버스를 이용하려던 계획을 18시 40분 고속버스로 바꾸었으며 일단은 유혹을 뿌리치고 18시에 술좌석에서 일어섰으나 터미널에 도착한 후에도 '서울 가지 말고 같이 한잔하자'는 달콤한 유혹의 전화는 계속 이어졌다. 결국에는 흔들려서 아내에게 서울행을 포기하겠다고 하니 '여기 있어 봐야 술밖에 안 마시니 포기하더라도 일단은 서울에 가라'고 하는 바람에 조금 망설이다 표를 구입하였으며 마침내 18시 45분에 서울행 버스에 몸을 실었다.

오르자마자 잠이 들었고, 눈을 뜨니 소사휴게소다. 동승한 직장 동료와 우동으로 저녁을 때우고 강남에 도착한 시각이 21시 50분인데 뭔가 부족한 생각이 들어 김밥전문점에 들어가 김밥 두 줄로 배를 채운다. 22시 25분에 지하철에 탑승하여 대회장소 주변의 '여의나루'역에 도착한 것이 23시 10분이며 한강 변의 간이화장실을 생각하니 몸이 오싹해서 지하철 구내의 화장실을 찾아 최대한 부피(?)를 줄인다. 지하철을 나오니 온몸에 소름이 끼친다. 참 복장에 관한 얘기를 해야 하겠다. 하의는 마라톤용 반바지에 얇은 땀복(강릉대회, 춘천대회 참가 시 착용), 상의는 2006 춘천대회 긴팔 티셔츠에 바람막이 옷을 입고 갔으니 내 배짱도 어지간했던 것 같다. 복장의 원인은 동해~서울 간 이동 중에는 차량을 이용하고 뛰면 땀이 날 것 아닌가 하는 생각 때문이었으며 만약을 대비해서 2007 춘천대회 바람막이복과 롱타이즈는 준비를 하였다. 출구에서 부터 대회장까지는 날씨도 춥고 바람이 많이 불기 때문에 뛸 수밖에 없는데 상당한 거리임에도 불구하고 옷을 뚫고 들어오는 바람 때문에 온몸에 경련이 날 지경이었으며 23시 35분경에 대회장에 도착을 하였다.

4. 참가 준비 및 풀코스 완주

대회장은 너무나 을씨년스럽다. 바람은 많고 먼지도 많이 날린다. 탈의실을 찾아 들어가 참가자들을 보니 반바지 착용자는 한 명도 없고, 타이즈를 입거나 타이즈 위에 땀복을 껴입는다. 나도 하의는 땀복 안에 타이즈를 껴입고, 상의는 바람막이옷 안에 바람막이 옷을 한 겹 더 입었으며, 2007 진고개울트라마라톤대회를 떠올리면서 배낭은 메고 뛰기로 작정을 한다. 칩은 운동화 끈을 풀고 묶어야 하나 귀찮기 때문에 끝에 그냥 매달고 말았는데 결국 주로에서 한참을 고생하였다. MP3 이어폰을 귀에 꽂은 다음 귀를 덮을 수 있는 골프용 모자(골프는 치지 못함)를 쓰고 두꺼운 장갑을 끼었으므로 달리기 복장이 아니라 등산용 복장이 아니었을까 하는 생각을 하면서 실소를 한다. 2002년 7월 마라톤을 시작한 이후 가장 불편한 복장이었으며 아마 앞으로도 다시는 이런 복장은 없을 것이리라. 불편한 복장이지만 몸을 풀지 않을 수는 없는 일이므로 나름대로 최대한 몸을 움직이면서 스트레칭을 함에도 불구하고 몸은 더 굳어 들어가는 느낌이었는데 다른 참가자들도 마찬가지가 아니었을까?

　출발 5분여를 앞두고 풀코스 참가자들은 출발선 앞으로 모이라고 방송을 하는데 안내방송이 바람에 날려서 잘 들리지 않을 정도였으며 마침내 대망의 2008년 1월 1일 00시 보신각 타종소리에 맞추어 출발을 한다. 추운 날씨 심야에 참가하는 첫 풀코스 도전이고 연습도 충분하지 못하였으며, 종무식 이후의 음주와 항상 풀코스를 어렵게 뛴 어쭙잖은 실력 등을 종합적으로 판단하여 '절대 무리한 레이스는 하지 말자'고 다짐하면서 후미에서 뛴다. 다른 대회와 비교했을 때 출발 지점에서 느낀 이색적인 것은 공식적인 몸풀기 시간이 없었고, 페이스메이커가 보이지 않는다는 것이었다. 한 걸음 한 걸음씩 천천히 움직이는데 도무지 진도는 나아가지 않는 느낌이다. 하지만 여자 분들도 간간이 보이므로 위안도 되고 '아무렴 내가 포기야 하겠는가?' 하는 오기가 생긴다. 2.5킬로미터 지점까지 뛰었는데 아직까지도 땀은 나지 않고 급수대에서 물을 한 잔 마시니 살얼음이 느껴진다. 참가자가 그리 많지 않으며 날씨가 춥고 어두움 속에서 급수가 이루어지는 까닭인지 지원차량과 난방기구를 갖추었으며 간식도 준비가 되어 있었다. 주로 옆으로 계속 이어지는 한강 물은 세찬 바람에 바다에서 파도가 일어나듯이 거칠고 무서운 모습이었으나 강변의 고층빌딩 숲에서 흘러나오는 휘황찬란한 불빛들은 한강의 야경을 매우 아름답게 만들고 있었다. 5킬로미터 지점을 지나니 비로소 몸에서 땀이 나기 시작하고 머리가 덥게 느껴지기 때문에 모자를 벗었으나 찬 기온과 바람 때문에 오래 가지 않아 다시 모자를 쓸 수밖에 없다. 날씨가 추운 관계로 물 스펀지는 준비를 하지 않았는데 급수는 2.5킬로미터 간격으로 계속 공급되고 있었다. 10킬로미터를 막 지나서 운동화 끈이 풀어지는 느낌이 들어 멈추고 보니 매달아 놓은 칩이 보이지 않는다. 추운 날씨에 칩 미반납 시의 위약금(22,000원)도 아깝다는 생각이 들지만 기분이 나빠 가로등 불에 의지해서 한참 동안 찾다 보니 다행스럽게도 5미터 정도의 뒤편 길 가운데 있는 것이었다. 길옆으로 굴러 갔다면 찾지도 못했을뿐더러 시간도 잃어버렸지 얼마나 기분이 나빴을까? 참 다행이라는 생각을 하면서 한 걸음 한 걸음씩 옮긴다. 급수대가 있는 곳마다 걸음을 멈추고 잠깐 동안 쉬면서 수분을 계속 공급했기 때문인지 17킬로미터 지점을 통과하니 소변이 마려워 가까운 화장실을 찾아 들어가니 간이화장실임에도 불구하고 난방이 되고 있다. 우리 시청 내 화장실도 썰렁한데 거의 활용하지도 않을 것 같은 강변의 간이화장실에 난방이라니 그저 놀랍고 부러울 뿐이다. 이럭저럭 반환점에 도달하니 파워젤과 초코파이 및 바나나가 준비되어 있는데 입도 얼굴도 손도 얼어 잘 움직일 수는 없으나 먹어 두는 것이 좋다 싶어 파워젤과 바나나 1개씩을 먹고 물 한 잔을 마신 후에 고맙다는 인사를 하고 다시 주로에 들어선다. 이때의 시간이 2시 15분인데 다행스럽게도 뛸 때마다 말썽을 일으켰으며 가장 약한 부분인 오른발의 무릎 인대 부분이 아직까지는 괜찮다.

반환점까지는 바람을 등지고 왔는데 이제부터는 바람을 맞으면서 뛰어야 한다. 얼굴로 몸으로 몰아치는 바람은 한기를 더 심하게 느끼게 하면서 몸을 위축되게 만든다. 22.5킬로미터 지점을 통과하는데 쉬지 않아도 될 것 같아 계속 천천히 뛰었으며 25킬로미터 지점도 그냥 통과해서 26.2킬로미터를 지나니 아니나 다를까 걱정하던 사태가 벌어지고 만다. 오른쪽 무릎에 통증이 오기 시작했으며 결국은 27킬로미터 지점 급수대에서 걸음을 멈추고 물을 마시면서 다리와 몸을 움직여 근육을 풀어 준다. 출발할 때에 비해서 기온은 훨씬 더 떨어진 것 같고, 어둠 속에서 세찬 강바람에 출렁대는 시커먼 한강 물은 더욱더 요동을 치는데 강 옆을 달릴 때는 무섭게도 느껴진다. 다시 힘을 내어 뛰어 보니 1킬로미터를 채 가지 못해서 심한 통증이 오는데 중도에 포기할 수는 없다는 생각에 '급수대 이외에는 절대 멈추어서 쉬지는 않는다. 인대에 통증이 올 때까지 뛰되 통증이 오면 빠른 걸음으로 어느 정도 걷다가 다시 뛴다. 5시간 안에 반드시 완주한다'는 나름대로의 작전을 급히 세웠다.

32킬로미터 지점을 통과할 때의 시간이 3시 20분을 막 넘어서고 있다. 앞으로 남은 거리가 10킬로미터이니 킬로미터당 10분씩 잡아도 5시간 안에 완주는 가능할 것으로 판단은 되었으나 갈수록 인대의 통증이 심해지고 양쪽 엉덩뼈에서도 약간의 통증이 느껴지므로 장담하기 어렵다는 생각과 함께 무리할 수밖에 없다는 결론에 도달하였다. 아파서 도저히 참을 수 없을 때까지는 천천히 계속 뛰고 아프면 빠르게 걷기를 계속하는데 1킬로미터를 지나는 것이 왜 이다지도 힘이 드는 것인지……. 오르막을 만나면 걷고 내리막을 만나면 오른쪽 다리에 가는 부담을 최대한 줄이며 가능한 빠른 속도로 절뚝거리면서 뛰는 거리를 최대한 늘려 나갔다. 땀이 나기보다는 온몸에서 느끼는 한기가 갈수록 심해지므로 물도 마시지 말고 발걸음은 최대한 빨리 계속적으로 움직여 골인 지점의 도착 시간을 다만 1초라도 앞당기자는 생각밖에는 들지 않는다. 힘이 드는 탓인지 골인 지점에 다가갈수록 걷거나 천천히 뛰는 선수들의 모습이 가끔 보이는데 그 간격이 100여 미터에서 몇 100미터까지 벌어졌으며 내게 추월을 당하는 선수들도 더러 있다. 조금씩 뛰어서 추월했다가 걷고 있으면 나를 추월하는 100회마라톤클럽의 할아버지와 할머니 선수 각 한 분씩이 계셨는데 결국 그분들께서는 37킬로미터 지점에서 나를 앞질렀고 골인 지점까지 그분들을 볼 수는 없었다. 100회마라톤클럽에서는 대체 얼마나 많은 분들이 참가했는지 처음부터 끝까지 그분들의 모습을 계속 볼 수 있었다. 때마침 앰뷸런스가 지나가면서 차에 타겠냐고 묻기에 그냥 가라고 손짓을 하니 '걸어서 가시겠습니까?'라는 말을 남기고 떠난다.

　골인 지점을 향해 얼마나 왔을까 대회장 바로 옆에 있는 63빌딩의 모습이 멀리 보이니 없던 힘이 난다. 40킬로미터 지점을 지날 때의 시각이 대략 4시 10~20분경인데 이제는 걷는 것도 통증 때문에 힘이 든다. 한 선수가 100여 미터 앞을 가는데 빠르지는 않지만 계속 뛴다. 조금 무리해서 뛰면 가까워졌다가 걷게 되면 다시 멀어지는데 그 거리가 전혀 좁혀지지 않는다. 매서운 바람과 먼지 때문에 눈물과 콧물이 계속 나오는데 이어 이제는 머리도 귀도 아프다. 그리 무거운 짐은 아니지만 배낭을 멘 탓인지 허리의 통증도 갈수록 심해지고 발바닥이 시릴까 싶어 조금 투박한 마라톤화를 신은 까닭에 발뒤꿈치도 아프다. 1킬로미터를 남겨 둔 지점에서는 도저히 뛸 생각이 나지 않는다. 앞에 한 선수가 걸어가는데 나보다 더 맥이 빠지는지 천천히 걷는다. 최대한 시간을 당겨야겠다는 마음에 조금 속도를 빨리해서 걸어가는데 뒤에서 세 명이 뛰면서 나를 앞지른다. 거의 500여 미터를 앞둔 지점이었는데 열도 받고 오기가 났기 때문에 골인 지점까지는 마지막 힘을 발휘해서 뛰어갔으며 Finish Line의 계측시계는 04시 40여 분을 지나고 있었다. 골인 지점 10여 미터를 앞두고 배낭에서 휴대폰 벨소리가 요란스럽게 울리기 때문에 바로 탈의실에 들어가 꺼내 보니 권모 계장님께서 해맞이 근무하러 나가시는 길에 궁금해서 전화를 하셨다는 것이었으며 고맙다는 말을 전하고 전화를 끊는다.

5. 귀향 및 소감

전화를 하는데도 입이 얼얼해서 발음이 잘되지 않고, 손가락도 제대로 놀릴 수 없는 상태인지라 몸을 풀 생각은 아예 하지도 못했다. 칩을 반납하고 나니 완주 메달과 간식으로는 컵떡국 1개 및 딸기우유 2개를 나누어 준다. 여성 진행요원의 도움을 받아 따뜻한 떡국을 한 그릇 먹고 나니 한결 낫다. 5시에 대회장을 떠나 한번 가본 적이 있는 근처의 사우나를 찾아가니 5시 30분에 시작하며 온수를 받고 있는데 요금은 5천 원이라고 한다. 6시 40분에 사우나를 끝내고 여의나루역을 찾아가는데 겁도 없이 동해를 떠날 때의 복장으로 나선 것이었다. 무릎이 아파 뛸 수가 있나 10여 분 동안 걷다가 정말 얼어 죽을 뻔했다. 6시 50분에 지하철을 탑승해서 7시 50분에 강변역에 도착하였고, 빨리 버스에서 자고 싶은 마음에 아침 대용으로 빵 2개를 사서 동해행 8시 15분 버스에 몸을 실었으며, 빵과 간식용 우유를 먹자마자 잠이 들었다. 11시 10분에 시외버스터미널에 도착하였고 택시에 탑승한 후 집에 귀가한 시간은 11시 20분이었으며, 이렇게 해서 2008년 첫 번째 풀코스이자 16번째 마라톤 여행은 마무리되었다.

정말 힘든 여정이었다. 가급적이면 새로운 코스를 뛰기로 했으므로 다시는 뛸 일이 없을 것 같다. 대회 참가를 신청하는 과정에서도 오랜 망설임 끝에 내린 결정이었고, 대회 전일의 출발 시점에서도 상당한 갈등을 겪었다. 1월 1일이라는 시기가 추운 계절이라는 것을 감안하여 참가했지만 정말 혹독한 추위 속의 힘든 대회였고 영원히 잊지 못할 추억으로 기억될 것이다. 나같이 아직은 미숙한 달림이에게 겨울철은 정말로 싫은 계절이고, 특히 12월은 수많은 모임 때문에 연습하기에 더욱 힘든 계절이다. 그럼에도 불구하고 풀코스를 뛰기 위해서는 충분한 연습이 있어야 할 것임은 주로에서 만난 할아버지 선수를 통해서 입증되었다. 계절과 기후의 변화 등을 감안한 충분한 준비는 기본이고 사소해 보이는 마라톤 칩 하나라도 신경을 써서 매달아야 엉뚱한 일로 신경을 쓰지 않게 됨으로써 즐거운 달리기를 할 수 있을 것이라 여겨진다. 우리 동마클의 훌륭하신 철각들께서도 한번 도전해 보심이 어떠하신지요?

2008년 내내 건강과 행복이 철~철~ 넘치시고

꿈과 희망은 더없이 크게 이루시기 바랍니다.

동마클 파이팅! 힘! 힘! 힘!

동마클에 갑이가 2명 있는데
그중 한 분이 남들이 부러울 만한 뜻있는 일을 했네요.
새해 첫 풀코스 완주를 축하하며…… 동해마라톤((힘))

권순선[2008/01/07]

군더더기 하나 없는
아랫배를 보면 부러워 하실 분들이
많을 것 같아요.
항상 즐런 하시는
님이 무척 자랑스럽습니다.

권우찬[2008/01/07]

해장주를 간단히 풀코스로 마무리하시다니,
기네스북 신청할까요, 아니면 세상에 이런 일이라도,
동마클에 이런 전사분이 계시다고 홍보를 할까 생각 중입니다. ……. ㅋㅋ

신윤승[2008/01/05]

양 계장님 멋있습니다.
올 한 해는 술은 조금 줄이고,
항상 편안한 달리기가 되었으면 합니다.

임진호[2008/01/04]

우와~~~ 대단하십니다.
결국 오후에 한잔하시고, 밤 12시에 뛰셨다는 얘긴데…… ㅎㅎ
대단하시긴 한데, 조금 걱정도 됩니다. 몸을 너무 혹사시키시는 건 아닌지. ^^
저도 참가할까 한참을 고민했던 대회였는데, 멋지게 해내셨군요. 존경합니다. 선배님,
힘!!!!!

하석우[2008/01/03]

어디 가셨나 했더니……. 추운 날씨에 대단하십니다. 또 한 번의 풀코스 완주를 축하
드립니다.

심관홍[2008/01/03]

- 지렁이와 토끼의 경주 -

Q. 토끼와 지렁이가 달리기를 했는데 토끼가 졌습니다. 왜 졌을까요?

A. 지렁이가 100미터 지렁이여서…….

Q. 불공평하다고 생각한 토끼가 지렁이에게 서서 달리기하자고 말했습니다.
   그래도 토끼가 졌습니다. 이유는?

A. 지렁이가 넘어져서…….

- http://www.ezday.co.kr/ -

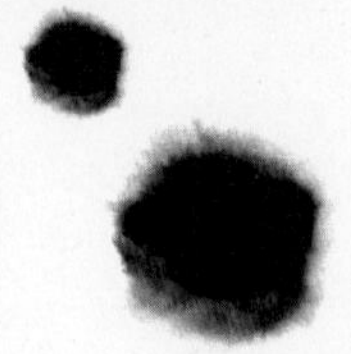

以熱治寒, 독감과의 일전을 치른 '제5회 한강 동계 마라톤대회'(17)

1. 대회개요

- ○ 대회명: 제5회 한강 동계 풀코스마라톤대회
- ○ 일시: 2008. 2. 3.(일) 10:00
- ○ 장소: 서울시 여의도 63빌딩 옆 잔디광장
- ○ 주최: 사단법인 한국마라톤협회
- ○ 코스: 여의도~광진교 왕복(한강 변)
- ○ 종목: 4종목(풀, 하프, 10킬로미터, 5킬로미터)
- ○ 참가비: 40,000원(풀코스)
- ○ 기념품: 운동복 한 벌
- ○ 총경비: 100,600원(참가비 포함)
- ○ 기록: 04:45:54

2. 참가배경

1월 1일 대회 이후 마땅한 대회를 고르다가 찾아내었다. 연 12회 이상을 뛰기 위해서는 여름을 피해야 하므로 몇 달간은 월 2개이상을 소화할 수밖에 없다. 나의 경우는 새벽에 주로 연습을 하는데 계절적으로 겨울에는 연습하기가 쉽지 않다. 새벽에 눈을 뜨는 것은 별문제가 아닌데 이부자리에서 빠져나오는 순간부터 몸에 느껴지는 한기 때문에 문을 열고 집 밖으로 나가는 데는 조금은 용기가 필요한 것이다. 1월에는 새해 첫날 대회를 포함해서 14회에 120킬로미터 정도를 연습했는데 뛰기보다는 걷거나 등산이었으므로 사실상 마라톤 연습으로 보기에는 상당히 부족한 면이 있다. 게다가 1월 26일 불량한 복장으로 초록봉 등산을 한 이후 밤늦게까지 이어진 술로 근 10여 년 만에 독감에 걸려 버렸다. 독감에 걸린 지 7일째인 2월 2일 오전까지도 서울에 갈까 말까 고민하다가 이래저래 몸이 힘들고 괴롭기는 마찬가지라는 생각 때문에 독감과의 한 판 승부를 벌인다는 각오로 마라톤 참가를 결정하였다. 아내가 거정스럽다며 만류를 하므로 심사숙고 끝에 내린 결론이라며 거절을 하긴 했지만, 마음속으로는 갈등을 떨쳐 버릴 수가 없었다.

3. 출발부터 대회장에 도착할 때까지

2월 2일 19시 45분에 집을 나선다. 평상시 같으면 시원하게 여겨질 것이나 오늘 밤 공기는 매우 차갑게 느껴진다. 터미널까지는 걸어가기로 하고 부지런히 발걸음을 옮기니 등에 땀이 밴다. 동해 — 동서울행 막차는 17시 45분에 끊어지므로 부득이 강릉터미널을 이용할 수밖에 없으므로 20시 강릉행 버스를 탄다. 20시 40분에 강릉에 도착하여 21시 동서울행 버스에 몸을 실었고, 대관령을 넘어 가기 전에 잠이 든 것 같다. 눈을 뜨니 벌써 동서울 톨게이트이고 잠시 후인 23시 15분에 동서울터미널에 도착하였다.

언제부터인가 서울에만 가면 들르게 되는 단골찜질방인 강변스파랜드를 찾아 들어간 시간이 23시 30분. 사우나에 들어가 온탕에서 1시간을 보내다가 공용찜질방으로 들어가니 난장판이다. 얼마나 많은 사람이 누워 있는지 통로 이외에는 비집고 들어갈 공간이 전혀 보이지 않는다. 오늘은 체내의 수분을 아낌없이 쥐어 짜내는 찜질은 하지 않기로 하고 적당한 곳을 뒤지다 산소방을 찾아 들어가니 겨우 혼자 들어갈 만한 공간이 보인다. 비집고 앉아 공간을 조금 늘리니 익숙해지고 마음도 놓인다. 잠깐 잠이 들었다가 깨어나니 4시 정도 되었는데 5평 정도의 공간에 30여 명의 남녀가 자고 있는데 참 가관이었고, 나도 그 속에서 끼어 잤다고 생각하니 어이없는 웃음이 자꾸 나온다. 이어서 수면실로 가 보니 그곳 또한 만원이었고, 통로 한편에 억지로 공간을 만들어 안대를 하고 계속 잠을 청해 본다. 몇 번을 자다 깨다 5시 40분경에 일어나서 식당으로 간다. 최소한 달리기 3시간 전에 음식물을 섭취하기 위해서인데 아직은 영업을 하지 않는다. TV를 보다 6시 30분경에 다시 올라가 개시를 해 주었고, 된장찌개 백반으로 아침을 해결한다. 7시에 사우나로 내려가 온탕·마사지탕·이벤트탕으로 옮기면서 1시간 정도 보내다 08시 10분에 찜질방을 나섰고, 강변역에서 지하철을 이용 여의나루역에 도착을 하니 09시 10분이었으며 10분 뒤에 대회장에 도착하였다.

인적 없고 넓디넓은 누런 잔디와 한강 위로 찬바람만 횡~ 하게 부는 여의도 잔디광장은 너무 을씨년스럽다. 대회장에는 10여 개의 천막이 설치되어 있고 4~500여 명의 달림이들이 보인다. 참가자가 그리 많지 않은지 남녀 탈의실도 소형천막 1개씩만 설치되어 있고, 많은 사람들이 탈의실 밖에서 복장을 갖추고 있으므로 나 또한 적당한 곳을 찾아 복장을 챙긴다. 상의는 긴팔티셔츠 위에 땀복, 하의는 타이즈 위에 반바지를 껴입었고, 귀를 덮는 골프용 모자와 선글라스, 조금은 두꺼운 듯한 털장갑을 끼었다.

4. 참가 준비 및 풀코스 완주

9시 40분경에 물품을 맡기러 가니 늘어선 줄이 100여 미터는 넘을 것 같은데 한쪽에서는 벌써 몸풀기가 진행되고 있어 그런지 시간이 너무 걸린다는 불평소리도 들린다. 짐을 맡기고 나니 9시 50분이므로 나도 바쁘다. 날씨가 추운 관계로 몸을 충분히 풀어 주어야 한다는 마음은 있지만 감기와 날씨 탓에 몸이 굳어서인지 움직이는 것 자체가 원만하지가 않다. 진행요원의 체조에 따라 몸을 대충 푼 후 출발선으로 이동하였고, 열~ 아홉~ 여덟~ 하나! 10시 2분경에 출발을 한 것 같다.

1월 들어 연습다운 연습을 제대로 하지 못하였고, 1주일째 독감에 시달린 까닭에 몸 상태는 최악일 수밖에 없었으며 내딛는 한 걸음 한 걸음이 마냥 무겁기만 하다. 많은 선수들을 앞으로 앞으로 보내며 거의 가장 후미에서 뛴다. 오늘의 최대 목표는 5시간 안으로 완주이고, 정 안 되면 5시간을 넘겨 꼭 완주라도 하면 좋은데 하는 마음으로 서서히 달린다. 오늘 뛰는 코스가 1월 1일에 뛴 '새해 첫날 마라톤대회'와 같을 것이라는 예감이 들어서인지 크게 부담은 느끼지 않는다. 많은 달림이들 속에서 움직여서 그런지 그렇게 춥게 느껴지지는 않는다. 2.5킬로미터를 지나고 5킬로미터를 통과하면서 물을 한 컵 마신다. 날씨 탓도 있겠지만 너무 천천히 뛰었기 때문인지 땀이 나지도 않고 보통 이 정도 거리면 어느 정도는 몸이 풀리는데 몸은 계속 무겁기만 하고 전혀 풀릴 기미가 보이지 않는다. 하지만 자처해서 하는 운동, 힘이 들지만 될 수 있는 한 즐겁게 하자는 마음을 계속 다짐하면서 한 걸음씩 전진해 나간다.

아직까지는 바람이 그리 불지 않은 탓에 한강 물은 고요하게 흐른다. 1월 1일 새벽의 한강 물은 파도도 많이 쳤었는데 날씨가 비교적 좋은 탓인지 별로 깨끗해 보이지 않는데도 낚싯대를 드리운 사람들의 모습도 간간이 보인다. 앙상한 나무들, 누렇게 변한 갈댓잎과 이름 모를 풀들로 가득한 강변 숲을 따라 계속 이어지고 있는 자전거도로와 산책로에는 휴일여가를 즐기는 서울 시민들의 운동하는 모습들도 많이 보인다. 갑자기 다가오는 자전거들 때문에 깜짝 놀라기도 하고, 가끔은 달리는 데 불편을 느끼기도 하지만 어쩌랴. 자전거를 타고 산책을 하는 사람들에게는 우리 달림이들 또한 얼마나 큰 훼방꾼이겠는가?

10킬로미터 지점에서는 초코파이가 준비되어 있다. 잠깐 쉴 생각으로 초코파이 반 개를 먹고 물을 한 컵 마신다. 나는 힘이 많이 드는데 모두들 전혀 내색도 하지 않고 참 잘 달린다. 힘이 들어 보이고 축 처져 보이는 선수들이 있기를 빌어 보지만 반환점을 돌 때까지도 그런 모습은 단 한 명도 발견할 수가 없었다. 16킬로미터를 지날 때 벌써 반환점을 돌아오는 선두 주자의 모습이 보이고 조금을 더 가니 마라토너들의 꿈인 SUB-3 페이스메이커가 10여 명을 이끌고, 전혀 지친 기색도 없이 부지런히 달려간다. 힘이 드니 자꾸 꾀만 생기는지 화장실에 오가면서 잠깐 쉬고 이럭저럭 반환점을 통과할 때는 2시간 10분이 지나고 있다.

어찌 되었건 반은 왔지만, 다시 돌아갈 생각을 하니 참 아득하게만 느껴진다. 바나나를 한 개 먹고 물을 한 컵 마신 후 주로에 들어선다. 몸은 힘들고 발걸음도 무거운데 맞바람이 제법 분다. 반환점을 향해 갈 때는 바람을 등진 까닭에 몰랐는데 바람도 몹시 쌀쌀하다. 25킬로미터를 앞두고는 엉덩뼈에 통증이 오고 허벅지와 종아리에는 알이 잔뜩 배고 한 걸음 내딛기가 힘이 들어 그만 걷고 만다. 뛸 때는 그런대로 견딜 만했는데 걷기 시작하니 날은 왜 이리 갈수록 더 추워지는지…… 아직 남은 거리가 17킬로미터나 되는데 시간은 벌써 3시간을 넘어서고 있다. 2시간 만에 17킬로미터를 갈수 있을까 생각하니 자신이 없다. 10여 분간을 빠른 걸음으로 걷다가 27.5킬로미터 지점에서 물을 조금 마시면서 다시 10여 분간을 또 걷는다. 30킬로미터부터 37킬로미터까지는 이런 페이스로 뛰다 걷다, 걷다 뛰다를 계속 반복하면서 목적지를 향해 조금씩 가까이 다가간다. 5킬로미터를 앞둔 지점의 통과 시간이 4시간 10분을 넘어서고 있는데 4시간 40분대의 페이스메이커가 느린 속도로 앞질러 달려간다. 이제는 저 사람만 놓치지 않으면 제한 시간 안에 완주는 충분히 가능하고, 40분대 안으로의 진입도 가능하리라는 확신이 선다. 오랫동안을 걸은 덕분인지 조금 속도를 내 보아도 견딜 만한 것 같아 페이스메이커를 따라잡고는 39킬로미터를 넘어서까지 계속 달린다. 앞에는 오른쪽 발이 조금은 불편한지 절뚝거리면서 뛰어가는 선수의 모습이 보인다. 출발할 때 바로 앞에서 뛰었으며 나와는 몇 번 앞서거니 하던 사람인데 속도와 자세의 변화가 거의 없이 끈덕지게도 꾸준히 뛴다. 몸도 불편한 사람이 얼마나 많은 연습을 하였기에 나보다 훨씬 나을까 하는 부러운 마음과 함께 연습량을 더 늘려야겠다는 다짐을 해 본다. 잠깐 또 걷다 보니 페이스메이커가 나를 앞지른다. 골인 지점 2킬로미터를 앞두고 다시 뛰는데 걷는 사람들의 모습이 간혹 보인다. 이제는 끝까지 쉬지 말고 달려 보자고 마음을 가다듬는다. 63빌딩의 모습이 갈수록 커지는 가운데 41킬로미터 지점을 통과하고, 무릎과 몸에 전해지는 충격을 최소화하기 위해 지면에서 최대한 낮게 발걸음을 옮긴다. 페이스메이커를 다시 앞지르고 10여 명을 추월해서 골인 지점을 통과한 시간이 대략 14시 45분경이다. 출발 시간을 정확히 확인은 못 했지만 4시간 40분 페이스메이커를 앞질렀으므로 4시간 30분대의 기록이 나올 것 같아 안도와 함께 내심 기분이 좋다. 생수를 한 통 들긴 들었는데 손이 굳어서 뚜껑을 열 수가 없다. 긴장이 풀린 까닭인지 전혀 생각지도 못했던 아랫도리 근처에서 심하게 통증이 온다. 생각해 보니 타이즈 안에 팬티를 입지 않은 탓에 타이즈의 재봉선에 오래 시달렸기 때문이었던 것 같다. 얼마나 쓰리고 아픈지 어기적거리며 걸을 정도였다. 물품을 찾는 곳 옆에서는 김이 무럭무럭 나는 두부를 나누어 주고 있으므로 얼른 한 그릇을 받아서 잽싸게 비우고 나니 시장기가 가시고 한결 낫다.

기념품(캔 음료 1, 바나나 1, 초코파이 1)을 받은 후 탈의실에 들어가서 먼저 먹은 다음에 달리기 복장위에 땀복과 파카를 껴입고 대회장을 떠난다.

5. 귀향 및 소감

15시 30분에 여의나루역에서 지하철을 타고 강변역에 도착한 것이 16시 10분. 16시 20분에 동방대중사우나를 찾아 들어가 온탕과 냉탕을 오가며 근육의 피로를 풀고, 스트레칭을 한 후 17시 20분에 사우나를 나선다. 같은 건물에 있는 들녘식당을 찾아 들어가 점심 겸 저녁으로 김치전골과 소주 1병을 시켜 먹고 나니 18시다. 동서울터미널로 옮겨 가장 빠른 동해행 표를 구입하니 18시 56분 출발이다. 대합실에서 열린음악회를 40여 분간 시청하다가 동해행 버스에 몸을 싣는다. 출발한 지 10여 분도 안 되어 잠이 들었고, 눈을 뜨니 평창휴게소이다. 화장실에 갔다 오니 한 대밖에 없던 강릉과 동해행 버스가 3대나 서 있다. 이 차 저 차를 헤매다가 동해행 버스를 탔는데 내 옆자리에 앉은 동해행 아주머니도 헤매기는 나와 마찬가지다. 출발과 동시에 다시 잠이 들었고 눈을 뜨니 망상휴게소가 저만치 보이고, 잠시 후인 21시 52분에 동해터미널에 도착하였다.

동해로 오는 차 안에서 기록을 받았는데 4시간 45분 54초로서 페이스메이커가 제 페이스를 제대로 유지하지 못했던 것 같아 아쉬움을 금할 수 없었다. 이리하여 17번째 풀코스의 여정은 끝을 맺었다. 새로운 대회를 골라 다니기로 한 만큼 특별한 사정이 없는 한 이 대회도 다시는 뛰지 않게 될 것이다. 1월 1일의 새해 첫날 마라톤대회보다 더 힘들었던 달리기였다. 아마도 감기 때문이었을 것이다. 어찌 되었건 캄캄한 밤보다는 약한 햇빛이지만 그래도 낮 시간이 훨씬 나을 것인데 추위를 더 느꼈으니 말이다. 뛰고 나니 온몸 구석구석 뻐근하던 것이 한결 가셔지는 느낌이다. 뛴 지 이틀이 지난 지금도 감기 기운이 있다. 어제 저녁에는 오랜만에 집에 온 딸과 그 친구들에게 저녁을 사 주면서 6일 만에 소주를 조금(3병 정도?) 마셨다. 몸 상태가 별로라서 그런지 평상시에는 멀쩡하던 속이 몹시 쓰리기 때문에 점심을 거르면 좀 나을까 싶어 한 끼를 굶었는데 아직까지도 여전히 쓰리다.

이제는 정말 마라톤을 즐기면서 달리고 싶다. 무릎과 엉덩뼈, 종아리와 허벅지의 통증도 느끼지 않으면서 달리고 싶다. 답은 명백하게 나와 있고 너무나도 잘 아는 사실인데 실천하기는 참 어렵다.

동마클 여러 회원님!

설을 건강하게, 즐겁게, 행복하게 보내시기 바랍니다.

1년 내내 복 많이 받으시고 소원하시는 모든 것 크게 이루시기
바랍니다.

댓글

열심히 자신의 페이스대로 즐기면서 유람하면서 달리는 모습이 아름답습니다. 그것도
혼자서……. 다음에는 나도 좀 데려가세요.

홍성태[2008/02/08]

합동훈련 참가하시기를 기대해 봅니다.
수고하셨고요. 뻑시게 띄워 보지요. 설 행복하게 보내세요.

하영철[2008/02/07]

비가 오나, 눈이 오나, 바람이 부나, ……
주취 상태나, 감기 기운에서도, 천천후 마라토너 양원희 선배님. 힘!

신윤승 [2008/02/06]

양원희 마라토너!!
좋은 글 잘 읽어 보았어요. 그런데 대회 참가기를 읽으면서
나의 생각은??
대단하구나 하면서도 한편으로는 너무 무리하는 것이 아닌가 하는 생각이 드는구려.
많은 수고하였고 *설* 잘 지내시고 항상 건강과 행복이 충만하시길 바라요. …….

김화수[2008/02/06]

양원희 님
너무 사랑스럽습니다.
즐거운 설 명절이
되시기를 빕니다.

권우찬[2008/02/05]

양 계장님 너무 무리하시는 것 같네요.
감기 몸살로 몸 상태가 말이 아니었을 텐데…….
올해는 술도 좀 줄이시고 항상 즐겁고 기분 좋은
달림이 되기를 빌겠습니다.
설 명절 잘 보내세요.

임진호[2008/02/05]

☺ 마라톤 유머

- 잘해도 손해 -

사람이 개와 달리기 시합을 해서
⇒ 사람이 이기면: 개보다 더한 놈
⇒ 사람이 지면: 개보다 못한 놈
⇒ 비기면 개: 같은 놈
- http://www.ezday.co.kr/ -

처음으로 조금은 즐겁게 달린
'제11회 서울마라톤대회'(18)

1. 대회개요

○ 대회명: 제11회 서울마라톤대회

○ 일시: 2008. 3. 2.(일) 10:00

○ 장소: 서울 여의도 한강시민공원

○ 주최: 서울마라톤클럽

○ 코스: 여의도~광진교 방면 왕복(한강 변)

○ 종목: 4종목(풀, 하프, 10킬로미터, 5킬로미터)

○ 참가비: 40,000원(풀코스)

○ 기념품: 긴 팔 T셔츠, 대형 수건

○ 총경비: 74,800원(참가비 포함)

○ 기록: 04:24:58(전체 순위 838위/성별 순위 787위)

2. 참가배경

1월의 어느 날인가 황상문 씨로부터 전화가 걸려왔다. 3월 2일의 서울마라톤대회에 하영철 회장님과 같이 참가할 의향이 있느냐하는 것이었다. 2월 16일에 개최되는 2008 시즌 오픈 마스터스챌린지레이스대회에 신청을 해 놓은 상태인지라 조금 망설이다 같이가기로 하고 참가 신청을 하였다. 결국에는 2월 16일의 대회 당일문상을 가는 까닭에 뛰지를 못했으므로 신청을 잘했다는 생각이든다.

3. 출발부터 대회장에 도착할 때까지

3월 1일에는 강원일보에서 주최하는 3·1절 시민건강달리기대회에 연습 삼아 참가하여 7킬로미터 정도를 뛰었다. 순위는 51위였는데 전날 중학교 동창 모임에서 소주를 마시는 바람에 조금은힘이 들었다. 이날의 연습이 3월 2일 대회에서는 상당한 도움이되었던 듯하다. 서울에 출타할 준비를 해서 18시 10분에 집을 나선다. 18시 40분 동서울행 버스를 타기 위해서였는데 동해시외버스터미널에 도착해서 승차권을 구입하려고 하니 17시 40분에 막차가 출발했다고 한다. 고속버스를 이용할 수도 있었지만 경비를 절약하기 위해 강릉에 가서 버스를 타기로 마음을 먹는다. 18시 35

분쯤 되니 하 회장님께서 터미널로 급히 들어오신다. 축구경기를 시청하다 그만 늦었다는 것이었는데 버스가 끊어졌다고 하니 그만 착각했다며 갈 길을 걱정하므로 강릉으로 가면 된다고 말씀을 드린다. 18시 50분에 동해 출발(3,200원) 강릉 도착 후 동서울행 버스시간을 보니 19시 50분이다. 19시 50분에 강릉을 출발(12,600원)하였고 동서울에 도착하니 22시 50분인데 30분 정도는 연착을 하였다. 전날의 술과 조금은 무리한 달리기 후 소주를 몇 잔 마신 까닭에 버스 안에서 자다 깨다 하다가 그만 코오롱 등산용 장갑(50,000원)을 버스에 두고 내렸으며 찾지를 못했는데 참 아깝다. 강변역에서 회장님 집이 있는 일산의 주엽역으로 가는 지하철은 끊겼다고 하므로 일단은 구파발(1,300원)까지 가서 해결방법을 찾아보기로 한다. 구파발에 도착하니 24시 05분이었고 24시 15분에 일산행 시내버스(1,800원)에 탑승하여 일산에 도착 후 택시(3,000원)를 다시 타고 회장님 집에 도착하니 24시 45분이다. 늦은 시간임에도 시장기가 있다고 하면서 군대 제대 후 복학을 앞둔 회장님 아들에게 라면을 끓이도록 했으며 안주 삼아 소주 한 병을 해치운다. 이때의 시간이 01시 30분인데 잠도 안 오니 소주나 한잔하러 나가자고 해서 밖으로 나갔으며 호프집을 찾아 들어간 시간이 01시 50분으로서 문 닫을 시간이 되었다고 하나 양해를 구하고 자리를 잡는다. 소주 두 병을 마시고 APT에 도착하니 02시 50분이었고, 버스에서의 잠 때문에 잠이 오지 않아 뒤척이다가 04시경에 잠이 든 것 같다.

인기척에 눈을 뜨니 06시 30분인데 회장님은 벌써 대회 참가 준비로 바쁘다. 부지런히 씻고 볼일 보고 10여 분을 걸어서 콩나물

해장국 집에서 아침식사(4,000원)를 마치고 나니 07시 45분이다. 주엽역으로 이동하여 08시에 지하철을 타고 대회장 주변의 여의나루역에 도착하니 09시 30분이다. 10여 분을 걸어 행사장에 도착 후 옷을 갈아입고 물품을 보관하고 나니 09시 50분인데 준비운동과 스트레칭이 벌써 진행 중이다. 하의는 부드러운(?) 팬티 위에 타이즈와 마라톤팬티를 껴입었고 상의는 긴팔 T셔츠 위에 2007 조일마라톤의 바람막이 옷을 입었으며, 아식스 마라톤화와 선글라스 그리고 귀를 덮는 등산 모자에 1회용 흰 장갑이 오늘의 마라톤 복장이다. 제법 쌀쌀한 날씨임에도 참가자가 엄청나게 많다. 이곳에서 출발하는 대회를 여러 번 참가했는데 오늘의 참가자 수가 가장 많았던 것 같다.

4. 대회 참가 및 풀코스 완주

10시 정각에 출발을 한다. 1월 1일과 2월 3일의 대회에서 고생하며 뛰었던 코스와 같은 것 같아 감회가 새롭고 부담은 덜 느끼게 된다. 오늘의 완주작전은 ① 무리하지 않도록 후미에서 뛴다. ② 가급적이면 처음부터 끝까지 걷지 않고 천천히 꾸준하게 달린다. ③ 기록은 신경 쓰지 않고 5시간 안에만 완주하되 지난 2월 3일 대회 기록보다 1초라도 앞당기면 성공하는 것으로 세웠다. 전날 조금은 무리해서 달린 탓에 다리에는 알이 배었고, 잠을 제대로 자지 못한 탓인지 몸은 아주 무겁다. 날씨가 쌀쌀한 탓에 타이즈를 뚫고 들어오는 바람에 살이 떨린다. 회장님은 이 추운 날씨에도 짧은 팬티만 입고 뛰신다고 하는 것을 보니 내 몸이 오싹하면서도 강인한 체력이 부럽기만 하다. 후미에서 천천히 뛰었고 왼쪽 오른쪽의 한강 변을 구경하면서 수많은 선수들의 복장을 관찰해 보니 모두가 제각각이다.

　머리부터 발끝까지 다 해 보아야 7가지 정도의 용품인데 같은 복장이 하나도 없다는 것이 참 신기할 정도다. 300여 미터를 가다 보니 눈에 익은 할아버지 선수 한 분이 보인다. 김무조 씨라는 분인데 많지 않은 대회 참가를 하면서도 자주 뵌 분이다. "2월 3일에 뵈었는데 또 뛰십니다." 하며 인사를 드리니 "2월 16일과 2월 23일에도 뛰셨다"고 하신다. 2월 3일 대회 때도 35킬로미터 지점에서 나를 앞질러 가신 분인데 그저 놀랍고 부러울 따름이다. 2킬로미터 정도를 지날 때부터 눈이 한 송이씩 내리기 시작했으며 5킬로미터는 물을 마시지 않고 통과했는데 내리는 눈의 양이 점점 더 늘어난다. 10킬로미터 지점에서도 물을 마실까 말까 잠깐 갈등하다가 그냥 통과했는데 이때부터는 함박눈이 펑펑 내리고 바람도 제법 세게 분다. 15킬로미터도 쉬지 않고 그냥 통과하였고 17킬로미터 지점에서는 화장실에 들러 작은 일을 본 뒤에 주로에 들어서서 반환점까지는 쉼 없이 계속 달린다. 반환점을 돌 때의 기록은 2시간 5분이었다. 물도 마시지 않고 쉬지도 않으면서(화장실 간 것은 제외) 반환점을 돌기는 이번이 처음이다. 뛰는 내내 '속도는 천천히, 발걸음은 지면에서 가장 낮게'를 계속 다짐하였기 때문에 무리하지 않은 탓인 것 같다. 반환점에서는 서울마라톤클럽의 아름다운 여성 분들과 회원 분들이 즉석 김밥과 된장국, 오이와 방울토마토, 생수를 나누어 준다. 뛰던 중 가장 푸짐한(?) 먹을거리였으며 김밥 두 개와 오이 한 쪽, 된장국과 물을 반 컵씩 마신다. 무릎운동과 허리운동, 목운동, 팔운동을 잠깐 하면서 휴식을 취하고 다시 주로에 들어선다. 영양도 보충하고 휴식을 취한 탓인지 몸이 한결 낫다. 이제는 눈도 그치고 가랑비가 조금씩 내리는데 바람이 잦아들어 뛰기에도 좋다. '이제 반이 지났으니 반만 더 가면 된다. 천천히 낮게 뛰자'고 마음을 가다듬고 한 걸음씩 옮긴다. 25킬로미터 지점을 통과하는데 오른쪽 무릎의 통증이 조금씩 느껴지긴 하는데 다른 대회 때보다는 양호하므로 30킬로미터까지 계속 달린다. 이 코스를 뛰는 많은 마라톤대회가 반환점 돌 때까지와 골인 지점까지의 코스가 거의 같은데 이 대회는 나름대로의 변화를 주어 되도록이면 한강 변을 뛰도록 함으로써 선수들에게 지루한 느낌을 덜 갖도록 하고 있었다.

30킬로미터를 지나면서부터는 덜 지루하게 그리고 조금은 재미있게 달려 보자는 생각에 골인 지점까지 과연 몇 명이나 따라잡을 수 있는지 세어 보기로 마음을 먹는다. 앞에는 60세는 족히 넘어 보이는 두 분이 달리는데 쉽게 거리가 좁혀지지 않았으며 37킬로미터 정도를 지나면서 억지로 추월할 수 있었다. 한 명 두 명씩 추월하는 성적(?)이 제법 괜찮게 느껴진다. 38킬로미터 지점에서 물을 마시며 잠깐 쉬고 팔과 다리운동을 한다. 이제 남은 거리는 4킬로미터 정도이므로 끝까지 걷지 말고 달려 보자고 다시 마음을 가다듬는다. 무리하지 않고 천천히 거의 비슷한 속도로 달린 덕분에 허리에 통증이 조금 느껴지고 다리가 뻐근할 뿐 무릎과 엉덩뼈의 아픔은 미미하므로 속도를 조금 내어 본다. 이제부터는 걷는 선수들의 모습이 간간이 보인다. 1킬로미터를 남겨 두고는 최대한으로 속도를 높였는데 족히 20여 명은 따라잡은 것 같고 골인 지점의 통과 시간은 14시 30분을 넘기지 않았으니 지난 대회의 성적(?)에 비해서는 상당히 좋았으며 몸의 상태도 괜찮았다. 30킬로미터 통과 시부터 추월한 숫자는 115명이었고, 최종기록은 4시간 24분 58초로서 2월 3일의 기록보다는 21분간을 앞당겼는데 기록은 내게 결코 중요하지 않다. 구간별 기록은 10킬로미터 - 01:00:47, 하프 - 2:04:59(1:04:12), 32킬로미터 - 3:19:41(1:14:42), 30.8킬로미터 - 마지막까지의 11.395킬로미터는 1:05:18로 분석되었다. 기념품을 받고 탈의장으로 가다 보니 회장님은 벌써 도착해서 옷을 갈아입고 손님들과 함께 나를 기다리고 계신다. 손님들과 인사를 나누니 과거에 동해전화국에서도 근무를 하신 분으로서 회장님의 후배(최 과장) 부부였다.

5. 귀향 및 소감

14시 40분경에 대회장을 떠나 여의나루역에서 지하철을 타고 종로3가에 도착한 시간이 15시 30분이며 15시 50분에 점심 겸 저녁 식사를 위해 무릉촌이라는 식당으로 찾아 들어갔다. 생선구이(고등어 1마리/5천 원, 삼치 1토막/5천 원)와 낙곱전골(3만 원)에 소주(5병)를 곁들여 식사를 했는데 반찬도 전골도 양이 너무 적은 느낌인데 손님들은 꽤 많다. 식사 도중에 회장님은 서울 체류계획을 긴급히 수정하여 최 과장님 부부와 함께 동해행을 결정하였고 식사대는 후배 분께서 계산을 했는데 회장님 덕분에 즐거운 뒤풀이를 하였다. 18시에 식당을 나와 상계동의 최 과장님 집에 들러 두 분의 짐을 챙긴 후 최 과장님의 승용차를 타고 서울을 출발한 시간이 19시였으며 동해시에 도착하니 22시다. 대진의 의형님 집에 들러 문어와 가자미를 안주로 소주를 간단히 한 후 회장님 및 최 과장님 부부와는 작별을 하였고 나는 부족한 소주를 조금 더 보충한 뒤 집에 도착하니 23시가 거의 다 되었다. 이렇게 해서 18번째의 마라톤 여행이 또 마무리되었다.

이번의 대회 참가도 잊지 못할 추억 몇 가지를 남겼다. 버스와 지하철이 끊기고 연착도 하였으며, 수십 년 만에 만원버스도 타 보았다. 뛰기 전날 세 시까지의 음주는 해도 너무했으며 크게 힘들지 않게 달렸고 끝난 뒤에는 좋은 분 만나 조금 심한 뒤풀이를 하였다. 출발부터 귀가할 때까지의 모든 일정이 예기치 못했던 일들의 연속이었으며 참 변화무쌍했다. 혼자서 마라톤대회를 찾아가는 이유 중의 하나는 일행이 없으면 술 생각을 덜하고 목운동을 적당한 수준(?)에서 할 수 있기 때문이다. 이번 여행에서는 너무 훌륭한(?) 동반자를 만나 오히려 몸을 더 해쳤다는 느낌이다. 다음 마라톤대회에서는 더 힘이 들지 않고 즐거운 달리기를 하기 위해 연습량을 조금은 더 늘리고, 대회를 앞두고는 술을 조금 더 자제하며 혼자만의 마라톤 여행을 고수할 것을 다시 다짐해 본다. 이 글을 통해 잊지 못할 마라톤 추억을 만들어 주신 회장님께 깊이 감사드린다.

역시 인간도 자동차마냥 주유를 만땅해야 잘 나가는 것 같습니다.
잊지 못할 마라톤 여행인 것 같습니다. 혹 보스턴에서도 만땅 주유를 하고 뛸 작정은
아니죠?
암튼 파이팅입니다요.

심재천[2008/03/13]

양원희 씨 대단하십니다. 직업을 소설가로 바꾸어도
무난할 것 갔습니다. 어떻게 처음부터 마지막까지 하나의
오차 없이 작가 이상의 글을 쓸 수 있는지……
동행하여 불편했던 사항이 있었다면 너그러운
마음으로 이해 바라고 수고했습니다.

하영철[2008/03/12]

캬~~~
한 편의 단편영화를 본 것 같은 느낌, 부럽습니다. 힘!

신윤승[2008/03/12]

- 배꼽 빠지게 재밌는 유머 -

1. 어느 날 사자가 머리를 손질해야 되는데 빗이 없었다.
   마침 그때 토끼가 가고 있었다.
   사자가 빗 좀 달라니까 토끼가 하는 말
   "레빗"

2. 어느 날 원숭이가 가고 있었는데 사자가 원숭이에게 너 키 몇이야 하니까
   원숭이가 하는 말
   "몽키"

3. 어느 날 매와 독수리에게 여러 팬레터들이 왔다.

   매가 독수리에게 좋은 글을 하나 고르라고 했다.

   매가 독수리에게 무슨 글을 골랐냐고 물어봤더니 독수리가 하는 말

   "이~~글"

4. 어느 날 어떤 사람이 짱구집에 장난전화를 했다.

   "거기 중국집이죠?"

   "아니요 한국집인데요."

5. 곶감이랑 감이랑 달리기 시합을 했다.

   근데 곶감이 너무 늦게 왔다.

   감이 빨리 좀 오랬더니 곶감이 하는 말,

   "곧~~감"

   - http://www.ezday.co.kr/ -

'제112회 보스턴마라톤대회' 참가 및 캐나다 여행기(19)

-6년간 꿈꾸고 3년간 준비한 해외마라톤 꿈의 실현-

1. 마라톤 대회 및 여행 개요

○ 대회명: 제112회 보스턴마라톤대회(112TH BOSTON MARATHON)

○ 대회일시: 2008. 4. 21.(월) 10:00[미국 시간]

※ 미국 동부 및 캐나다 여행기간: 2008. 4. 18.~4. 27.(4. 17: 동해 출발 4. 28: 동해 도착)

– 보스턴 시, 워싱턴 시, 뉴욕 시, 코닝 시, 나이아가라 시(미국, 캐나나), 토론토 시

○ 장소: 보스턴 홉스톤

○ 주최: 보스턴 체육협의회(The Boston Athletic Association)

○ 코스: 홉킨턴(Hopkinton)~보스턴 시내(Boston St)[편도]

○ 종목: 풀(42.195킬로미터/26.2mile)

○ 참가비: 150＄/200＄(3월1일 이후)

○ 기념품: 긴팔T셔츠/열쇠고리

○ 총경비: 6,852,000원(선물 구입비 제외)

- 여행사 지불 5,980,000원(배우자 감액 400,000/유류인상에 따른 항공료 여행사 부담 200,000 제외), 비자 발급 비용(1인) 170,000(2008년 3월 신청자: 210,000)/마라톤 참가비 150,000

- 비자 관련 출장 100,000/인천공항 이동 경비 등 452,000

○ 접수: 최대 수용 규모(25,000명)까지 선착순 접수

○ 기록: 04:17:50【전체 순위 17,316위/21,963명 완주(최종 완주자 기록 07:41:09)】

2. 마라톤 참가 및 여행 동기

보스턴마라톤에 관한 꿈은 2002년 1월 동해시청마라톤동호회 창립 준비를 하면서 막연하게나마 마음에 품기 시작하였다. 가장 중요한 경비를 어떻게 만들어야 하는 것에 대한 구체적인 계획은 마련하지 않은 상태에서 시간은 지나갔고 2002. 7. 25 시청마라톤동호회를 창립하면서 회원들에게 보스턴마라톤대회에 반드시 참가할 것이라는 마음에 품은 뜻을 표시하였다. 동호회의 사무국장을 맡아 마라톤의 맛을 알아 가면서 2002~2003년을 보냈고, 2004년 2월부터는 10개월간의 장기교육 수료차 시청을 벗어나 있었다. 2005년 초에 참가계획을 심사숙고하였고 내 용돈으로 5년 동안 7백여만 원의 경비를 마련하여 2010년에 참가키로 결정을 하였다. 나는 비

교적 운이 좋아 업무적으로 해외여행을 몇 번 했었는데 23년 넘게 살아오면서 아내에게 단 한 번의 해외여행 기회조차 만들어 주지 못한 미안한 마음도 있고 해서 아내와 같이 가기로 나름대로 결정을 하였다. 그러나 아내에게는 말을 꺼내 보아야 믿어 줄 것 같지도 않아서 당분간은 비밀로 하기로 하고 얘기를 꺼내지는 않았다. 오래전부터 많지 않은 금액으로 주식을 해 오고 있던 터라 2005년 3월부터 대우증권의 'Master Wrap 백만장자' 상품에 매월 10만 원씩 입금하였으나 너무 오랜 기간이 소요되는 까닭에 2006년 3월에는 20만 원으로 금액을 상향하였고 2년 8개월 만인 2007년 11월에 목표액을 상회하는 성과를 거두게 되었다.

준비금이 조금씩 늘어나면서 보스턴을 향한 꿈의 실현이 가시적으로 다가왔으며 2007년 4월에는 해외마라톤 전문여행사인 'S&B Tour'에 최초로 참가 신청을 하였는데 너무 의아스러웠던지 곧바로 확인전화가 오기도 하였다. 2007년 11월에는 보스턴 마라톤 공식 투어오퍼레이터로서 경험이 더 많은 '여행춘추'로 회사를 바꿔 참가예약을 하였다. 나는 2005년에 해수욕장 운영 관계로 미국 마이애미와 뉴욕 출장을 하였기 때문에 여권과 비자를 이미 발급받았으므로 이때부터는 아내의 여권과 비자(여행춘추에서 대행)를 발급받았는데 아내도 미국 여행을 정말 가게 된다는 것을 실감하는 눈치였다. 2008년 3월 초순에는 여행춘추와 공식적인 참가계약을 체결하였고 3월 27일 여행경비 잔액 513만 원을 최종 입금하였다. 이후부터는 날짜가 너무도 더디게 간다는 느낌이었는데 이 모임 저 모임 이 사람 저 사람들과 연일 목운동을 하느라 출국하는 날까지 겨우 이틀에 20여 킬로미터밖에 연습을 하지 못했다. 출국일이 하루씩 다가오면서 기대와 환상은 그만큼 커져 갔는데 연습을 너무 하지 못한 까닭에 '심장 파열의 언덕'까지 있다는 보스턴마라톤을 과연 완주할 수 있을까 하는 염려를 떨쳐 버릴 수는 없었다.

보스턴마라톤대회는 연령별로 제한기준 기록이 있다. 남자의 경우 35~39세는 03:15(여자 03:50), 40~44세 03:20(03:50), 45~49세 03:30(04:00), 50~54세 03:35(04:05), 80세 이상 05:00(05:30) 등으로 정해져 있다. 내 기록은 2004년 하이서울마라톤대회에서 세운 최고기록이 03:46:55인데 참가에 필요한 기준기록을 만들기 위해 여러 차례 뛰어 보았으나 갈수록 늦어지는 것이었다. 해결방법을 찾던 중 우리 클럽의 잘 뛰는 회원과 칩을 바꿔 뛰면 되겠다는 기막힌(?) 방법을 찾아냈고, 마침내 2007 춘천 조선일보 마라톤대회에서 클럽에서 같이 운동하는 김재영 씨의 도움을 받아 03:24:19(1,175위)의 기준기록을 만들어 냄으로써 보스턴을 향한 가장 큰 장애물을 넘어섰다.

3. 일정별 세부내용

2008. 4. 17.(목) 흐림

전날 당직을 마친 후 사무실 직원들과 출국인사를 하고 농협에 들러 130$를 환전한 후 귀가하니 09시 20분이다. 09시 30분부터 10시 30분까지는 아침식사를 마치고 아내와 함께 여행용 짐을 챙긴다. 당직하면서 잠을 제대로 자지 못한 까닭에 10시 50분부터

12시까지는 잠을 자고 아내는 더 준비할 것이 있다며 외출을 한다. 12시에 점심식사를 한 후 15시 30분까지 빠뜨린 짐은 없는지 다시 점검을 했는데 하드백(단단한 여행용 가방)이 잘 채워지지 않아 20여 분을 헤맨다. 2007년에 동해시 학생대표단을 안내해서 러시아 나홋카 시를 방문했다가 귀국할 때에도 조금 말썽을 부려 진땀을 흘린 적이 있었는데 또 말썽이다. 정 안되면 다시 사기로 결정을 하고 조금 더 매달려 보다 결국은 원인을 찾아 고침으로써 짐 싸기는 무사히 마무리되었다. 우리가 준비한 물품목록은 대략 50여 가지 이상인데 여권, 내의류 각 3벌, 점퍼 및 바지 각 2~3벌, 모자 2, 선글라스 2, 운동화 2, 10여 종 이상의 화장품과 미용도구, 면도기 2, 충전기와 충전용 어댑터 각 3, 손수건, MP3 2, 디지털카메라 2, 책 2, 메모용 수첩 1, 플라스틱(180밀리리터) 소주 10병, 생수 10병(물이 비싸다는 내 말에 아내가 준비), 고추장 2, 간장절임 고추와 생고추 약간, 과자류 등이었으며 아내는 컵라면도 준비하자고 했으나 천만다행하게도 가방의 공간이 적어 가져가지 않았다.

15시 30분에 하드백 2개(중, 대형)와 중간 정도의 휴대용 가방 1개(내 것)와 배낭 1개(아내 것)를 들고 집을 나서는데 짐이 장난이 아니다. 승용차는 동해시외버스터미널까지만 운행을 하고 약간은 겁이 나지만 그리 좋은 차도 아니므로 10여 일간 이상을 터미널 주차장에 그냥 세워 두기로 한다. 15시 55분 동해(3,200원) 출발 16시 30분에 강릉터미널에 도착하였고 17시까지는 대합실에서 차를 기다린다. 17시에 강릉(15,400원)을 출발 문막휴게소에서 20여 분을 휴식한 뒤 인천버스터미널에 도착하니 20시 20분이었고 숙소를 찾아 헤매다 아비숑모텔(40,000원)을 찾아 들어가니 21시다. 모텔은 신축한 지 얼마 안 되는 건물인지 객실이 아주 깨끗하고 작은 냉장고에는 음료수도 몇 병 준비되어 있다. 저녁식사 장소를 찾아 구월일식에 들어가니 너무 늦은 탓인지 손님도 몇 명 없다. 갈치정식과 초밥에 소주 2병(25,000원)을 시켜 먹었는데 입맛에 맞지 않지만 별수 있는가. 22시 20분에 숙소에 다시 들어가 다음 날 인천공항으로 갈 차편을 객실의 컴퓨터로 검색하면서 입가심으로 맥주 2병과 안주 1개(10,000원)를 주문했는데 몹시 싸다는 느낌이 든다. 마음 설레는 여행일정을 머릿속으로 그려 보며 쉽게 오지 않는 잠을 청해 보지만 뜻대로 잘되지 않는다.

2008. 4. 18.(금) 맑음

아침 4시 40분 기상이다. 왜 이리 일찍 일어났을까? 오랜만에 집을 떠난 탓인가 아니면 해외여행을 눈앞에 둔 기다림에서일까? 아내는 아직 깊은 잠에 빠져 있다. 마라톤화로 갈아 신고 모텔 방을 빠져나간다. 05시부터 05시 40분까지 모텔 주변을 뛰는데 생소한 길이므로 되돌아올 것을 생각해서 뛰어온 길을 거듭 뒤돌아본다. 05시 40분에 숙소로 다시 돌아와 06시 20분까지 샤워를 하고 풀어 놓은 짐을 다시 챙긴다. 뒤늦게 일어난 아내도 부지런히 짐 챙기는 것을 거든다. 06시 20분에 모텔을 나와 10여 분을 걸어 지난 저녁에 보아 둔 인천공항행 좌석버스(111번, 8,000원) 정차 역으로 향해 06시 30분에 탑승 07시 40분에 인천공항에 도착한다. 터미널에 도착하자마자 4층의 식당가로 이동 07시 50분부터 08시 10분까지 한식당 '하늘'에서 미역국 백반과 삶은 초란(처음 낳은 달걀)으로 아침식사(16,400원)를 한다. 08시 20분에 보스턴마라톤 여행단을 찾아 헤매다 일행을 만나 티켓팅과 화물 탁송, 출국 수속을 09시 20분까지 마친다. 09시 20분부터 10시 40분까지는 아내와 함께 공항면세점에서 눈요기 쇼핑을 하고 대합실에서 잠깐 쉰 후 NW(North West) 008행 항공기에 탑승을 한다. 아내의 자리는 41H이고 내 자리는 18F인데 양해를 구하여 좌석을 바꾸고 나란히 앉는다. 이 항공기는 11시 10분에 출발 준비를 하여 11시 25분에 이륙을 했는데 일본 나리타공항까지의 거리는 789마일(1,270킬로미터)이라는 항로표시가 보인다. 비행기 내에서는 김밥, 소고기볶음, 어묵, 계란말이, 연어찜, 주스 및 커피 등으로 꾸며진 식사가 나왔으며 금액으로 환산하면 대략 5천 원 정도가 된다고 하는데 가격에 비해 식사의 양이 많게 느껴진다. 13시 35분에 일본의 나리타공항에 도착을 해서 14시 10분까지 환승 수속을 하는데 여간 까다로운 것이 아니다. 외투를 벗기고 운동화를 벗게 하는 등 휴대물품을 일일이 검사를 한다. 수하물이 환승비행기로 자동으로 옮겨지는 것만도 큰일을 덜어 주는 것이었으며 아내와 함께 면세점을 구경하고 대합실에서 휴식을 한다. 승객이 너무 많은 탓에 남자화장실을 찾아 이곳저곳 헤매다가 좌변기가 설치되어 있는 화장실에 들어갔는데 이것은 한국여행객들을 위해서 설치해 놓은 것이 아닌가 생각하며 일본인들의 세심한 배려(?)에 감탄을 하게 된다. 15시 20분부터 15시 55분까지 보딩(Boarding) 후 NW 0012항공기에 탑승을 하였는데 아내는 66H석이고 나는 29C석이므로 그저 같이 가고 싶은 마음에 양해를 구하고 다시 자리 교체를 하는데 바꾸어 주는 일행들이 고맙다. 16시 10분에 출발하여 17시에 이륙을 하는데 갑작스러운 비와 구름의 영향 때문에 이륙이 지연된 듯싶다. 항공기 안에서 나리타부터 미국 디트로이트공항까지의 거리는 6547마일(10,536킬로미터)이라는 안내 화면을 본다. 18시부터 18시 10분까지는 과자와 Canada dry라는 간식이 나왔고 이어 18시 40분부터 19시까지는 저녁식사가 나왔는데 아내와 나는 서로 다른 것을 시켜 맛을 보기로 한다. 아내는 비빔밥을 주문했고 나는 닭고기요리, 야채샐러드, 케이크, 생선요리, 빵, 커피, 7UP을 시켰는데 양이 많고 제법 맛이 있었다.

비행기 안에서 한참을 자다 소란스러운 소리에 깨어 보니 미국 시간(미국 동부지역이 한국보다 14시간 늦음) 13시 50분인데 먹을 것을 또 주는데 점심인 것 같다. 14시부터 14시 20분까지 스파게티, 빵, 과일, 녹차로 식사를 하였고 조금 짠 맛은 나지만 먹을 만하다. 이어서 기내에서 출입국카드와 세관신고서를 작성하고 나니 15시에 디트로이트공항에 착륙을 한다. 16시 10분까지 미국 입국 수속을 밟고 짐을 찾아 통관을 하였으며 공항 출항 수속을 밟는다. 여행객이 많아 긴 줄을 서고 언어가 제대로 되지 않아 조금씩 지체는 되지만 그리 까다롭지는 않다는 생각을 한다. 16시 10분부터 16시 40분까지 8번 게이트로 이동하여 탑승절차를 거친다. 17시에 NW 1226 미 국내선 항공기에 탑승 및 이륙하여 18시 40분에 보스턴공항에 도착하였는데 간식으로서는 Ice 오렌지주스가 나왔다. 비행기에서 내려 짐을 찾고 수속을 모두 밟고 나가니 여행춘추의 현지 가이드가 대합실에서 기다리고 있다. 19시 20분에 공항 승하차장에 대기하고 있는 벤츠사의 전세버스에 승차하였는데 규모가 높고 크며 가격은 무려 5억 원이나 된다고 한다. 모두가 나오기를 기다려 19시 37분에 공항을 출발 식당으로 향하는 차 안에서 정동창 여행사 대표님께서 보스턴마라톤과 도시에 대한 안내말씀을 상세하게 해 주신다. 특히 올해의 보스턴대회 참가 인원은 23,700여 명인데 한국 참가자는 151명에 달한다고 하였다. 20시 10분에 한국교포가 경영하는 아리랑 식당에 도착하여 한정식뷔페로 식사를 하였는데 종류도 많고 맛이 괜찮다. 상당히 넓어 보이는 식당은 교포와 외국인들로 붐비고 있다. 식사를 끝내자 숙소 배정 및 객실 카드키와 함께 호텔의 조식 식권(1인당 3매)을 나누어 준다. 21시에 식당을 떠나 21시 30분에 숙소에 도착하였는데 처음 본 보스턴 시가지의 야경은 너무 어둡고 도시가 깨끗하게 정비되어 있지도 않았으며 상당히 무질서하게 느껴졌다. 숙소는 도시 외곽에 위치한 Needham Hotel의 234호실로서 더블침대 2개, TV, 휴게용 탁자와 안락의자 등이 마련되어 있는 깨끗하고 넓은 방인데 냉장고는 없었으며 생수가 2통 있는데 개당 3.75$니 보통가격은 아니다. 21시 50분부터 22시 30분까지 짐을 정리하고 샤워와 함께 간단한 세탁을 하였으며 세탁물은 냉난방기의 온풍을 이용하여 건조시킨다. 피곤도 하므로 22시 40분부터는 가지고 간 팩소주를 꺼내 아내와 함께 마시며 얘기를 나누다가 02시경이 되어서야 미국에서의 첫날 밤을 보낸다.

2008. 4. 19.(토) 맑음

05시 40분에 기상이다. 현지 적응훈련을 위해 단체로 06시부터 호텔 주변을 조깅한다고 예고를 한 까닭에 벌써 일행들이 많이 나와 밖이 부산스럽다. 단체로 가볍게 몸을 풀고 뛰어가는데 60여 명은 되는 것 같다. 평소 아내가 등산은 좋아해도 뛰는 것은 본

적이 없으므로 뒤처져 아내와 보조를 맞추며 천천히 따라간다. 모두가 선수들인지 잘 뛴다. 갈수록 우리와의 거리는 멀어지지만 걱정은 되지 않는다. 20여 분을 뛰어가니 Cutler Park 표지판이 보이는 곳에서 먼저 간 일행들이 쉬고 있는 모습이 보인다. 우리 부부가 뒤따라가자마자 또 앞서서 출발을 하므로 계속 뒤를 따라 천천히 뛰어간다. 규모가 어느 정도 되는지는 모르겠으나 갈대가 우거지고 물안개가 피어오르는 호수와 그 주변으로 오래된 나무들이 무성한 숲 속의 한적한 흙길을 따라 20여 분은 달린 것 같다. 조금 쌀쌀한 날씨인 까닭도 있겠지만 정말 공해가 없는 맑고 깨끗하고 싱그러운 아침 조깅을 아내와 함께 처음 달려 보는 상쾌한 아침이었다. 호텔에 돌아오니 07시이므로 대략 7킬로미터 정도를 달린 것 같다. 객실에 올라갈까 하다 방향을 바꿔 07시 10분에 호텔 식당으로 향하니 종업원이 입구에서 식권을 요구하므로 두 장을 주고 들어가니 벌써 많은 분들이 식사를 하고 있다. 아침메뉴는 주스, 빵, 베이컨, 과일, 커피, 요구르트, 계란요리, 소시지 등으로 꾸며진 뷔페식이다. 베이컨이 조금 짜서 먹기에 부담스러웠지만 다른 음식은 모두 입맛에 맞았으며 식사 후에는 1$의 Tip을 식탁 위에 놓고 07시 40분에 식당을 나온다.

07시 40분에 객실로 돌아가 샤워를 하고 짐정리를 하고 나니 08시 20분이다. 2$의 팁을 침대 위에 놓고 객실을 나오면서 키를 찾으니 보이지 않는다. 10여 분을 찾다가 아내의 휴대용 가방에서 발견을 했는데 땀을 좀 흘렸다. 08시 40분에 호텔을 출발하여 09시 10분에 보스턴마라톤대회 기념품 배부장소에 도착하였다. 이곳은 'John B.Hynes Veterans Memorial Convention Center'라는 곳인데 보스턴마라톤대회에 맞추어 John Hancock Sports & Fitness Expo가 개최된다. 배 번호를 받고 기념품 교환 장소에 들러 긴팔 T를 받은 후 Expo장 이곳저곳을 돌아다니며 간단한 쇼핑도 하고 기념사진도 촬영한다. 세계 각 나라에서 참가한 사람들이 얼마나 많은지 부딪쳐서 제대로 다닐 수가 없다. 앞 사람이 가는 대로 뒤따라 물 흐르듯이 휩쓸려 갈 뿐이다. Adidas, Nike를 비롯하여 듣도 보도 못한 수많은 물품은 모두 스포츠용품(특히 마라톤)인데 30~50% 할인된 가격이라고 하며 싸게 느껴진다. 버스 출발 시간에 맞추어 10시 50분에 밖으로 나와 엑스포장 주변의 보스턴 시가지 구경을 하고 버스에 오른다. 우리와 같은 버스를 이용하는 일행 한 분이 출발 시간을 제대로 알지 못하였는지 결국 40분을 기다리다 점심식사 장소로 이동을 하였는데 미국에서의 공식적인 첫날 일정에서 많은 분들이 기분을 상하였다.

11시 40분에 액스포장을 출발 12시 10분에 오찬장인 Watertown 내의 Old country buffet에 도착을 하였는데 허름하고 수리 중인 단층 건물의 출입구를 지나 식당에 들어가니 수백여 명이 동시에 활용할 수 있는 규모로서 손님이 가득하다. 미국 전통뷔페라고 하는데 음식의 종류가 100여 종은 됨 직한데 메뉴 고르는 안목이 없는 탓인지 맛을 느끼지 못하였으며 Tip을 식탁에 놓고 나오니 12시 50분이다. 12시 55분에 버스에 탑승 New blance 매장에 도착하니 13시 10분이다. 스포츠용품 전문 매장으로서 14시 10분까지 쇼핑을 하였으며 아내는 운동화 1켤레를 산다. 14시 25분에 매장을 출발 15시 45분에 Plymoth park에 도착한다. 이곳은 영국의 청교도가 신대륙을 찾아 나섰던 May Flower호가 도착한 곳이라고 한다. 공원과 메이플라워 2호, 요트선착장 등이 설치되어 있는데 그리 넓지도 않은 면적에 많은 돈을 들이지 않고 조성한 듯이 보인다. 나무와 돌 등을 이용한 편의시설이 견고하고 자연친화적이며 인도와 도로에는 경계석이 없고 별도의 주차장이 설치되어 있지 않은 것이 특별해 보였다. 마침 공원 안에서는 한 쌍이 결혼식을 올리고 있었는데 축하객은 10여 명, 소품은 풍선 몇 개와 꽃다발 정도로 기억된다. 우리 부부를 비롯하여 일행도 주변에서 결혼식을 구경하다가 축하의 박수를 보내 주었다. 16시 50분에 공원을 출발 만찬장소인 교포식당 '우촌집'에 도착하니 18시다. 우리 부부 등 4명은 순두부백반을 주문하였으며 김치, 미역초장무침, 콩나물, 감자조림 등의 반찬과 함께 나왔는데 모두의 입맛에 흡족하지 못하였다. 어떻게 미국에서 먹는 순두부백반의 맛이 한국과 같기를 바랐을까? 우리들의 기대가 너무 컸지 교포사장님의 잘못은 아니었으리라고 마음을 풀어 본다. 18시 50분에 식당을 출발 찰스 강과 MIT대를 지나 숙소에 도착하니 19시 20분이다. 잠깐 쉬다가 20시부터 호텔 내의 세미나실에서 개최되는 마라톤설명회에 참석하여 보스턴마라톤대회에 대한 상식과 코스, 출발 대기 장소에서 출발지로의 이동 방법, 주로에서의 준수사항, 골인 지점에서의 회합방법 등을 듣고 나니 21시 20분인데 6~70명 입장 가능한 회의장에 100여 명 이상은 참석을 하였다. 21시 20분에 객실로 돌아와 씻으면서 간단한 양말과 속옷 등은 세탁을 해서 다시 건조를 시킨다. 22시부터 24시 30분까지는 소주를 가볍게 마시며 일과를 정리하고 준비해 간 책을 읽다가 보스턴에서의 이틀 밤을 보낸다.

숙소 주변에서 아침운동 하며   보스턴마라톤 **EXPO** 행사장

플리머스공원의 메이플라워 **2**호 앞

  04시 30분에 기상을 해서 06시까지 맨손체조를 하고 TV를 보다가 독서를 한다. 아내가 일어나자 06시 10분부터 어제 아침에 조깅했던 코스에서 다시 아침운동을 하기로 하고 호텔을 나간다. 조금 뛰어가니 한 명씩 또는 부부단위로 그리고 단체로 운동하는 일행들의 모습이 많이 보인다. 비좁은 비행기에서의 오랜 시간과 전날 하루 동안을 같이 보냈으므로 마주치는 사람들과 반갑게 인사를 나누며 운동을 마치고 돌아오니 07시다. 07시 20분에 호텔식당에 가서 전날과 같은 메뉴로 식사를 하는데 어제는 보이지 않던

우유가 보이므로 우유를 따로 주문해서 같이 마시니 주스보다는 한결 낫다. 07시 50분에 숙소에 돌아와 하루 동안 지낼 짐을 챙겨 08시 25분에 버스에 탑승을 한다. 08시 45분에 호텔을 출발 마라톤 출발 지점인 Hopkinton의 보스턴 한인장로교회에 도착하니 09시 35분이다. 버스에는 교회를 개척하시고 LA에 거주하신다는 장로님 한 분이 탑승을 하셨는데 풀코스를 50여 번 이상, 세계 40여 개국 이상의 마라톤에 참가를 하셨다고 한다. 이분은 차 안에서 ① 한국 참가자 3명이 골인 지점의 응급센터 침대에서 잠깐 쉬려고 호흡이 가쁘다는 얘기를 했다가 병원으로 실려가 다음 날 힘들게 퇴원했던 일 ② 뛰다가 쥐가 날 것에 대비해서 핀을 지참한 한국 참가자가 실수로 미국 여성 참가자를 가볍게 찔렀다가 폭행으로 간주되어 고생한 일 ③ 잘 알지도 못하는 한국 교포를 믿고 짐을 맡겼다가 분실했던 일 등의 에피소드를 알려 주면서 꼭 주의하라는 당부도 곁들였다. 09시 40분부터 10시 10분까지는 홉킨턴 주변을 돌며 지형도 익히고 기념 촬영도 하고 쇼핑을 하였다. 홉킨턴은 인가도 별로 없는 한적한 시골마을과 같은 곳이었는데 미국 독립전쟁 당시 보스턴 시내를 향하여 독립군이 진격을 출발한 곳이라고 하였다. 우리 부부는 쇼핑의 유혹을 참았는데 그 많은 일행들이 한곳에 몰려 몽땅 떨이를 하는 바람에 노점상이 어이없어 하는 재미있는 광경도 보았다. 10시 10분부터 12시 15분까지는 내일 달리게 될 코스를 35킬로미터 정도 사전 답사하였다. 주로는 대체로 2차선 도로였는데 도로변은 한가롭고 전원적인 풍경이었다. 3층 이상의 가옥은 거의 보이지 않았는데 각 가정에는 잔디 정원이 가꾸어져 있고 집 주변과 도로변에는 키가 큰 수목들이 울창하였다. 응원이 너무 유별나다는 웨슬리 여대를 지나 세계마라톤의 신화적인 존재인 존 켈리 동상 앞에서는 기념 촬영도 했고 상심 (심장 파열)의 언덕도 들러 보았다.

12시 25분에 교포가 운영하는 '신라일식'에 도착하여 누드김밥, 튀김류, 야채샐러드, 잡채, 밥과 김치로 식사를 마치고 12시 45분에 식당을 나선다. 12시 50분부터 14시까지는 Havard Square(하버드 거리)와 하버드대학교를 관광하였다. 하버드대학교는 1636년에 설립된 미국 최초의 대학으로서 원래의 이름은 케임브리지 칼리지인데 존 하버드 목사가 재산을 기탁한 후 그의 이름을 빌려 하버드대학이 되었다고 한다. 1,500㎢의 드넓은 부지에 400여 개 이상의 건물로 구성되어 있으며 구내에 Town이 조성되어 있다. 여기저기 돌아다니며 하버드 동상과 도서관, 일본 소니사에서 기증했다고 하는 건물 앞 등에서 기념 촬영을 많이 하였다. 하버드재단은 62억 달러 이상의 자산을 보유하고 있는 미국 내 가장 부유한 대학교이며 5명의 대통령과 33명의 노벨상 수상자를 배출하였다고 한다. 14시 18분에 출발해서 14시 30분에 MIT공대에 도착하였고 14시 55분까지 본관 건물을 구경하였다. 건물 내의 해양 관련 전시실에는 세계의 유명한 선박들과 함께 거북선 모형이 전시되고 있었는데 뿌듯한 기분이 들었다. 가이드의 안내를 받아 건물 안의 어느 곳에 도착하니 대학교에 3천만 불 이상 기증한 부부들의 사진이 있는데 12개의 사진 중에는 전 대우그룹 김우중 씨 부부와 의사로 추측된다는 한국인 부부의 모습이 보였다. 15시에는 보스턴시청 앞의 Quincy Market과 South Market에 들렀는데 미국 최초의 재래시장이라고 한다. 아내가 커피 맛을 보고 싶다고 해서 1잔을 샀는데 300밀리리터 정도의 큰 컵에 1.75$인데 생수 값보다 오히려 더 싸게 느껴진다. 이곳저곳을 구경하며 Eye쇼핑을 하다가 속이 불편해서 과자를 파는 노점상 아저씨에게 서툰 영어회화 실력으로 화장실을 물어보니 뜻이 통하였던지 알려 주는 곳을 찾아 들어가 볼일을 보고 나니 살 것만 같다. 버스가 주차해 있는 곳으로 가니 일행 중 연세 많은 어른께서 복통을 호소해서 앰뷸런스를 긴급하게 불러 병원으로 가셨다고 한다. 모두가 별 탈 없기만을 기다렸는데 다음 날 무사히 완주하셨다는 소식을 듣고 안도하는 모습이었다. 16시 50에 만찬장소로 이동을 하였는데 첫날 식사를 했던 아리랑뷔페 식당이었고 18시 05분까지 식사를 마쳤다. 18시 40분에 호텔에 도착함으로써 셋째 날의 공식 일정이 마무리되었으며 19시부터 01시까지는 샤워 및 짐 정리, 마라톤대회 참가준비 및 일과 점검, 아내와 간단히 소주 한잔하며 대화를 나누었다.

보스턴마라톤 출발지(홉킨턴)

하버드 동상 앞

MIT 공대 내 조각작품

1. 보스턴마라톤에 관한 상식

① 1897. 4. 19.에 최초로 개최되어 15명의 선수가 완주하였으며 1969년 이래 매년 4월의 세 번째 월요일에 개최되는데 매사추세츠 주와 메인 주에서 인정하는 '애국자의 날'로서 주에서 지정한 공휴일이다.

② 코스는 전원지역인 홉킨턴에서 출발하여 보스턴 시가지로 반환점 없이 이어지며 국제육상경기연맹과 미국육상경기연맹의 규정에 따라 공인된 코스로서 1897년 마라톤대회 개최 이후 한 번도 바뀌지 않았다.

③ 구호는 Mile 기준으로 총 24개소의 급수대와 26개소의 응급구호센터가 설치되어 있으며 보스턴 메디컬센터에서 의료를 책임

지고 운영한다.

④ 기념품은 파스타 파티 입장권과 안내 책자, 열쇠고리, 기념 티셔츠를 제공받고 완주 후에는 칩을 반납하면 완주 메달을 지급한다.

⑤ 시간 확인은 챔피언 칩의 컴퓨터 기록측정 시스템을 이용하고 있으며 각 마일과 5킬로미터 지점마다 설치되어 있는 디지털시계가 경과시간을 알려 준다.

⑥ 보스턴마라톤대회에 참가한 최연장자는 조니 켈리로서 84세(1992년)에 완주하였고, 61회 참가하여 58회 완주하였으며 1935년과 1945년에는 우승함으로써 '세기의 러너'로 선정되기도 하였다.

⑦ 우리나라 선수로서는 1947년에 서윤복이 세계 신기록으로 1위(2:25:39)를 하였고 1950년에는 함기용이 1위(2:32:39), 송길윤이 2위, 최윤칠이 3위를 하였으며 2001년에는 이봉주 선수가 우승(2:09:43)을 하였다.

2. 기상에서부터 출발 장소까지

역사적인 4월 21일 04시 30분에 일어나 5시 20분까지 간단한 맨손체조로 몸을 풀고 대회 참가에 필요한 물품을 점검한 후 여행춘추에서 특별식으로 준비한 찹쌀밥 도시락과 컵라면, 사과와 바나나를 수령한 후 호텔방으로 돌아와 아내와 같이 아침식사를 한다. 메뉴는 대회 당일 아침에 호텔식(빵, 주스, 우유, 베이컨, 소시지,

과일, 계란요리)으로 하면 달리는 데 지장이 있으므로 선수들에게 최상의 컨디션을 유지시켜 주기 위해 풀코스를 60여 회 이상 완주하신 정동창 대표님께서의 세심하게 배려를 하셨다고 한다. 그런데 이날 정동창 사장님께서는 달릴 계획이 없다고 했다. 호텔식도 먹을 만한데 각별하게 배려해 주는 것이 무척 고맙게 느껴졌고 미국의 호텔에서 새벽에 맛보는 색다른 형태의 찰밥과 컵라면을 매우 맛있게 먹었다.

07시 10분에 버스 3대에 나누어 타고 호텔을 출발 8시 10분에 스타트 라인 주변의 홉킨턴 학교 운동장에 도착하였다. 아직은 이른 시간임에도 불구하고 엄청나게 많은 선수들이 운동장을 가득 메우고 있었으며 주변의 건물 처마 밑에는 먼 거리에서 왔음 직한 수십 명의 선수들이 추위에 웅크린 모습으로 앉아 있거나 누워 있다. 1호 차의 우리 일행은 조금 일찍 도착한 까닭에 주차장에서 기념 촬영을 하면서 다른 차의 선수들을 기다렸다. 모두 도착하자 잔디구장으로 이동을 하였는데 운동장에는 수천 명을 수용할 수 있는 대형 천막 2동이 설치되어 있었으며 천막 안팎으로는 입추의 여지가 없을 정도로 많은 선수들이 밝고 환하며 자유스러운 모습으로 대기를 하고 있다. 천막 안에서는 비교적 나이가 많은 자원봉사자들이 밝고 친절한 모습으로 따뜻한 커피와 간식용 밀빵을 원하는 만큼 양껏 나누어 주고 있다. 천막 밖에는 많은 쓰레기통이 설치되어 있는데 자원봉사자 1인당 대형 쓰레기통 1개씩을 맡아서 쓰레기를 수거하고 있으며 그 넓은 잔디운동장에는 버려진 쓰레기가 하나도 없다. 치밀한 준비와 수준 높은 질서의식이 부럽게 느껴진다. 우리는 이곳에서 9시 10분까지 참가 선수단 전체, 전국 각지에서 참가한 지역별·클럽별, 가족별·개인별로 기념 촬영을 하였다. 나와 아내도 천막에 들어가 커피를 한 잔씩 받았는데 300밀리리터 정도의 엄청나게 큰 컵이었으며 5개나 받은 달지 않은 밀빵은 무척 맛있었다.

09시 10분에 아내와 작별인사(?)를 하고 출발지를 향해 가는데 정확한 장소를 모르지만 선수들이 움직이는 대로 따라가면 될 것 같아 걱정은 없다. 학교 옆의 도로에는 스쿨버스 수십 대가 선수들의 짐을 보관하기 위하여 도열하고 있는데 1대당 500번 단위의 참가번호를 기준으로 구분되어 있었으며 나는 9554번(전체 참가자 중 기록순위)에 해당하는 차량을 찾아 물품을 맡겼다. 출발 장소로 향하는 1~2킬로미터 정도의 도로는 10시에 출발하는 BLUE그룹(1~13,999위) 소속 선수들의 물결로 가득하였는데 세계의 모든 인종들이 각양각색의 복장을 하고 있었으며 나도 그들과 함께 천천히 걸어갔다. 모든 선수들의 표정은 너무 밝았는데 달리는 것 자체를 즐기고 사랑하는 사람들의 모습 같아 웃음이 절로 나온다. 한참을 걷다가 간이화장실에 들러 소변을 보았는데 남녀의 구분이 없이 같은 화장실을 이용하는 모습이 국내대회와는 달랐고 화장실 내부에는 소변기 1개와 양변기(좌변기가 아님) 1개가 설치되어 있었다. 앞 이용자는 뒷사람이 문을 이어 잡을 때까지 미소를 지으며 손을 놓지 않았고 문을 이어받는 사람은 'Thank you!'라는 인사를 모두 하는 것이었으며 나도 조금은 어색하지만 따라서 해 보았다. 선수들의 통행이 비교적 적은 도로 위의 공간을 확보하고는 10여 분간의 맨손체조와 스트레칭으로 몸을 풀었다. 9시 50분경에 출발지의 9번 그룹(1,000명 단위 엄격 구분)에 합류했는데 2차선 도로인 까닭에 선수들의 행렬이 엄청나게 길어 내 뒤로도 500미터 이상은 됨 직하다. 선수들과 선수보다 더 많아 보이는 관중들 사이에는 이동식 펜스를 설치하여 선수들이 달리는 데 지장이 없도록 배려를 하고 있었다. 출발 대기선의 비좁은 공간에서 몸을 이리저리 움직이면서 옆 사람과 서툰 영어로 인사를 나누었으며 가지고 간 카메라로 사진 촬영을 요청하니 흔쾌히 찍어 준다. 오늘의 복장은 아식스 운동화에 약간 두툼한 흰 양말, 하의는 반타이즈, 상의는 대회 기념 긴팔 티셔츠 위에 태극마크를 붙인 동해마라톤 유니폼, 태극마크를 붙인 흰색 모자와 선글라스, MP3를 목에 걸고 헤드셋 착용, 손목 아대와 카메라만 넣을 수 있는 허리쌕 등이다.

출발지 주변 대기 장소

대기 장소의 대형천막

Start line의 선수들

3. 마라톤대회 참가 및 완주

10시 정각에 축포소리와 함께 출발을 한다. 오늘의 완주작전인 '① 천천히 쉬지 않고 달리되 즐기며 완주한다. ② 보폭은 짧게 한다. ③ 발바닥은 지면에서 최대한 낮게 띄운다. ④ 절대 무리한 레이스를 하지 않는다.'를 몇 번 다짐해 본다. 앞 부근의 많은 인파 때문에 한동안은 미동도 하지 않다가 서서히 움직이기 시작한다. 대기 장소는 약한 내리막 지역이었는데 출발 장소는 한인장로교회가 도로변에 건립되어 있는 언덕의 정상으로서 내리막 주로가 계속 이어지고 있었다. 천천히 걸으면서 스타트 라인을 박차고 나가는 선수들의 뒷모습을 한 장 찍고는 매트를 힘껏 딛고 서서히 달려 나간다. 출발지 주변의 광장에는 수천 명의 관중들이 운집해 있었고, 주로의 양옆에도 응원(환영) 인파의 모습이 계속 이어지고 있었는데 코스 전 구간의 도로변에서 시민들이 환호한다는 우리 클럽 소속의 보스턴마라톤대회 참가자인 최정희 선배님의 말씀이 실감이 났다.

내리막인 까닭인지 아니면 세계에서 모여든 잘 달리는 선수들인지 상당히 빠른 속도로 뛰어가지만 나는 빨리 달리고 싶은 유혹을 뿌리치면서 가급적 천천히 달려 나간다. 한국에서와 같이 보스턴의 주로 변에서 마구 볼일(?)을 보면 상당한 벌금을 내야 한다는 안내를 가이드와 전년도 참가자로부터 들었는데 출발지에서 얼마 멀지 않은 거리임에도 불구하고 노변 방뇨를 하는 선수들의 모습이 벌써부터 보인다.

　노변 방뇨는 우리나라뿐만 아니라 어느 나라의 대회이건 차이가 없는 모양이다. 주로 변에 끈처럼 길게 늘어서서 손을 흔들며 환호하는 시민들은 음료수, 여러 종류의 과일, 휴지, 과자 등을 손에 든 채 선수들에게 내밀고 있었고 어린이를 비롯하여 많은 남녀노소가 손바닥을 마주치기 위해 손바닥을 펴서 내밀고 있었다. 처음에는 다소 어색하여 손바닥을 마주치기가 쑥스러웠으나 많은 외국 선수들이 자연스럽게 마주치는 것을 자주 보게 되자 나도 따라 했다. 국내의 여러 대회에 참가하면서 전혀 보지도 느껴 보지도 못한 감동과 희열이 가슴속을 울렁거리게 하였고 많은 선수들과 손뼉을 마주치는 시민들도 아주 기뻐하는 것 같다. 1마일 정도를 달려 나가자 급수대가 보이는데 상당한 거리를 두고 도로변의 양쪽으로 길게 늘어서서 생수와 이온음료수를 나누어 주고 있다. 국내의 어느 대회이고 할 것 없이 페이스메이커가 있는데 보이지 않았으며 구급차량의 모습도 보이지 않는 것이 조금은 색다르게 느껴졌다.

　거리는 마일과 킬로미터 단위로 표시되어 있고 마일 단위로 급수가 제공되고 있다. 주로 변의 시민들은 하나같이 즐겁고 기쁜 모습이었는데 선수들이 열심히 뛰는 모습 그 자체를 즐기는 것 같다. 나로서는 도무지 이해하기 어려운 새로운 광경들이 계속 이어지고 있었다. 비교적 넓은 공터에서는 시민들이 모여서 음악을 연주하는가 하면 의자를 내놓고 일광욕을 즐기며 손을 흔들어 주기도 하고 노인복지시설 앞에서는 수십 명의 노인들이 케어들의 도움을 받으면서 의자에 앉아 계시는 모습도 보였는데 그들의 방향은 모두 선수들을 향하고 있다. 나는 뛰면서 조금 색다른 모습이 보이면 잠시 멈춰 서서 연이어 카메라의 셔터를 눌렀는데 1시간 정도 달리다 이름을 부르는 소리에 뒤돌아보니 울산마라톤클럽의 두 분이 사진을 찍어 달라고 하므로 부지런히 앞으로 달려 나가서 한 장 찍어 주고 나도 촬영해 줄 것을 부탁한다. 뜸하게 주택이 보이지 않는 외진 곳을 제외하고는 시민들의 모습이 끊어짐 없이 계속 이어지고 있었으며 손바닥을 마주치기 위해 손을 내밀고 있는 사람들의 모습만 보이면 거의 빠짐없이 손뼉을 마주쳤다. 얼마나 즐겁고 흥이 났던지 10킬로미터 정도를 달릴 때까지 전혀 힘들다는 것을 느끼지 못하였다. 1시간 50분 정도 달리다 보니 오리 복장을 한 시민이 주로에서 열심히 응원을 하고 있으므로 같이 촬영을 하자고 하니 기쁘게 응하여 주므로 옆 사람에게 부탁하여 한 컷을 찍었다. 2분 정도를 더 뛰어가니 20여 명의 한국 교포가 북을 두드리고 태극기를 흔들며 얼마나 열심히 응원을 하는지 너무 기쁘고 가슴에서 울컥하며 뜨거운 것이 올라와 눈물이 쏟아질 정도의 감동이 밀려온다. 더 함께하고 싶은 마음은 많았지만 아직은 갈 길이 멀기 때문에 악수와 포옹을 한 후 기념 촬영을 하고 아쉬운 마음을 뒤로하면서 다시 달려 나간다. 20킬로미터 지점이 표시된 곳을 지나자 먼 곳으로부터 열렬히 환호하는 여성들의 목소리가 들리는데 웨슬리 여대생들일 거라는 생각을 하게 된다. 보스턴 마라톤은 112회의 오랜 역사와 전 시민적인 훌륭한 축제로서도 유명하지만 웨슬리 여대생들의 유별난 응원은 빼놓을 수 없다는 얘기를 누누이 들었기 때문에 과연 어떤 모습인지 기대가 컸으며 함성 소리가 들리는 곳으로 가까이 다가갈수록 궁금증은 더해 갔다. 아니나 다를까 웨슬리 대학 캠퍼스를 지나는 주로 변의 수백 미터에는 펜스가 설치되어 있는데 이는 여대생들의 응원이 너무 열렬해서 주로로 뛰쳐나와 Kiss 세례를 하는 등 달리기를 방해하기 때문이란다. 예쁘고 발랄한 세계 유수의 여자대학교 학생들의 뜨거운 응원을 받으니 내가 마치 마라톤의 영웅이라도 된 듯한 기분이 들며 손을 내민 모든 여대생들과 손뼉을 맞추며 달리기를 즐긴다. 조금 더 가니 교포 여학생들이 피켓을 들고 '코리아 파이팅!, 동해 파이팅!'을 외치므로 다가가서 악수를 하였는데 한 학생이 자기 볼에 Kiss를 해 달라고 해서 뽀뽀를 하고는 같이 사진을 찍었다. 웨슬리 여자대학교는 힐러리 클린턴 미국 대통령 후보자와 정몽준 국회의원의 부인이 졸업한 학교라고 하는데 주로에서 만난 한국 출신 여학생들도 40~50여 명은 되는 것 같다. 주택이 전혀 없는 곳의 주로에도 환영 인파들은 계속 이어지고 있었는데 피니쉬라인을 향해서 갈수록 그 숫자는 늘어났으며 응원의 열기는 그 강도를 더해 간다.

그리 더운 날씨는 아니지만 햇볕이 따갑게 내리쬐고 있기 때문에 땀이 계속 나므로 2~3마일마다 수분을 조금씩 섭취하였고, 하프 지점을 지날 때는 어린이의 손에 들려 있는 포도송이를 받아먹으면서 뛰다가 지나가는 한국 선수 한 명에게도 나누어 주었다. 시민들의 환영 열기에 흠뻑 빠져 놓쳤던 것 같은데 25킬로미터 지점의 주로 변에는 응급의료센터와 간이화장실이 설치되어 있다. 4월 20일의 사전 주로 답사 시 가이드의 설명에 따르면 26개소의 응급의료센터에 800여 명의 의료 인력이 배치되어 있기 때문에 구급차량의 운행이 불필요하고 대회의 성공 개최를 위해서 봉사하는 지원인력의 숫자가 무려 18,000여 명에 달하다고 하니 그저 놀라울 따름이다. 연습량이 절대적으로 부족한 결과이기도 하지만 연일 계속된 술과 시차 적응에 따른 수면 부족 등으로 이제는 발과 허리에 무리가 온다. 장딴지와 허벅지가 뻑적지근하고 허리의 통증이 상당하기 때문에 급수대에서 조금 앉고도 싶고 걸어가고도 싶지만 전후좌우로 살펴보니 남녀노소 할 것 없이 모두 잘 달리기만 한다. 유니폼 앞뒤에 붙인 태극마크와 한글을 떠올리니 달리는 선수들과 환호하고 응원하는 인파들에게 창피한 마음이 들어 걸어갈 수는 도저히 없기 때문에 사진을 찍는 척, 화장실에 가는 척하며 조금씩 휴식을 취한다. 주택이 몇 채만 있는 곳과 작은 마을로 이루어진 곳, 조그만 상권이 형성된 곳과 좀 더 도시다운 곳, 여러 곳의 오르막과 내리막, 2차선 도로와 4차선 도로를 거치면서 목적지를 향해 발바닥과 발목, 무릎과 엉덩뼈에 최대한의 부담을 줄이는 주법(?)으로 한 걸음 한 걸음씩 옮겨 나간다.

이제는 '세기의 러너'로서 마라톤코스 중에 '상심(심장파열)의 언덕'이라는 용어를 만들어 낸 조니 켈리(Johney Kelley)의 동상 옆을 지나간다. 동상은 언덕이 시작되는 곳(32킬로미터)에서 그리 멀지 않은 곳에 설치되어 있고 전날 코스 답사 시에는 기념 촬영을 했던 곳이다. 언덕이 그리 가파르지는 않지만 완만하게 계속 이어지고 있었고 모두는 쉬지 않고 자신과의 싸움을 벌이면서 언덕을 오르고 있다. 바로 앞에서 의족을 한 여자 선수가 힘겹게 달려가고 있는 모습을 보니 나 자신에 대한 회의가 순간 들면서 힘을 내어 끝까지 쉬지 않고 달려야겠다는 마음을 굳게 다짐하였고, 응원하는 여성에게 부탁을 해서 기념 촬영을 부탁했더니 포즈를 취하게 한 후 두 컷의 사진을 찍어 준다. 이 언덕의 이름이 너무 심하고 자주 들었기 때문에 긴장을 한 탓이겠지만 막상 부딪쳐 달려 보니 생각보다 그리 힘이 들지는 않고 긴 오르막이 있으면 긴 내리막이 또 있게 마련 아닌가 하는 마음속의 여유도 한번 부려본다. 언덕의 정상 부근에서 뒤를 돌아보니 선수들의 행렬이 끝이 보이지 않는데 내 뒤로도 상당히 많은 사람들이 있다는 생각에 안도의 한숨이 나오며 사진을 한 장 찍고는 다시 달린다. 조금 더 달려가니 환호하는 시민들 사이로 SK 직원과 가족인 듯한 분들이 태극기와 회사 깃발을 들고 '코리아, 동해 파이팅'을 외쳐 주므로 반갑고 고마운 마음에 악수를 하고는 기념사진을 한 장 찍는다. 내리막으로 들어서니 주로가 4차로로 넓어지고 여러 겹으로 늘어서서 환호하는 시민들은 정신을 쏙 빼놓을 지경인데 수많은 어린이와 어른들이 손을 내밀고 있는데 선수들에게 주고자 하는 여러 종류의 음식과 화장지 등을 쥐고 있거나 손바닥을 벌리고 손뼉을 마주치자는 것이다. 얼마나 많은 사람들과 손바닥을 마주쳤는지 손바닥이 아플 정도를 넘어서 이제는 그만했으면 좋겠다는 생각이 들 정도였으나 어린이들과는 계속 마주쳤고 어른들과도 드문드문 마주치는 행동을 계속하였다. 대략 37킬로미터 지점부터 멀리 빌딩들이 많이 보이는 것으로 보아 시가지로 들어서는 것 같았는데 도로의 한편 또는 양편으로 인도나 공터가 있는 곳에는 어김없이 시민들이 손을 흔들고 함성을 지른다. 어떤 구간에서는 도로변의 좌측에 철도가 있었는데 기차 승객들이 차에서 모두 내려 응원을 하고 있는지 역이 아닌 곳의 철도 중간에 멈추어 서 있는 것이 보였다. 40킬로미터 지점을 통과할 때 오른쪽에서 동해를 외치는 소리가 또 들리는데 20여 명의 교포 대학생들로 보이는 청년들이 열렬히 응원을 하고 있으므로 반가운 마음에 또 다가가 악수를 하고는 기념 촬영을 하였다. 출발부터 이때까지 주로에서 응원을 하는 우리 교포들을 2~3백여 명은 보았을 것으로 짐작된다. 또한 가슴과 모자에 붙인 조그만 태극마크를 보고 '코리아!' '코리아 파이팅!' '코리아 고(go)!'를 외쳐 준 보스턴 시민들도 천여 명은 넘을 것으로 생각된다. 많지 않은 18번의 완주기록이지만 마지막 오르막인 듯한 지점에서조차 걷는 선수들의 모습은 한 명도 보이지 않는데 이런 모습은 처음이었으며 그저 놀라울 뿐이었다. 모든 코스를 천천히 달렸고, 골인 지점은 불과 얼마 남지 않았으며 시민들의 환호소리는 더욱 커지므로 힘이 들기보다는 오히려 힘이 샘솟는다. 1킬로미터를 앞둔 오르막의 정상에서 사진을 한 장 찍고는 커브를 돌아서니 저 멀리 골인 지점이 보인다. 모든 선수들은 처음 출발할 때의 속도로 전력질주를 하는 것 같아 나도 최대한의 속력을 내어 본다. 지금 생각해 보니 아마도 여기서부터 골인 지점까지 수백 명은 추월했을 것 같으며 주로의 왼편으로 달렸는데 태극마크를 알아보고 코리아를 외치는 시민들과는 손뼉을 마주쳤다. 골인 지점의 아취 10여 미터 전방에 설치된 포토라인에서 멋지게 완주 폼을 잡는다고 하긴 했는데 사진은 아직까지도 보지 못하였다. 미국 현지 시각 14시 26분경에 골인 지점의 매트를 힘차게 밟음으로써 6년간 꿈꿔 왔고 3년간 준비한 19번째 풀코스인 보스턴마라톤대회는 마무리되었다.

주로에서 웨슬리 여대 교포학생과

심장파열의 언덕을 오르며

응원 나온 교포 유학생들과

4. 골인 이후 완주파티까지

골인 지점을 통과한 완주자들이 8차선 도로를 따라 계속 이동하고 있는데 100여 미터를 지나니 자원봉사자들이 생수를 공급하고 있으므로 한 통을 받아 마셨고 조금 더 가니 스포츠음료를 나누어 주므로 한 컵을 받아 또 마신다. 이어서 일정한 간격으로 바나나, 빵과 열쇠고리 등이 들어 있는 간식봉투를 나누어 주므로 각각 받고 나니 이번에는 칩을 반납하는 장소이므로 내 딴에는 서두른다고 수많은 인파 속에서 쭈그리고 앉아서 칩을 풀어 반납하니 완주 메달을 준다. 뒤늦게 한국 참가단의 얘기를 들어 보니 자원봉사자들이 선수들의 편의를 고려하여 칩을 풀어 주는 서비스도 제공했다고 한다. 몇 발자국을 더 가니 모든 완주자들이 은빛의 망토를 입고 가고 있으며 한 아름다운 할머니께서 나에게도 둘러 주신다. 이때가 오후 2시 50분경쯤인데 보스턴의 해양성 기운이 차갑다는 것을 느낄 때였고 그 비닐 망토를 입혀 주신 배려의 마음은 향후 2시간 내내 이어졌으며 그 섬세(?)하고 사려 깊은 준비에 그저 고마울 뿐이었다. 이 와중에서도 가지고 간 카메라 티를 내느라 기념사진 촬영을 요청하였으니 너무 심한 것이었을까? 한참을 더 가니 높은 망루 위에 앉아 있는 여성 분들께서 배 번호를 보고는 어느 쪽으로 가라고 방향을 알려 주는데 나는 오른쪽이다. 약속한 바에 따라 우리 일행을 책임지고 있는 '여행춘추'의 깃발을 찾아보니 멀리서 보이는데 최하 골인 지점부터 500여 미터 정도는 떨어져 있지 않았을까 한다. 망루 지점의 왼쪽에 마련되어 있는 수많은 화장실을 지나 오른쪽으로 방향을 바꾸니 여행춘추의 이창재 부장님께서 바로 알아보고 완주 기념 촬영을 하자고 하므로 비슷한 시간대에 들어온 선생님과 한 판을 박는다. 조금 더 가니 물품 보관 차량이 즐비하게 서 있으므로 내 번호에 맞는 곳에서 물건을 찾아 옷을 입고 약속한 곳의 관광버스를 찾아가니 이미 도착하신 분들께서는 반갑게 맞아 주고 버스 안에 있던 아내도 바로 내려와 왜 이리 늦었냐고 원망(?)을 하며 장미꽃 한 송이를 주면서 완주를 축하해 준다. 이때가 15시경인데 내가 마라톤을 시작한 이후로 아내에게 받아 본 첫 완주 축하행사(?)로서 정말 기분 좋은 순간이었다. 화장실을 가고 싶었기 때문에 가이드의 안내를 받아 화장실을 찾아갔더니 빌딩 숲 속에 얼마나 가지런히 간이화장실이 설치되어 있는지 기분 좋게 볼일을 맘껏(?) 보았다. 다시 버스에 돌아와 나보다 더 늦은 완주자 몇 분과 함께 40여 명이 호텔로 향하였으며 호텔 앞에서 아내와 함께 완주 기념 촬영을 하고 객실에 들어가 샤워를 했다. 17시 20분경 호텔에서 출발 17시 50분에 완주 파티 장소인 '아주문화중심센터'에 도착하였으며 19시 40분까지 친교의 시간이 이루어졌다. 정동창 '여행춘추' 대표님의 사회로 진행되었는데 130여 명의 한국 참가자가 참석한 가운데 일정 중 가장 한국적인 음식으로 모든 참석자 소개, 회갑 맞은 분 축하, 생일 맞은 분 축하 등의 순으로 간결하고 알차며 짧게 이루어졌는데 이곳에서 20여 명의 참석자와 인사를 나누었다. 참가자 소개를 통하여 알게 되었는데 공무원으로서는 나를 비롯하여 화천군청 1명, 서울특별시의 구청에서 2명 등 4명이 참가를 하였다. 소주와 맥주, 양주를 준비했는데 여러분과 권하거니 받거니 하면서 꽤 많은 양을 마셨으며 파티는 참석자들의 열화와 같은 아우성(?)에도 불구하고 정동창 대표님의 단호한 결정에 따라 19시 50분경에 끝이 났고 20시 20분경 한 명의 낙오자(?)도 없이 숙소에 무사하게 도착하였다. 다음 날 뉴욕으로 여행을 떠나는 버스 안에서 우리는 같은 호텔에서 숙박한 참가자 부부 중 남편이 부인을 폭행하여 경찰에 구속되었고 보스턴 일간신문에 크게 보도됨으로써 국제적인 나라망신과 한국 마라톤 선수들의 위상을 크게 실추시켰다는 안타까운 소식을 듣기도 했다. 뒤에 들은 바에 따르면 1천만 원의 보석금을 내고 석방되었으며 재판을 또 받아야 한다고 했다.

골인 지점 부근의 붐비는 인파

아내와 완주 기념 촬영

참가단과 함께 완주 파티

2008. 4. 22.(화) 맑음

04시 50분에 기상하여 05시 20분부터 06시 05분까지 몸풀기로 가볍게 4킬로미터 정도를 달렸다. 오늘부터는 본격적인 여행일정이다. 이틀간 묵었던 Needham Hotel을 떠나야 하므로 샤워를 하고 07시 10분까지 짐을 챙긴다. 마라톤기념품과 약간의 쇼핑을 한 탓에 짐이 줄어들기는커녕 오히려 늘었다. 07시 10분에 식당으로 가서 07시 40분까지 조찬을 하였는데 3일밖에 되지 않았지만 호텔식에도 약간은 익숙해진 느낌이다. 08시 05분에 빠트린 짐은 없는지 몇 번을 점검한 후 객실을 나와 카드키를 반납하고 버스에 오른다. 5박 6일간의 일정으로 참가한 일행은 귀국을 위해 공항으로 향하고 미국 서부팀을 여행하는 일행과도 코스가 다르므로 아쉬운 작별을 한다. 08시 45분에 다음 행선지인 뉴욕의 맨해튼을 향하여 호텔을 출발한다. 거의 다섯 시간 만인 13시 30분에 맨해튼 시가지의 한국교포가 운영하는 '우촌식당'에 도착하였다. 이곳은 2005년에 해수욕장 운영관계로 마이애미와 뉴욕 출장 시에도 오찬을 위해 한 번 들렀던 곳이라 기억이 새롭다. 상당한 규모의 식당이 었는데 빈자리가 없을 정도로 손님이 많다. 아내는 비빔밥 나는 된장찌개백반을 시켜 서로 맛을 보는데 맛이 괜찮다.

14시에 식당을 나왔고 걸어서 엠파이어스테이트빌딩에 도착하니 14시 15분이다. 곧바로 빌딩의 출입문을 통과해서 Ticket 확인→보안검색→사진촬영→1차 엘리베이터 탑승→80층(쇼핑 매장) 도착→2차 엘리베이터 탑승 후 86층의 전망대에 도착하였다. 전망대를 한 바퀴 돌면서 맨해튼 시내를 관광하며 기념사진을 촬영하였고 다시 80층까지는 걸어서 내려와 쇼핑매장을 구경하였는데 마땅히 살 물건은 없다(물건이 없는 것이 아니라 돈이 없다는 표현이 마땅하다.). 1929년도에 착공되어 2년도 채 걸리지 않아 완공된 뉴욕을 대표하는 건물로서 세계 8대 불가사의 중의 하나라고 하는데 내 상상력으로는 도대체 이해가 가지 않는다. 102층에 381미터 높이로서 연간 130만 명의 관광객이 찾는 곳이라고 한다. 15시 30분에 빌딩에서 나와 자유의 여신상을 볼 수 있는 유람선을 타기 위해 2곳의 항구를 찾아 갔는데 배가 끊겨서 갈 수가 없다고 한다. 현지 가이드가 이 궁리 저 궁리를 한 끝에 뉴욕시에서 운영하면서 스탠튼 섬을 오가는 왕복선을 이용하기로 하였다. 16시 30분부터

한 시간 동안 스탠튼 섬을 오가며 자유의 여신상과 맨해튼 시가지를 먼 거리에서 관광하였는데 여행사 측의 준비 소홀이 다소 아쉽기는 했지만 어쩔 수 없는 일이 아닌가? 그나마 억지로라도 배를 타고 본 것으로 위안을 삼는다. 17시 35분부터 18시 15분까지는 테러로 파괴되어 새로운 건물을 짓고 있는 구세계무역센터 자리, 그리니치빌리지, 워싱턴 광장을 돌아보았다.

18시 20분에 교포가 경영하는 일식집인 'Todai'에 들렀는데 얼마나 넓은 집인지 1층에서 식사를 하고 있는 사람만 해도 수백 명은 족히 됨 직하다. 이곳에서의 식사는 여행사에서 특별히 대접하는 것이라고 하였으며 1인당 45$ 라고 하는데 메뉴가 너무 다양해서 뷔페 메뉴의 반이나 맛을 보았을까? 체격도 우리보다는 훨씬 장대한데다 느긋하게 대화를 나누면서 음식 맛을 즐기는 외국인들에게는 적당하겠지만 너무나 아깝다는 생각을 하게 된다. 마주 앉은 부부 일행과 소주를 한잔할까 싶어 1병을 주문했는데 가격이 무려 2만 원이라고 한다. 비싼 까닭인지 소주 맛도 한결 낮고 양도 모자라기 때문에 한 병을 더 주문하려고 하니 그만하자고 해서 아쉽지만 포기하고 말았는데 식당의 분위기와 맛 모두 괜찮았다. 6$의 팁을 식탁 위에 놓고 19시 40분에 식당을 나오니 조금 어둡지만 내일의 일정 때문에 UN본부, 록펠러센터, 브로드웨이 등을 버스로 이동하면서 관광하였고 맨해튼 야경이 가장 잘 보이는 곳에서 기념 촬영을 하고 나니 21시다. 브로드웨이에서는 마침 도로 한복판에서 영화 촬영이 이루어지고 있기 때문에 구경을 할 수 있었고 쇼핑센터에 들러 30여 분을 쇼핑하였는데 아내는 물건이 맘에 안 드는지 가격이 비싼 탓인지 구경만 하고 만다. 21시에 버스에 탑승하여 숙박 장소인 뉴욕 외곽의 Radisson 호텔에 도착하니 22시 20분이다. 투숙절차를 마치고 객실에 들어가니 22시 30분이 었으며 다소 무리한 일정 때문에 피곤한 탓인지 씻은 후 23시도 채 되지 않아 잠이 든 것 같다.

E.S 빌딩에서 본 맨해튼 전경

스탠튼 섬 왕복 유람선상에서

브로드웨이의 영화 촬영현장 앞

2008. 4. 23.(수) 맑음

조금은 일찍 잠이 든 탓인지 눈을 뜨니 03시다. 너무 일찍 일어 났기 때문에 잠을 더 청해 보지만 마음대로 쉽게 되지를 않는다.

05시까지 비몽사몽 헤매다가 05시 20분에 호텔을 나가 06시까지 숙소 주변의 공원과 도로를 따라 8킬로미터 정도를 뛰었다. 운동을 좋아하는 사람들인 까닭인지 도중에 대여섯 명의 일행을 볼 수 있었으며 숙소에 도착하니 산책하는 사람들의 모습이 많이 보인다. 06시부터 06시 40분까지 세면을 하고 짐을 정리한 후 06시 50분에 식당에 들러 빵, 주스, 우유, 계란요리, 컵국수, 과일, 슬라이스 햄 등으로 식사를 마치고 나니 07시 15분이다. 07시 30분에 객실에 들러 짐을 챙겨 버스에 실어 놓은 뒤에 아내와 함께 호텔 주변을 산책하면서 살펴보니 주변이 너무 잘 가꾸어져 있다. 사방 어느 곳을 둘러보아도 넓게 잘 가꾸어진 잔디밭과 조경수가 보이고 차가 그리 많이 통행하지도 않는 4차선 도로 분리대의 잔디와 가로수, 호텔을 제외한 많은 건물들의 높이는 1~2층의 저층으로서 주변의 자연경관과 조화를 잘 이루고 있다. 08시 35분에 호텔을 출발 뉴저지~델러웨이~매릴랜드~볼티모어 Harber 해저터널(3.2킬로미터)을 지나 듀퐁 지역의 오찬장소에 도착하니 12시다. 교포가 경영하는 '궁전한식뷔페'에서 가장 한국적인 한식으로 식사를 했는데 가장 맛이 있었고 이곳 역시 내외국인으로 붐비고 있다.

12시 35분에 식사를 마치고 45분에 버스에 탑승하여 13시 40분에 워싱턴시의 미국 국회의사당에 도착하였다. 워싱턴지역은 지금까지 다녔던 지역 중 날씨가 가장 무더운 곳으로서 도로에는 웃통을 벗고 조깅을 즐기는 사람들의 모습도 간간이 눈에 뜨인다. 13시 40분부터 14시까지 국회의사당 건물의 외부와 공원 등을 둘러보았다. 국회의사당 안으로는 들어갈 수가 없는지 가이드가 안내조차 하지 않는다. 의사당 건물 앞의 공원은 잔디밭과 크고 작은 수목들

로 너무 잘 가꾸어져 있고 세계 각국에서 왔음 직한 관광객들의 발
길로 매우 부산스럽다. 짧은 시간에 이곳저곳을 돌아다니며 아내와
함께 사진 찍기에 참 바쁘다. 이어서 14시 15분부터 15시 20분까
지는 스미소니언 자연사박물관을 관람하였는데 세계 각국의 수많
은 관광객으로 붐벼 입장을 하는 데도 약간의 시간이 소요되었는
데 입장료는 무료다. 그 규모가 얼마나 큰지 짐작도 할 수 없었지
만 1시간 동안 보았던 곳은 전시실 3곳에 불과하였다. 15시 30분
부터 15시 50분까지는 백악관 앞의 정원에서 먼발치로 백악관을
구경하였는데 생각보다는 그 규모가 작다. 출입이 가능한 시간은
11시부터 13시까지인데 사전에 예약을 해야만 한다고 했다. 백악관
앞을 비롯하여 주변도 공원이다. 이곳 역시 수많은 나무와 꽃, 잔
디광장으로 이루어져 있고 곳곳에 마련된 벤치와 공원 이곳저곳도
관광객들로 붐비고 있다. 16시 05분부터 16시 25분까지는 제퍼슨
기념관을 관광하였고, 16시 40분부터 17시 15분까지는 알링턴국립
묘지 안에 설치되어 있는 한국전 참전 기념비와 링컨기념관을 둘
러보았는데 참전 기념비에는 이틀 전 미국을 방문한 이명박 대통
령의 리본이 달린 화환이 자리를 지키고 있었다. 한국전 참전 기념
비 앞에서는 이곳을 지키는 경찰에게 아내와 같이 사진 한 장 촬영
해 줄 것을 요청하니 미소를 띠며 흔쾌히 응해 준다. 이 모든 시설
은 백악관을 중심으로 그 주변에 건립되어 있었는데 개별 건물 단
위로도 공원이지만 상당히 큰 규모의 인공 호수를 포함하여 도시
전체가 공원인 듯한 착각에 빠지게 하였으며 아름다운 경관에 그
저 경탄할 따름이었다. 17시 15분에 관광을 마치고 버스에 탑승하
여 17시 45분에 교포가 경영하는 '한성옥'에 들러 불고기 백반으로

식사를 하였는데 제법 맛있었고 사장과 종업원은 아주 친절하다. 점심식사 후 그리 오랜 시간이 지나지 않아 시장할 시간은 아니지만 음식이 입맛에 맞아 김치와 공깃밥, 상추 등을 추가로 요청하니 듬뿍듬뿍 가져다준다. 18시 30분부터 19시까지는 식당 옆의 마트에서 술과 안주를 구입할 수 있도록 쇼핑할 시간을 준다. 아직도 가방에는 팩소주가 몇 개 남아 있기 때문에 별로 살 것은 없지만 시간도 때울 겸 구경을 하면서 혹시 소주가 있나 싶어 찾아보니 소주는 보이지 않고 캔 맥주의 가격은 우리나라보다는 조금 싸다.

19시에 버스에 탑승하여 20시 20분에 숙박 장소인 워싱턴 외곽의 Country inn and suits에 도착하여 객실을 배정받고는 짐을 푼다. 호텔 앞에는 Out let Town이 조성되어 있는데 워싱턴에 거주하는 시민이 많이 찾는 곳이며 50개 이상의 점포가 설치되어 있는데 주택과 상가가 전혀 없는 들판 한가운데 덩그렇게 매장이 조성되어 있는 것이 참 신기하다. 20시 30분부터 몇 곳을 둘러보다가 Adidas 매장에 들렀는데 물건과 가격이 아내의 마음에 들었는지 200$어치 구입을 하니 한 보따리다. 내게도 이것저것 사 준다고 하는 것을 정중히 사양하고 34$짜리 마라톤 유니폼 한 벌만을 얻어 입었는데 옷이 마음에 든다. 21시 30분에 쇼핑을 마치고 숙소로 돌아가다 보니 옆에 Friday라는 간판의 호프집 비슷한 술집이 보이므로 한잔하자고 아내를 꼬여서 데리고 갔다. 간단한 안주(식사) 한 개와 Heineken 맥주 3병을 마시고 22시 10분에 계산을 하니 18.06$인데 저렴하다는 생각이 든다. 숙소로 되돌아가니 현관 앞의 테라스에서 일행 10여 명이 둘러앉아 단합대회를 한다고 한다. 22시 20분에 일행과 어울려 23시 50분까지 이런저런 얘기를 나누며 친분을 다졌는데 술이 떨어지자 객실에 가서 남아 있던 팩소주 4병과 사과, 바나나, 마른안주 등을 몽땅 가지고 와서 짐도 줄이고 침체되어 가던 분위기를 다시 되살려 놓았다. 나는 이 자리에서 동해시에서도 동해해돋이하프마라톤대회가 3회까지 개최되었는데 올해는 전마협의 미숙한 대회 운영으로 대회 개최가 무산되었다는 것과 동해의 마라톤맨들이 조만간에 다시 되살리려고 애를 쓰고 있는데 개최되면 방문해 줄 것을 요청하였다. 이 파티는 24시에 끝이 났으며 세면 및 짐 정리, 일과를 정리 한 후 01시 20분경에 잠이 든 것 같다.

미 국회의사당

백악관

링컨기념관

04시 10분에 일어나 04시 35분부터 05시 35분까지 Out let 매장 주변을 3바퀴를 뛰었는데 대략 10킬로미터는 됨 직하다. 역시 이곳에서도 운동 좋아하시는 분을 몇 분 볼 수 있었는데 달림이들은 특별한 때와 장소를 가리지 않고 달린다는 것을 실감할 수 있었다. 05시 35분부터 06시까지 샤워 및 짐 정리하고 06시 20분부터 06시 45분까지는 호텔 식당에서 아침식사를 하였는데 거의 비슷비슷하지만 삶은 계란과 즉석 파이 구이가 나온 것이 조금은 색다랐다. 07시 05분에 호텔을 출발 펜실베이니아와 애팔레치 산맥을 넘어 삼성 코닝으로 널리 알려진 코닝 시에 도착하였다. 11시 25분에 교포가 운영하는 Chinese buffet 식당 '은은'에서 12시 10분까지 점심식사를 하고 코닝 유리박물관으로 이동하여 12시 30분부터 13시 35분까지 관람을 한다. '유리의 시작과 끝' 그야말로 유리에 관한 모든 것을 볼 수 있었으며 아내는 선물을 준비하느라 아까운 외화를 86$나 지출하고 만다.

13시 40분에 박물관을 출발 뉴욕 주, 나이아가라 강, Grand island를 지나 16시 30분에 Nigara Falls State Park(일명 염소섬) 안에 위치하고 있는 미국 쪽의 나이아가라폭포를 관광한다. 폭포는 미국과 캐나다 양 국경에 걸쳐 있는데 미국 쪽의 규모가 작고 캐나다 쪽의 규모가 몇 배 더 크다. 관람은 승강기를 이용하여 폭포 아래 부근과 폭포 상부에서도 가능한데 엄청난 넓이와 어마어마하게 쏟아지는 물의 양과 높이는 그야말로 장관이다. 바닥에 떨어질 때 생기는 물보라와 물안개로 무지개를 계속 볼 수 있었는데 우리 일행은 운이 좋아 맑은 날씨에 관광을 하기 때문이라고 한다. 두 나라를 이어 주는 다리를 건너 17시 30분에 캐나다 출입국사무소에 도착 간단한 입국수속절차를 밟고 17시 50분에 국경을 넘는다. 국경은 다리의 중간 지점이라고 한다. 18시에 캐나다 쪽의 나이아가라폭포에 도착해서 30분간 구경했는데 미국 쪽의 폭포를 보면서 느낀 놀라움은 전혀 비교가 될 수 없었다. 미국 쪽의 폭포가 개울에서 만들어진 것이라면 캐나다 쪽은 넓은 강폭 전체에서 이루어진 것으로 비교할 수 있겠다. 18시 40분에 교포가 경영하는 '영빈관' 식당에 들러 LA갈비로 저녁식사를 하는데 매 식사 때마다 맛보는 고기이지만 불판에 직접 구워 먹기 때문인지 모두가 참 맛있어 한다. 여행사 측에서 특별 서비스로 소주도 시켜 주기 때문에 주거니 받거니 하면서 푸짐한 만찬을 즐겼다.

19시 40분에 식사를 끝내고 19시 50분에 그리 멀지 않은 곳에 위치한 The Oaks Hotel(Overlooking The Falls)에 도착 823호 객실을 배정받았는데 폭포의 전경이 바로 눈앞에 펼쳐진다. 폭포라는 관광상품 때문에 만들어진 호텔답게 객실은 폭포 쪽으로만 만들어져 있고 눈 밑으로 발아래로 내려다보는 폭포의 아름다움이란 말로 형용하기가 어려울 정도였다. 폭포를 배경으로 방 안에서 사진을 몇 장 찍는다. 20시 20분에 버스를 이용 호텔을 출발하여 20시 30분부터 21시 10분까지는 Skylon에 올라 폭포와 나이아가라 야경을 관광한다. 이 건물은 원형의 전망 탑으로서 국경 도시 전체를 조망할 수 있는데 도시 전체가 울긋불긋 반짝이는 네온사인으로 휘황찬란하며 세계적으로도 유명한 관광도시라는 것을 실감할 수 있었다.

　　한국을 떠나면서 나이아가라에 도착하면 카지노에 들러 보기로 아내와 약속을 하였으므로 호텔에 도착하자마자 호텔 카페인 Applebees에 가서 맥주를 한잔 마시며 카지노로 가자고 하니 가 봐야 돈 잃고 피곤해서 싫다고 하며 21시 30분에 그만 객실로 돌아가고 만다. 100$ 이상은 쓰지 않을 것이며 이 좋은 곳에 와서 어떻게 방에만 있느냐 나가자고 몇 번을 설득해 보지만 통하지를 않는다. 그만 포기를 하고는 22시 30분에 가이드에게 전화를 걸어 맥주나 한잔하자고 하니 좋다고 하므로 다시 호텔 카페에서 맥주를 마시고 숙소 주변을 구경하다가 23시 50분에 객실로 돌아가니

코닝 유리박물관

미국 쪽 나이아가라폭포

캐나다 쪽 나이아가라폭포

오늘의 여정도 피곤했는지 아내는 곤히 잠들어 있다. 카지노에 입장하지 않아 100$ 이상을 벌었다는 생각은 들지만 그래도 가 보지 않은 것이 다소 아쉬웠다. 씻고 일과를 정리한 후 24시 30분경에 캐나다에서의 첫날 밤잠을 청한다.

늦게 잠이 들었음에도 4시 10분에 눈을 뜬다. 잠을 더 잘까 고민하다가 나이아가라 강변을 뛰어 보는 재미가 쏠쏠할 것 같다는 생각에 카메라를 들고 4시 45분에 호텔을 나선다. 칠흑같이 깜깜한 밤이지만 세계적인 관광지답게 호텔과 카지노, 주점 등은 네온과 가로등으로 번쩍인다. 가로등 불빛에 의지해서 나이아가라 강변을 따라 6시 35분까지 18킬로미터 정도를 달리면서 아름답게 느껴지는 곳에서는 연신 카메라의 셔터를 눌러 댄다. 지나가는 차량도 거의 없는 상태에서 외국의 이른 새벽에 강변을 따라 달리므로 뒤통수가 섬뜩하다. 전혀 모르는 생소한 길을 1시간 정도 달리다가 호텔 방향으로 되돌아가다 보니 미국 쪽에서부터 여명이 서서히 밝아 온다. 어둠 속에서 요란한 소리를 내며 시커멓게 흐르던 나이아가라 강물이 여명에 맞추어 서서히 모습을 드러내는 장관은 내가 살아 있는 동안 가장 감동적이고 아름다운 광경으로 오래도록 남아 있을 것이다. 5시 30분쯤 되었을까 어스름한 어둠을 헤치고 먼발치에서 뛰어오는 부부의 모습이 보이는데 우리 일행이므로 반갑게 아침인사를 나눈다. 시도 때도 없이, 국가와 장소 구분도 없이 마냥 즐겁게 달리는 모습이 참 보기에도 좋고 아름답게 느껴진다.

　06시 50분 호텔로 돌아와 객실에서 아침 나이아가라의 멋진 광경을 보기 싫도록 구경하다가 아내와 폭포가 잘 내려다보이는 주변 언덕을 산책한다. 08시 15분에 호텔 카페로 가서 08시 40분까지 호텔식으로 아침식사를 한 후 객실로 돌아와 10시까지 휴식을 한다. 10시 10분에 호텔을 출발하였고 12시까지 캐나다의 수도인 온타리오 주의 토론토 시내를 버스 투어한 후 토론토시청을 구경하였다. 토론토는 632㎢의 면적에 약 350만 명의 인구가 살고 있는 캐나다 최대의 도시로서 우리 교포는 그리 많이 살고 있지 않다고 한다. 토론토 시청은 신구청사가 한곳에 있는데 신청사는 타원형의 쌍둥이 건물로서 하늘에서 내려다보면 눈과 같은 모습인데 시정을 투명하게 운영하자는 취지에서 이런 형태로 만들었다고 한다. 토론토 시에는 교포가 많이 살고 있지 않은 까닭에 교포 운영 식당 또한 적어 상당히 먼 거리에 있는 '한우관' 식당에 12시 40분에 도착해서 육개장과 비빔밥으로 식사를 했는데 음식 맛이 괜찮았다. 13시 20분에 식당을 출발 14시 05분부터 15시까지 CN(Canadas Wonder of the world) Tower를 관광했다. 전망대의 높이가 346미터이고 첨탑까지의 높이는 553미터로서 현존하는 건축물 중 세계에서 가장 높은 건물로서 초고속 엘리베이터가 운행을 하는데 58초 만에 전망대에 도착한다. 원형의 전망대에서는 토론토 시가지 전체를 조망할 수 있고 Glass room이라는 곳은 공간의 일부를 땅바닥이 환하게 내려다보이는 유리바닥으로 만들어 놓았는데 담이 약한 사람들은 근처에 가지도 못한다. 나도 일행을 따라 유리바닥 위에서 누워 보았는데 가슴이 철렁 내려앉는 느낌이

든다. 15시 20분에 나이아가라로 돌아가던 중 교포가 운영하는 농
장 내 선물가게에 들렀는데 많은 분들이 건강식품을 참 많이도 샀
으며 아내도 그 속에 끼어 오메가 3라는 건강식품 2세트를 440$에
구입을 한다. 19시 10분에 호텔 인근의 교포 운영 식당인 '송어매
운탕'에 들렀는데 이곳은 불과 얼마 전 한국의 TV프로그램에 소개
가 되었을 정도로 한국인 관광객들에게 유명한 곳이라고 한다. 매
운탕으로 저녁식사를 하고 나오니 19시 50분이며 가이드가 너무
과장되게 소개를 한 탓인지 음식 맛은 그렇지 못하다고 더러 불평
하는 사람들도 보인다.

　20시에 숙소에 도착해서 20시 40분까지 휴식을 한 후 조금은
피곤하지만 여행의 마지막 밤을 객실에서 그냥 보낼 수는 없고 일
곱 색의 조명으로 밝혀주는 폭포의 야경이 너무 아름다우므로 아
내와 함께 야경 관광을 나간다. 20시 50분부터 22시까지는 호텔
주변의 이곳저곳과 폭포 주변을 돌아다니며 구경을 하는데 일행들
도 우리와 같은 마음인지 모두 나온 것 같다. 상당히 늦은 시간이
었음에도 도로와 폭포 주변은 관광객의 물결로 넘친다. 22시에 호
텔 카페에 들러 아내와 맥주를 마시고 있으니 일행들이 한 명 두
명씩 들어오더니 나중에는 15명 정도의 인원이 남자와 여자로 구
분이 되어 모두 합석을 하게 되었고 우리 부부의 술값을 포함해서
한 분이 모두 계산을 해 주신 덕분에 캐나다에서의 마지막 밤에
기분 좋은 술을 공짜로 마셨다. 23시 50분에 객실로 돌아와 짐을
정리하고 야경을 감상하면서 여행 내용을 종합적으로 정리한 후
01시경에 미국과 캐나다 여행기간 중의 실제적인 마지막 밤을 보
낸다.

나이아가라 시의 새벽

토론토시의 **CN** 타워

토론토시청

2008. 4. 26.(토) 맑음

05시 10분에 일어나자마자 아내를 깨운다. 오늘은 일정이 바빠 06시 25분에 호텔을 떠나므로 부지런히 짐을 챙기고 세면을 한다. 06시 35분에 교포가 운영하는 '영빈관' 식당에 들러 콩나물해장국으로 아침식사를 하는데 맛이 괜찮다. 06시 55분에 식당을 나와 07시에 캐나다 국경 부근에 있는 면세점에 들러 작은 기념품을 샀는데 수량이 많은 까닭인지 계산할 때 보니 30% 이상 할인된 가격임에도 불구하고 600$어치나 된다. 08시 10분에 캐나다 국경을 통과하여 08시 15분에 미국 입국절차를 거치는데 불과 5분 만에 끝났고 버펄로 공항에 도착하니 08시 50분이다. 이곳에서 우리 일행은 9일간 안내했던 현지 교포 가이드, 수천 킬로미터를 안전하게 운전한 운전기사, 안락한 관광버스와 아쉬운 작별의 인사를 나누었다. 공항 입구에서 동행한 여행사 가이드의 안내에 따라 일행들은 탁송용 짐과 기내 반입용 짐을 다시 구분 정리한다. 이어 공항으로 들어가 비행기 표를 받은 후 수하물 탁송, 탑승 수속, 대합실에서의 휴식, 표 검사를 받은 후 11시 45분에 NW1225 국내선 소형 항공기에 탑승한다. 12시에 이륙하자마자 콜라가 간식으로 제공되었고 13시에 디트로이트공항에 다시 도착하였다. 13시 10분부터 13시 20분까지 국제선 출구인 50번 Gate로 이동을 한다. 오찬은 단체로 할 수가 없으므로 각자가 해결하라고 하므로 아내와 함께 적당한 식당을 찾아 들어가 Cheese & Bacon(3.99$)과 Coney Hamburger(3.29$)라는 듣도 보도 못한 메뉴를 시켜 간단히 끼니를 때운다. 13시 45분부터 항공기 탑승까지는 시간의 여유가 있으므로 이곳저곳의 면세점을 들러 보면서 조금은 부족한 듯한 기념품을 더 구입한다.

14시 50분부터 15시 10분까지 국제선 항공기 NW11기에 탑승하였고 15시 50분에 이륙을 한다. 아내와는 좌석이 멀리 떨어져 있으므로 이쪽저쪽 옆 승객들의 양해를 구하고 자리를 바꾼다. 적당한 궤도에 오르자 간식으로 주스와 과자가 나왔으며 17시 55분 부터는 Beef, Rice, Vegetable이 저녁식사로 제공된다. 22시 10분에 는 샌드위치와 과자가 다시 간식으로 나오는데 자리에서 제대로 움직이지도 못하고 계속 먹기만 하니 속이 불편한데 본전 생각과 더불어 어떤 음식인가 궁금하기도 해서 주는 대로 몽땅 받아먹는다.

나이아가라 시의 일몰

버팔로공항

귀국행 항공기 안에서

2008. 4. 27.(일) 맑음

한참 자다가 약간은 웅성거리는 소리를 듣고 깨어 보니 03시 55 분(한국 시간 16:55)인데 조식인지 석식인지 Fried Rice, Fruit가 다시 나온다. 잠시 후 17시 31분에 일본 나리타공항에 도착하였고 비행거리는 10,608킬로미터라는 메시지가 화면에 보인다. 17시 45분부터 17시 55분까지 출입국 검색 및 환승 수속을 마치고 18시 20분까지 면세구역을 돌아다니며 눈요기를 즐긴다. 일행들은 대부분이 탑승을 하였건만 표 검사 시간이 임박한데 아내가 오지를 않는다. 검표 직원이 빨리 탑승하라고 하는 것을 아내를 기다리며 입구에서 계속 서 있기 때문에 수상하게 생각했는지 아내와 다른 승객들은 쉽게 탑승을 시켜 주는데 나만 얼마나 까다롭게 검사를 하는지 정말 기분이 나빴다. 표 검사에서부터 탑승까지 12분이 소요되었으니 얼마나 정밀한 검사를 받았겠는가? 18시 40분에 조금 더 작은 NW7기에 탑승하여 19시 05분에 나리타공항에서 이륙을 하였고 인천공항까지의 비행거리는 779마일(1,253킬로미터)로 표시되어 있다. 항공기 탑승 직전에 가지고 간 카메라의 셔터가 작동되지 않았는데 여행 중에 고장 나지 않은 것이 천만다행한 일이었다. 19시 40분에 김밥, 닭고기 튀김, 과일로 구성된 저녁식사가 나왔으며 담백하고 깨끗하며 맛도 있었다.

21시 20분에 인천공항에 착륙하였고 21시 50분에 공항 청사에 발을 디디면서 10일간의 여행을 무사히 마치고 귀국하게 되었다. 21시 55분경에 짐을 찾는데 내가 가지고 간 하드-백을 강제로 열어 보았는지 파손되어 있었고 분실된 물건이 있는지 알 수 없어 기분은 바빴지만 어디에 하소연할 수도 없다. 일행들이 신속하게 출국 수속을 밟고 세관을 통과하므로 내 마음도 덩달아 바빠진다. 공항대합실에서 일행들과 작별의 인사를 하고 나니 22시 25분이다. 오늘 동해까지 가는 것은 불가능할 것 같아 공항 가까운 곳에서 숙박을 할 생각으로 택시를 잡으니 30~40분을 가야 된다고 한다. 인천행을 포기하고 서울로 계획을 바꿔 공항철도를 탔는데 강남이나 동서울터미널까지 가는 것도 불가능해 보인다. 지하철이 운행되는 곳까지 무작정 가기로 하고 김포공항역에서 5호선으로 환승하여 화곡역에서 내리니 24시 10분이다. 비행기와 열차에 너무 시달려 거의 탈진할 지경이므로 역에서 가장 가까운 삼성장여관을 찾아 들어가니 객실이 낡았지만 할 수 없는 노릇이다. 그냥 숙박하기로 한 후 짐을 풀고 여관에서 드라이버를 빌려 가방을 대충 고쳤는데 무슨 사고라도 칠까 봐 쉽게 빌려 주질 않는다. 피곤은 하지만 배도 고프고 귀국 기념으로 소주나 한잔하자고 아내를 데리고 나갔는데 너무 늦은 시간인지 소주방이나 호프집 외에는 문을 연 곳이 없다. 한참을 찾아 헤매다 01시경에 오삼불고기를 전문으로 하는 식당을 발견하였고 폐점을 하는 2시 30분까지 상당한 양의 소주와 맥주를 마셨는데 오랜만에 맛보는 제대로 된 한국음식이 참으로 반갑고 매우 맛있었다.

2008. 4. 28.(월) 맑음

07시에 일어나 화곡역으로 이동, 08시에 지하철을 타고 강변역에 도착하니 09시인데 가장 빠른 동해행 버스가 09시 35분에 있다. 아침식사를 하고 다음 차로 내려가려다가 한시라도 빨리 집에 가고 싶은 마음에 김밥으로 때우기로 한다. 09시 35분 동해행 버스에 탑승 12시 40분에 동해시외버스터미널에 도착하였고 12시 50분에 '25시감자탕' 식당에 들러 13시 30분까지 점심식사를 한다.

문구점에 들러 기념품 포장지를 구입하여 집에 도착하니 13시 47분이다. 드디어 10박 11일간의 보스턴마라톤대회 참가 및 미국 동부·캐나다 여행이 끝이 났다.

7. 대회 참가 및 여행 소감

　보스턴마라톤은 충격과 감동이 어우러진 세계인의 잔치였다. 출발할 때부터 완주를 하고 행사장을 떠날 때까지 느낀 그 감정은 아직도 식지 않았다. 마라톤을 사랑하고 열렬히 환영하며 반갑게 맞이해 준 보스턴의 수십만(통상 50만 명 이상이라고 한다.) 시민이 너무나 고맙다. 이러한 행사의 주역이 되기 위해 한국에서 참가한 2백여 명이 채 안 되는 선수와 응원단, 미국을 중심으로 100여 개국에서 어렵게 참가하여 이 대회를 빛낸 한 분 한 분들이 정말 존경스럽고 나 자신 또한 뿌듯한 느낌이다. 매년 수백 개의 마라톤 대회가 거의 모든 지자체에서 개최되는 우리나라 각 지역 주민의 마라톤에 대한 인식과 참여도, 그리고 각 지역에서 경쟁적으로 수도 없이 벌어지고 있는 모든 지역 축제에 대한 지역 주민들의 관심과 참여도를 보스턴 시민들과 비교하여 볼 때 우리는 아직도 멀었다는 느낌을 떨쳐 버릴 수가 없다. 2008년 들어 네 번째 풀코스인데 그중 가장 좋은 기록이다. 연습이 절대적으로 부족하였고 처음으로 주로에서 사진 찍느라 시간 죽이면서 난리법석(?)을 떨며 달린 대회치고는 성공한 것이었고 만족스럽다. 우리나라에서 참가하신 여러 분들과 얘기를 나눌 기회가 있었는데 나의 연령층이 작게는 5번째 많게는 10번째 정도 될 것 같고 연세가 많은 여성 참가자들도 상당수 있었는데 참 대단한 마라톤 열정이라는 생각이다. 이번 마라톤 여행을 통해 내 인생에 또 하나의 새로운 도전과 성취를 하였다. 특히 나와 직원들의 건강을 위해 시작한 마라톤을 계기로 하여 용돈(?)으로 적지 않은 비용을 마련하였고 아내와 함께 해외 마라톤 여행을 다녀온 것은 나에게는 너무 지나친 발상이 아니었는가 하는 생각도 하게 된다. 앞으로도 할 수만 있다면 런던, 베를린, 뉴욕, 시카고의 5대 메이저 대회를 넘어 해외의 여러 대회에 아내와 함께 참여하고 싶다. 그보다 더 앞서 건강과 체력이 허락하는 한 한국 내의 참여하지 못한 모든 대회를 최소한 월 1회 이상은 달려 보고 싶다. 대한민국 모든 지역, 전 세계의 달림이들과 거친 호흡을 함께하며 친교를 나누면서 달리고 싶다. 해외 마라톤 전문 여행사로서 시종일관 성심성의껏 참가자들을 위해 애쓰신 정동창 여행춘추 대표님과 관계자 여러분께 고마운 마음을 전하며 무궁한 발전을 기원한다. 또한 인천공항 출국 때부터 귀국할 때까지 기쁨과 감동을 함께한 모든 한국 참가자 분들께도 감사의 뜻을 전하면서 늘 즐겁고 행복한 달리기를 통해 건강하고 희망찬 생활을 누리시기를 기원한다.

캬~~~ 멋집니다.
멋진 완주기 잘 읽었고,
저 또한 꿈을 꿔 봅니다. ^^

하석우[2008/05/20]

이제 다 읽었습니다. 한꺼번에 읽어 버리기 아까워서요. 저는 자금 확보계획부터 세워
야겠습니다.

심관홍[2008/05/09]

헉 － － －아이디가 실명이 아니네. ns129 － － －한경훈입니다.

한경훈[2008/05/08]

꼼꼼한 리포트 같은 기록에 감사, 경의를 표합니다.
축하 드립니다. 신입 회원인데 인사드리고 뵙겠습니다.

ns129[2008/05/08]

달림이의 꿈이자 개인적인 간절한 소망이 현실로 다가와
평생 잊지 못할 소중한 추억이 되어 버린 보스턴대회
자랑스러운 동마클의 기상으로 잘 간직하시길 바랍니다.
몇 해를 거쳐 준비한 대회 후기 감동 깊게 잘 읽었습니다.
수고하셨습니다.~^^*

권석관[2008/05/07]

완주기 감동 깊게 읽었고 부럽습니다.
언제나 한번 가보려는지…….

홍성태[2008/05/07]

은근과 끈기.
그리고 불굴의 투지로
보스턴마라톤대회
완주를 하신 님에게 감동 어린 찬사를 보냅니다.

권우찬[2008/05/07]

감동입니다.
마치 내가 보스턴에 다녀온 기분이 드네요.
잘 읽었습니다.   임진호[2008/05/06]

캬~~~ 너무 부럽습니다. …… 저도 계획을,
보스턴 적금은 둘째 치고, 기록이 안 될 것 같네요. ㅎㅎ
세계 속의 동마클, 마라토너 양원희 선배님 세계 속에 우뚝 서다.
                                                            신윤승[2008/05/06]

꿈에 그리던 보스턴대회를 다녀오심에 축하드립니다.
너무도 생생한 중계방송에 마치 내가 현장에서 뛰는 기분을 느끼게 해 주셔서 감사합
니다.
사실 저도 이 대회에 참가하려고 자금을 준비 중에 있습니다. 많은 도움이 될 것 같
군요.
재미있게 잘 읽었었습니다. 눈물도 나구요 축하합니다. 파이팅!
작년 12월에 싱가포르대회에 다녀왔는데 너무 대조가 되는군요.
                                                            물푸레. 05/08

113회 보스턴마라톤대회를 준비하고 있는데 좋은 글 읽고 감사인사 드립니다. 잘 참고
하겠습니다!
                              박경자, 2008 - 10 - 15 오후 1:50:11

잘 읽었습니다. 참 역사적 기록을 남기셨습니다. 감사합니다!
                              정용승, 2008 - 05 - 12 오후 1:16:02

참가 준비 과정부터 여행 끝나고 후기까지 상세하게 기록해 주시어 다시금 생각하게
해 주시니 고맙습니다. 또한 카메라까지 가지고~~~ 준비성이 대단하십니다. 주로의
추억 사진이 많으시겠네요. 나도 한 컷 부탁 할 것을. 다음에는 나도 한 장 찍어 주세
요. 양원희 내외분 늘 건강하시고 행복하세요. 또한 1호 차 모든 분과 참석하신 모든
분 항상 건강하시고 행복하세요!
                              강능구, 2008 - 05 - 10 오전 10:44:19

동부 1호 차 대전에서 온 김기정, 김정라 부부입니다. 너무너무 재미있어서 읽으면서
많이많이 웃었답니다. 참 재미있으시네요. 다음 목표는 내년에 베를린과 동유럽인데

양원희 씨 부부 함께 다시 만나면 무척 반갑겠지요?(우리 적금 빨리빨리 듭시다. ㅎ
ㅎㅎ ……)

김정라, 2008 - 05 - 09 오후 8:53:35

동부 1호 차 맨 뒷좌석에서 말씀도 없이 두 분이 눈을 감고 명상의 시간만 갖더니~
ㅎㅎ 보스턴 마라톤을 참가하기 위해 준비 과정부터 대회 이후 뒤풀이까지 너무 세세
하게 기록하느라 대단히 수고하셨고 특히 차기에 보스턴을 준비하는 님들에게 궁금한
비용, 주로 등을 상세하게 알려 주어서 큰 도움이 될 것 같네요! 저도 다시 한번 대회
끝나고 뒤풀이에서 저의 옆지기(이재선) 생일이라고 케이크까지 준비해 주신 여행춘추
그리고 112회 동기님 전원이 축하해 주셔서 이 자리를 빌려 감사 드립니다~! 양원희
내외분 파이팅!!!!

박귀남, 2008 - 05 - 09 오후 7:18:26

안녕하세요! 양원희 선생님…… 읽고 있자니 대회의 세심한 것까지 기억나게 만드는
너무나 잘 정리된 여행후기네요. 아직도 그날의 열기가 뇌리를 스칩니다. 사모님께 안
부 인사 부탁드리며 항상 즐런 하시길 기원합니다. -임성빈 드림-!

여행춘추, 2008 - 05 - 09 오전 9:14:39

세세히 꼼꼼하게 잘도 기억하여 쓰셨네요. …… 참 대단하십니다. 제가 기억하지 못한
점을 다시 한번 일깨워 주셨구요. ……다음에는 주로에서 만나 뵙기를 기원합니다!

이순금, 2008 - 05 - 08 오후 1:43:02

양원희 님 안녕하세요. 한국마라톤잡지에서 감동 있게 읽어 보았습니다. 섬세한 글에
감사 올립니다. 벌써 113회 보스턴을 준비하고 있습니다. 후배님들께 좋은 자료가 될
듯하여 감사한 마음입니다. 항상 최선의 노력을 경주하겠습니다.

정동창 올림!, 2008 - 11 - 03 오후 6:36:06

- 재미있는 역 이름 -

1. 친구 따라 가는 역은~강남역.
2. 가장 싸게 지은 역은~일원역.
3. 역 3개가 함께 있는 역은~역삼역.
4. 불장난하다 사고 친 역은~방화역.
5. 서울에서 가장 긴 전철역은~길음역.
6. 스포츠 경기 때마다 바빠지는 역은~중계역.
7. '양치기 소년'의 주인공이 사는 역은~목동역.
8. 길 잃어버린 아이들이 모여 있는 역은~미아역.
9. 역내 화장실에 항상 뜨거운 물이 나오는 역은~온수역.
10. 학교 가기 싫어하는 애들이 가장 좋아하는 역은~방학역.
11. 표 검사뿐 아니라 짐까지 속속들이 검사하는 역은~수색역.
12. 구겨졌던 옷이 내릴 때 보니 말끔히 펴져 있는 역은~대림역.
13. 이산가족의 꿈을 이룬 역은~상봉역.
14. 그대 의견을 꼭 들어 주겠소~수락역.
15. 젖먹이 아기들이 가장 좋아하는 역은~수유역.
16. 숙녀가 좋아하는 레이디 퍼스트 역은~신사역.
17. 영화감독들이 초조하게 기다리는 역은~개봉역.
18. 어떤 여자라도 환영하는 역은~남성역.
19. 분쟁 시 노사 간에 만나야 하는 역은~대화역.
20. 장사하는 사람들이 좋아하는 역은~이문역.
21. 맹자, 공자, 노자 등 성인들이 사는 역은~군자역.
22. 양력설을 쇠는 역은~신정역.
23. 타고 있으면 다리가 저리는 역은~오금역.
24. 실수로 자주 내리는 역은~오류역.
25. 기초적인 바둑을 가르치는 학교가 있는 역은~오목교역.
26. <u>마라톤 선수들이 가장 좋아하는 역은~월계역.</u>
27. 죽은 이들을 기리기 위해 지은 역은~사당역……
   - http://www.ezday.co.kr/ -

아들의 군 입대 기념 '제4회 HCN 충북방송 충주마라톤대회'(20)

1. 대회개요

○ 대회명: 제4회 HCN 충북방송 충주마라톤대회

○ 일시: 2008. 5. 18.(일) 09:30

○ 장소: 충북 충주시 칠금동 탄금대 시민의 광장

○ 주최: HCN 충북방송

○ 코스: 탄금대 주차장~충주호 순환~탄금대 주차장

○ 종목: 4종목(풀, 하프, 10킬로미터, 5킬로미터)

○ 참가비: 30,000원(풀코스)

○ 기념품: 마라톤유니폼

○ 총경비: 101,600원(참가비 포함, 최소 추정액)

○ 기록: 04:06:21

2. 참가배경

몇 년 전부터 마라톤대회가 너무 많이 늘어나 이제는 참가할 대회를 고르기가 쉽지 않을 정도이다. 2007년 3월부터 월 1회 이상 풀코스를 뛰기로 계획을 세운지 15번째인데 이번에는 어디로 갈까 고민하다가 5월 19일의 아들 입영기일에 맞추어 논산훈련소에서 가까운 곳에서 열리는 대회에 참가키로 결정을 하였다. 5월 18일에 개최되는 대회 중 풀코스는 2곳이었는데 충주에는 한 번도 가 본 적이 없는 까닭에 충주마라톤대회에 호감이 갔으며 마침내 참가 신청을 하게 되었다.

3. 출발부터 대회장에 도착할 때까지

5월 17일 16시 50분에 마라톤 가방을 메고 집을 나서 시외버스터미널까지는 걸어가기로 결정을 한다. 5월 8일부터 5월 17일까지는 여러 모임으로 인한 후유증과 게으름 때문에 연습을 전혀 하지 못했기 때문에 3킬로미터 정도에 불과한 거리지만 몸을 조금이라도 풀어 주는 것이 좋을 것이라는 생각을 했기 때문이다. 17시 15분에 강릉행 버스(3,200원)를 타고 17시 50분에 도착한 후 18시 30분에 충주행 버스(12,100원)에 몸을 실었으며 20시 32분에 충주 공용버스터미널에 도착하였다. 숙소로 이용할 장소를 찾기 위해 터미널 주변을 돌아 충주시청 방향으로 30여 분을 헤매다 '충주스파랙스대중사우나'를 찾았다. 비교적 늦은 시간임에도 손님들로 붐비는 한촌설렁탕을 찾아 들어가 '특탕'(10,000원)이라는 생소한 음식과 함께 충주의 지역 술인 시원소주(3,000원)를 한 병 시켜 저녁을 해결하고 나니 22시다. 22시 10분에 사우나(7,000원)에 찾아 들어가 사우나를 한 후 수면실에 가 보니 맘이 내키지 않아 찜질방에서 하룻밤을 해결키로 작정을 하고 들어간다. 넓지 않은 찜질방은 다니기가 어려울 정도로 만원인데 달림이인 듯한 사람들의 모습도 더러 보이며 TV와 잡담소리를 들으면서 억지로 잠을 청해 보지만 뜻대로 잘되지 않는다.

5월 18일 06시 20분에 개운치 못한 몸과 아픈 눈을 비비면서 억지로 자리에서 일어났고 출발 3시간 전에는 식사를 해야 하므로 내부에 있는 식당으로 곧바로 가서 된장찌개(5,000원)로 아침을 해결하는데 모래알을 씹는 맛이지만 억지로 한 그릇을 모두 비운다. 6시 50분에 사우나로 내려가 7시 50분까지 몸의 피로를 풀고 사우나를 나선다. 대회장까지는 걸어가기로 하고 5분 정도 진행을 하니 비가 한두 방울씩 떨어지더니 갈수록 더해진다. 어차피 비 맞고 뛰어야 할 것 그냥 맞으면서 가자고 마음은 먹었으나 쌀쌀한 날씨와 바람 때문에 갈수록 후회막급이지만 어쩌랴. 물어물어 대회장에 도착하니 8시 15분인데 이른 시간에 비가 내림에도 벌써 많은 사람들로 부산스럽다. 대회장을 구경하고 탈의장에 들어가자마자 비가 마구 쏟아졌으며, 이 비는 강약을 조절하면서 9시 10분까지 계속되었고 출발 시간이 임박해서 그쳤다. 나를 비롯하여 많은 선수들이 주최 측에 비옷 공급을 요청하였는데 비옷 입고 뛸 걸

생각하면 천만다행한 일이 아닐 수 없다. 마냥 천막 안에만 있을 수는 없으므로 비를 맞으면서 짐을 맡기고 몸을 녹이고자 따끈한 녹차를 한 잔 마시려고 하니 물이 미지근하다. 비가 내리니 선수는 물론 내빈, 행사진행 관계자, 자원봉사 학생, 교통통제 요원, 응원 나온 가족 등 모두가 불편스럽다. 소변을 보고 난 후 맨손체조와 스트레칭으로 몸을 풀고 나니 조금은 추위가 가신 느낌이지만 아름다운 아가씨들의 에어로빅 체조에 맞추어 몸을 계속 움직여 준다. 출발에 앞서 모 마라톤클럽에서 100회째 참가하는 선수를 소개하고 해당 클럽에서는 기념품을 전달해 주는데 '나는 과연 언제쯤 100회의 위업(?)을 이룰 수 있을까' 하는 몹시도 부러운 생각이 많이 든다.

4. 대회 참가 및 완주

9시 30분에 큰 신호음으로 출발을 알린다. 오늘 복장은 보스턴 마라톤 참가 시에 아내로부터 선물받은 아디다스 마라톤 유니폼, 아식스 운동화, MP3와 헤드셋, 모자, 아대와 흰 장갑 등이다. 날씨가 흐리기 때문에 선글라스는 착용을 하지 않았고 카메라도 휴대를 하지 않기로 했다. 오늘의 작전은 ① 걷지 않고 꾸준히 달린다. ② 속도는 천천히, 발은 지면에서 낮게 달린다. ③ 5시간 이내 완주를 목표로 하되 보스턴 기록(04:17:50)보다 앞당기면 최대의 성공으로 정했다. 비가 온 뒤인지라 기온도 낮지만 바람도 시원하게 불기 때문에 오히려 잘되었다 싶다. 출발한 지 얼마 되지 않아 내리막길이 나오므로 최대한 천천히 달리기로 다짐을 거듭한다. 1킬로미터를 지났을까 충주호(?)가 보이고 시야가 확 트인다. 주로 변의 풀과 나무, 가깝고 먼 들판과 산, 물빛이 모두 푸른빛이다. 2차로의 왕복차선을 통제한 상태로 뛰는데 넉넉한 공간에서 달리는 것이 무척 자유롭고 기분이 좋다. 심호흡을 가다듬으면서 왼쪽과 오른쪽, 가까운 곳과 먼 곳으로 시선을 옮기며 달리는 것 자체를 만끽한다. 강변을 따라 6킬로미터 정도 가니 코스가 산 쪽으로 변경되었고 그새 조금은 답답한 느낌이 드는데 500여 미터를 더 가니 다시 강이 보인다. 이때부터는 다시 가랑비가 내리기 시작하였으며 아마도 13킬로미터 지점을 지날 때까지 계속된 듯싶다.

6킬로미터를 지나니 앞에는 3시간 50분대의 페이스메이커와 30여 명이 무리 지어 달리는 것이 보인다. 너무 빨리 달렸다는 생각이 드는 반면, 갈 때까지 한번 해 보자는 생각이 들기 때문에 무리의 꽁무니에 끼어 달린다. 12킬로미터 정도를 지나면서부터 엉덩뼈에 가벼운 통증이 느껴지기 시작하였고 운동화 끈을 느슨하게 맨 까닭에 양 발바닥에서는 물집이 생겨 통증을 느낀다. 너무 무리다 싶어 13킬로미터 지점을 지나면서 무리에서 빠져나와 소변을 보고 운동화 끈을 꽉 졸라맨다. 14킬로미터부터 19킬로미터까지는 농경지와 산속 도로인데 정말 조용하고 평화로운 풍경이 계속 눈앞에 펼쳐진다. 물이 많은 도시인 까닭인지 주로 변에는 낚시터가 많은데 낚시꾼은 별로 보이지 않는다. 엉덩뼈의 통증은 갈수록 심해지는데 멈출 수는 없고 궁리 끝에 주법을 '보폭은 작게 그리고 발걸음 수는 많게'로 바꾼다. 달리는 것이 한결 편하고 쉬우며 속도를 내어 보아도 괜찮게 느껴진다. 23킬로미터를 지날 때의 기록이 2시간 8분이다. 초코파이 한 개와 물 한 잔을 천천히 마시면서 휴식을 하고 팔과 다리의 근육을 풀어 주니 한결 낫다. 이때부터 31킬로미터 지점까지는 한적한 농촌 마을의 시내지역으로 느껴지는 곳을 뛰었는데 기온이 높아지면서 아스팔트에서 올라오는 열기가 후덥지근하고 비 오듯 땀을 흘린다. 짧은 구간의 오르막을 올라 31킬로미터 지점부터는 다시 남한강 변이다. 눈앞의 경치가 환해지고 시원한 바람이 불어 주니 지친 몸과 다리에 다시 힘이 솟는다.

조금 뛰다가 다리를 건너 33킬로미터 지점을 통과한 시간이 3시간이다. 이제는 다리 전체가 뻑적지근하고 허리에도 상당한 통증을 느낀다. 바나나 반 개와 포카리 한 잔을 마시고 난 후 간단한 맨손체조로 몸을 풀어 준다. 주법을 바꾸고 14킬로미터를 더 뛰었는데도 엉덩뼈의 통증이 더 심해지지는 않는다. 13킬로미터 지점부터 나와 앞서거니 뒤서거니 했던 여성 마라토너가 잠시 쉬는 동안 나를 앞질러 간다. 지금 기억하기에는 등에 쓰인 이름이 '김미옥 마리아' 님이었던 것 같다. 골인할 때까지 이 여성 분을 만나지 못했으니 4시간 안의 훌륭한 기록으로 완주를 했을 것이다. 대략 35킬로미터부터 40킬로미터 지점까지는 강변과 조금 떨어진 도로를 달렸는데 강변으로만 계속 이어졌으면 얼마나 좋을까 하는 생각이 든다. 38킬로미터 지점의 급수대에서 물을 한 잔 가득 마시고 잠깐 주저앉아 다리의 근육을 풀어 준 후 으슥한 곳을 찾아 소변을 본다. 나는 걷고만 싶은데 아직까지 걷는 사람은 한 명도 없으며 모두가 정말 대단하다는 생각을 하게 된다. 짧은 오르막을 지나

40킬로미터 지점에 도착하니 출발했던 탄금대가 저만치 보이고 시야가 확 트인다. 호수 변을 따라 아름답게 조성된 제방이 목적지까지 이어져 있고 충주호의 넓고 푸른 물결과 비를 머금은 초여름의 신록들이 너무도 푸르고 싱싱하다. 물을 한 잔 받아 마신 후 감사의 인사를 건네고 마지막 스퍼트를 위해 잠깐 동안 몸을 움직여 푼다. 느린 속도로 한 걸음씩 옮기는데 몇 명이 추월을 하며 앞으로 달려 나간다. 1킬로미터 정도를 앞두고는 4시간 페이스메이커가 앞질러 가는데 시계를 보니 4시간은 벌써 넘었다. 내 시계가 잘못되었나 하는 생각을 하면서도 혹시나 하는 마음으로 똑같은 속도로 뛰니 발바닥과 엉덩뼈, 무릎의 통증이 심하게 느껴진다. 골인 지점까지 계속 뒤따라 뛰었는데 아마도 30여 명 이상은 따라 넘긴 듯싶다. 드디어 골인! 기록시계는 4시간 7분을 넘어서고 있었으며 혹시나 하고 달린 마지막 구간에서 페이스메이커 덕분에 2분 이상은 단축을 한 것 같다.

5. 소감 및 귀향

육상경기연맹의 공인 코스답게 전반적으로 좋았다는 느낌이다. 남한강 변과 저수지, 충주호 변을 뛰기 때문에 시야가 확 트이고 시원하다. 오르막이 몇 곳 있는데 그렇게 힘들지는 않았고 오히려 뛰는 재미를 더해 주었다. 차량을 전면적으로 통제하지 않은 까닭에 차와 함께 달리거나 차를 피해 들락날락한 곳이 몇 군데 있었다는 것이 조금은 아쉽지만 급하고 바쁜 사람들도 살아야지 어쩔 것인가? 마라톤대회를 통하여 다소나마 지역경제에 도움이 된다고는 하지만 달림이들을 위해 충주시민들이 생활의 불편을 감수한다고 보면 그저 고마울 따름이다. 6킬로미터부터 13킬로미터까지 뱁새가 황새 흉내 내듯 3시간 50분 페이스메이커를 따라 뛴 것이 오버 페이스였으며 결국에는 일찌감치 물집이 생기게 했고 끝까지 힘들게 하였다. 그나마 지금까지 길들여진 주법을 일찍 바꾼 것이 큰 도움이 되었다. 연습이 부족한 상태에서의 대회 참가였지만 급수대 이외에서 걷거나 쉬지 않은 것은 매우 바람직한 현상이다. 전국의 달림이들을 위해 마라톤대회를 열어 준 충북방송, 최하 다섯 시간 이상 동안 생활의 불편을 감수하고 차량통제에 협조해 준 충주시민, 마라톤대회의 성공개최를 위해 각 분야에서 열과 성을 다해 준 학생과 경찰, 소방대원 등 모든 분들에게 진심으로 감사의 뜻을 전한다.

칩을 반납하고 짐을 찾은 뒤에 아내에게 전화를 하니 대회장 부근에 와 있다고 한다. 아들의 입영 동행차 딸과 아들을 태우고 동해에서 아침에 출발하여 완주 시간에 맞추어 대회장에서 만나기로 하였기 때문이다. 14시 10분경에 만나 점심을 해결하기 위해 잔치국수 배식장소를 찾아가니 줄이 상당히 길다. 국수 맛이 얼마나 좋은지 2그릇을 마파람에 게 눈 감추듯 해치웠고, 막걸리 두 잔과 두부 한 접시를 먹고 나니 배가 든든하다. 이제는 아들을 대한민국 육군에 입대시키기 위해 논산으로 가야 한다. 14시 30분에 대회장을 떠나 17시 55분에 청양군의 칠갑산자연휴양림에 도착하였다. 어찌나 많은 비가 내리는지 예상 시간보다 30분 이상 지연되었다. 정상 숙박비는 5만 원인데 비수기인 까닭에 30%를 할인하여 3만 5천원을 받는다. 비가 오는 까닭에 야외에서의 취사가 불가능하므로 조금은 미안하지만 실내에서 숯불을 피우고 삼겹살 파티를 한다. 아내와 딸, 아들과 소주잔과 양주잔을 주거니 받거니 하며 밤은 깊어만 가고 비는 쉬지 않고 내린다.

5월 19일 5시 20분에 눈을 뜨니 비가 그쳤다. 뛰든 걷든 하고 싶은 마음이 조금 있기는 하지만 마라톤과 술로 인한 후유증으로 포기하고 만다. 논산훈련소 부근에서는 점심식사가 여의치 않다는 정보를 입수한 아내는 아들과의 마지막 식사인 점심용 김밥을 정성스럽게 싼다. 9시 20분에 안동 자반고등어로 아침식사를 마쳤으며 짐을 정리하고 휴양림 내부를 구경한 후 11시 10분에 논산을 향해 떠난다. 12시 35분에 훈련소에 도착하여 차 안에서 김밥으로 점심을 해결하였고 13시 10분까지 기념 촬영과 휴식을 한다. 13시 26분에 입소식이 시작되어 14시 5분에 끝났으며 훈련병 속에 섞여 내무반을 향해 걸어가는 아들의 뒷모습이 보이지 않을 때까지 바라보다가 연병장을 떠난다. 오늘 입소하는 훈련병이 2~3천여 명은 되어 보이고 입소식을 보기 위해 참석한 가족과 애인, 친구들이 수천 명은 됨 직하다. 아들의 의젓하고 멋진 군 생활을 기원하며 14시 45분에 훈련소를 출발 호남, 중부, 영동고속도로를 경유하여 여주 Out let을 구경한 후 동해에 도착하니 20시 20분이다. 소주를 곁들여 저녁식사를 마치고 집에 도착하니 22시 10분을 지나고 있었고 마침내 '아들 군 입대기념 20번째 마라톤 여행'은 이렇게 끝을 맺었다.

님의 마라톤 사랑은 酒에 대한 사랑과 아들 사랑에 버금가는 글 잘 읽었습니다. 멋지게 잘 사는 모습 계속 지켜 보겠습니다. …… 힘!! 퐈이팅!!!

권석관[2008/06/05]

충주호가 한눈에 훤히 보이는 스무 번째 풀코스 완주기 잘 읽었습니다.
…… 멋있습니다.

신윤승[2008/05/28]

장문 재밌게 잘 읽었습니다.　　　　　　　　　　　　안병억[2008/05/25]

아들 군대도 잘 보내고 마라톤도 잘 뛰시고 존경합니다.

홍성태[2008/05/23]

마라닉을 즐기는 당신이 멋있습니다.　　　　　　　　임진호[2008/05/22]

동마클에서
멀지 않은 날
타의 추종을 불허하는
독보적 마라토너가 탄생하기를
기대합니다.　　　　　　　　　　　　　　　　　ㄱㅇㅊ[2008/05/22]

아들의 입대와 함께한 20번째 완주를 축하합니다. 감칠맛 나는 수기도 너무 훌륭하고요. 개인적으로 저도 20여 번 완주했고 3월 초에 논산으로 보낸지라 너무 가슴에 와 닿았습니다. 가족과 함께한 충주마라톤이 오래도록 기억에 남겠습니다. 그리고 좋은 기록 다시 한번 축하드립니다.

오재환, 05/25

- 재미있는 이름들 -

2003년 대구 하계 유니버시아드에 참가한 독일 여자축구선수 중에 '막달리나'라는 이름을 가진 선수가 있더군요.
얼마나 잘 달리기에 이름이 '막달리나'인지 한마디로 웃기죠.
우리나라에도 의외로 재미난 이름이 참 많답니다.
예를 들면
◈ 직위인지 이름인지……
○교수 12명, ○두목 8명, ○사장 3명, ○판사 3명, 공무원 2명.
◈ 서울대가 없는 게 아쉬웠습니다.
한성대 9명, 강원대 6명, 서강대 3명, 한양대 1명, 이화대 1명.
◈ 이런 이름도 있을까 하는 생각에……
전세권 8명, 지상권 7명, 임대권 7명, 유치권 6명, 임차권 1명.
◈ 사회문제와 관련된 사람들……
노숙자 16명, 배신 5명, ○변태 3명.
◈ 기타 특이한 이름들……
장풍 13명, 배태랑 6명, 하나로 1명, 이인간 1명, 육해공 1명, 구원자 3명.
  - 문화일보(2003.08.28.) -

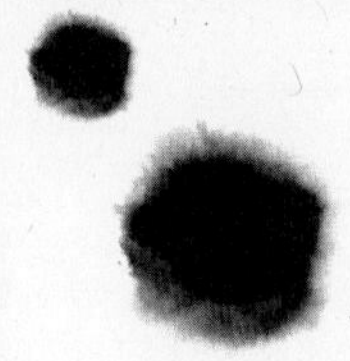

1. 대회개요

○ 대회명: 평화통일기원 제7회 화천비목마라톤대회

○ 일시: 2008. 6. 8.(일) 08:30

○ 장소: 화천군 생활체육공원

○ 주관: 비목문화제조직위원회, Marathon Love

○ 코스: 생활체육공원~화천군 일대~생활체육공원

○ 종목: 5종목(풀, 하프, 10킬로미터, 5킬로미터, 하프 단체대항전)

○ 참가비: 35,000원(풀코스)

○ 기념품: 마라톤복 상의, 특산품(토마토), 대형 수건

○ 총경비: 92,000원(참가비 포함/최소 기본경비 추정액 131,600)

○ 기록: 04:42:41

2. 참가배경

6월에 참가할 대회를 찾아 마라톤 사이트(마라톤온라인, Run 114)를 뒤지던 중 코스가 비교적 좋아 보였고 개인적으로나 업무적으로 한 번도 가 본 적이 없는 곳이었다. 특히 2004년에 10개월 동안 강원도공무원교육원에서 장기교육을 같이 받은 직원 분이 근무하고 계신 곳인지라 얼굴도 볼 겸 화천 구경도 하고 싶어 큰 망설임 없이 선택을 하게 되었다.

3. 출발부터 대회장에 도착할 때까지

6월 7일 09시 30분에 마라톤용품을 챙겨 집을 나선다. 아침 일찍부터 만나자는 반갑지 않은(?) 손님들이 계시기 때문에 일찍 나선 것이다. 6월 8일에는 전국적으로 비가 내린다고 하므로 운동화와 옷가지 등을 여분으로 준비해 가니 평상시보다 짐이 무척 많다. 10시부터 13시까지는 손님들을 만나 금기를 깨고 적잖은 소주를 마시고야 만다. 13시 43분에 동해를 출발하는 시외버스(13,600원)를 타고 춘천터미널에 도착하니 16시 50분인데 시간이 많이 걸린 까닭은 강릉에서 30분간을 지체하면서 승객을 더 태웠기 때문이다. 기름 값이 천정부지로 치솟아 버스, 화물차 등의 운행이 어렵다고 하니 단 한 명이라도 더 태우는 것이 국가와 회사발전에도 도움이 될 것이라는 생각을 해 본다.

17시 27분에 화천행 버스(3,700원)를 다시 타고 목적지에 도착하니 18시 20분이다. 잠시 있으니 화천군청의 이 계장님의 얼굴이 보이는데 참 반갑다. 안내를 받아 숙소인 로얄장여관에 도착하니 숙박비를 벌써 계산하였으며 짐을 맡긴 후 붕어섬으로 가니 화천 비목문화제가 한창 진행 중임을 실감하게 된다. 북한강 변과 도로변에는 플래카드와 배너기, 가로기 등이 바람에 나부끼고 간이천막에서는 음식을 파는 모습도 보이며 대규모의 무대는 설치 중이다. 붕어섬을 구경하다 보니 화천군청 직원 분들이 포장마차에서 막걸리를 드시는데 멀리서 와서 반갑다며 권하므로 그만 주저앉아 1시간 이상을 어울리고 만다. 처음 마셔 보는 화천의 막걸리와 안주는 물이 좋고 인심이 좋아서인지 무척이나 맛있었고 짧은 시간이지만 만난 모든 분들의 밝고 친절한 모습이 크게 인상에 남는다. 이어 저녁식사를 하러 시내 쪽으로 발걸음을 향했는데 처음 맛 본 막걸리가 입맛에 당기므로 막걸리나 한잔 더하자고 사정을 해서 두 번째 식당으로 찾아 들어간다. 좋은 분 만나 사장 일행과 함께 구운 두부요리(?)를 안주로 해서 한 잔 두 잔 마시다 보니 내일의 마라톤대회 참가는 기억에서 점점 멀어져 가고 화천의 밤은 깊어만 가는데 아마도 숙소를 찾아 들어간 시간이 24시는 되었음 직하다.

전날 적지 않은 술을 했음에도 눈을 뜨니 6월 8일 04시 50분이다. 너무 일찍 일어났다 싶지만 어쩔 수 없는 일이다. TV를 보며 뒤척이다가 샤워를 끝내고 카스텔라 1개와 바나나우유로 아침을 대신했는데 아침식사를 하는 식당을 찾기가 쉽지 않았기 때문이다. 07시에 짐을 정리해서 숙소를 나와 대회장까지는 걸어가기로 작정을 하고 어제의 기억을 되살려 길을 찾아본다. 조금 걷다 보니 북한강이 시야에 들어왔고 반대편에 출발 장소인 화천생활체육공원이 보인다. 강변을 따라 걷다 다리를 건너 대회장에 도착하니 07시 35분인데 이른 시간임에도 공원 안팎으로는 부지런히 뛰는 선수들의 모습이 많이 보인다. 처음 본 생활체육공원은 잔디가 잘 깔려 있고 관중석은 자연석을 쌓아 만들어 놓은 것이 강변과 조화를 이루어 무척 아름답게 느껴졌다. 2천7백여 명이 참가 신청을 했다는데 비가 온다는 일기예보 때문인지 그리 붐비지는 않았으며 육상트랙을 따라 단체참가팀들을 위한 천막 수십 동이 마련되어 있었다. 공원 안팎을 이리저리 구경하다가 짐을 맡기고 화장실에 들러 몸무게를 최대한으로 줄였으며 곱게 자란 잔디밭에서 다른 선수들을 따라 부지런히 몸을 풀어 준다.

4. 대회 참가 및 완주

8시 30분에 큰 신호음과 함께 풀코스 출발을 알린다. 오늘 복장은 아디다스 마라톤 유니폼 위에 '동해마라톤클럽'의 유니폼과 아식스 운동화, MP3와 헤드셋, 모자, 아대와 흰 장갑 등이었고 허리쌕에는 카메라를 집어넣었다. 그리 덥지도 않았고 금방이라도 비가 올 것만 같은 흐린 날씨였기 때문에 달리기에는 최상의 조건으로 느껴진다. 어제의 술로 몸 상태가 별로이므로 ① 가급적 걷지 않고 완주한다. ② 속도는 천천히, 발은 지면에서 낮게 올린다. ③ 5

시간 이내 완주를 목표로 하되 절대 무리하지 않기로 다짐을 한다. 대회장을 나서자마자 맑고 깨끗한 북한강 변을 끼고 녹음이 우거진 자연환경을 만끽하며 달리니 눈도 몸도 마음도 시원하다. 차량 통제를 한 까닭도 있겠지만 도로와 주로 변의 주택지 등에도 주민이 많이 보이지 않아 여유롭다 못해 한산한 느낌이다. 공원 인근의 다리를 건너 2.5킬로미터 정도를 달렸을까 도로변의 절벽에서 흘러내리는 인공폭포의 물줄기가 시원스럽다. 첫 급수 지점에서 물을 한 모금 마시고 고마움을 표시한 후 후미에서 다시 천천히 발걸음을 옮긴다. 코스는 강변의 2차선과 1차선 도로를 따라 14킬로미터 지점까지 계속 이어지고 있었다. 2.5킬로미터 지점마다 마련된 급수대에서는 공무원과 봉사단체회원, 학생 등이 배치되어 여러 종류의 간식도 함께 나누어 준다. 6킬로미터에서 2번째 다리를 건너 1차 반환점인 8킬로미터 지점을 돌아가는데 내 뒤로 뛰는 선수들의 숫자가 채 30여 명도 안 된다. 다시 세 번째 다리를 건너 반대편 도로를 따라 뛰다가 네 번째 다리를 건너는데 목재교량이 무척 신기하고 아름답게 느껴지므로 건너자마자 열심히 응원하는 여학생에게 사진 촬영을 부탁한다. 1차로의 한적한 도로를 따라 뛰는데 가로수와 나무로 만들어진 터널(?)이 참 시원하였고 13킬로미터 구간에서도 상당한 높이의 인공폭포(?)를 감상하면서 물 위로 드러난 보를 건너간다.

　짧고 경사가 약한 언덕을 올라 14킬로미터를 지나가니 비교적 높은 언덕이 보이는데 이제부터는 코스가 강변을 벗어나는 것같이 느껴졌고 다시 되돌아서 이 지점을 지나는 순간까지는 북한강 변을 벗어나는 코스였다. 벌써 오른쪽 무릎에서 약한 통증이 시작되므로 뛰는 속도를 더욱 늦추었고 2차 반환 지점인 23킬로미터를 돌 때까지는 큰 불편 없이 뛸 수 있었다. 조금씩 진도가 나갈수록 날씨가 더워짐에 따라 몸에서 내뿜는 열기와 땀의 양도 늘어나고 입에서는 단내가 팍팍 나며 머리에서는 현기증이 느껴진다. 어제저녁에 내일의 일을 망각한 채 술로 즐거운 시간을 보낸 죗값을 치른다는 생각을 하면서도 완주를 다짐하며 힘든 걸음을 대딛는다. 14킬로미터부터 31킬로미터까지는 농촌의 평화로운 전원풍경을 좌우로 원근으로 살펴보면서 고통과 지루함을 달래 보지만 마냥 힘들뿐이었다. 제2의 반환점인 23킬로미터를 돌아 나오니 시원한 쭈쭈바를 나누어 주므로 주로 옆 주택의 처마 그늘 밑에 멈추어 쉬면서 다 먹고 나니 한결 뛰기가 수월하다. 출발 지점을 조금 지나면서부터 칠마회(?)라는 클럽명이 적혀 있는 유니폼을 많이 보았는데 70세를 넘기신 어르신들의 마라톤모임이라고 하였으며 23킬로미터를 반환하기 전에 여러 칠마회원님들께서 나를 상당한 거리로 앞서 가셨으니 정말 크게 반성할 일임이 분명하다.

28킬로미터를 지나니 그늘도 없고 급수대도 보이지 않으므로 도로변의 눈을 피할 곳을 찾아 몸 안의 불필요한 노폐물을 빼면서 조금 쉰다. 다시 힘을 내어 30킬로미터 지점에 도착하니 갈 때는 미처 보지 못한 이 계장님의 와이프께서 급수봉사를 하고 계신다. 음료수를 한 컵 받아 마시고는 가장 통증이 심한 허리운동과 함께 잠깐 걸으면서 온몸의 근육을 잠시 풀어 준다.

31킬로미터 지점을 앞둔 언덕에 올라서니 북한강 변이 보이고 시원한 바람이 불어오므로 없던 힘이 다시 샘솟기는 한데 그저 급수대가 빨리 보이기만을 기다린다. 나처럼 모두가 힘들겠지만 걸어가는 선수들이 간혹 보이므로 다소 마음이 놓인다. 35킬로미터 지점에서는 전날 식당에서 인사를 나눈 봉사단체의 여성 회원께서 반갑게 맞아 주면서 쭈쭈바를 건네주므로 다 먹을 때까지 천천히 걷다가 다시 뛴다. 36킬로미터 지점을 넋이 나간 듯 정신없이 가는 중에 느닷없이 부르는 소리에 고개를 돌려 보니 이 계장님인데 "꼭 다 뛰어야 하나. 그만 뛰고 점심이나 먹으로 가자"고 한다. 그럴 수는 없고 완주는 해야 한다고 하니 섭섭한 모습이다. 이제부터 골인 지점 입구의 다리까지는 강과 붙어 있는 도로인데 물가를 뛰는 것은 좋은데 그늘은 거의 없다. 하지만 두 급수대만 지나가면 되니 거의 다 왔다는 마음으로 다시 힘을 내어 본다. 상당한 거리를 두고 간간이 보이던 후미 선수들의 모습이 비교적 자주 보인다. 하지만 한 걸음 한 걸음씩 내딛기가 정말 힘들고 정도의 차이는 있지만 전신의 마디마디에서 통증이 느껴진다. 한 명 한 명씩을 앞서거니 뒤서거니 하면서 마지막 급수대에 도착해서는 아예 얼음물 한 통을 받아 마시며 들고 뛰는데 조금 가다가는 그것도 귀찮아서 이내 주로 변에 내려놓는다. 이때부터 골인 지점까지는 쉬지 않고 계속 뛰었는데 기진맥진한 선수들을 10여 명 이상은 따라잡은 것 같다. 새벽부터 두 번이나 건넜던 다리를 다시 건너고 체육관을 지나니 벌써 완주를 하고 귀가를 서두르는 듯한 분들이 '다 왔습니다. 동해 파이팅!'을 외치며 힘을 돋우어 준다. 마침내 체육공원의 입구가 보이고 트랙을 한 바퀴 돌아 사회자의 완주 축하 멘트를 들으면서 골인 지점을 밟았으며 기록시계는 13시 15분을 지나고 있었다.

5. 소감 및 귀향

　코스와 날씨는 참으로 좋았다. 25킬로미터 구간이 강변 코스이므로 얼마나 시원하고 경관이 좋았겠는가? 급수, 물 스펀지, 다양한 간식 등 선수들에 대한 주최 측의 배려도 세심하였고 봉사하시는 모든 분들은 밝고 친절하게 대해 주셨으며 차량을 철저히 통제한 덕분에 주로에서 자동차 매연을 거의 느끼지 못했다. 이렇게 좋은 코스에서 최악의 기록으로 달렸으니 마라톤을 너무 얕본 것은 아니었으며 내 자신의 건강을 너무 과신한 것은 아니었나 하는 반성과 후회의 마음을 떨칠 수가 없었다. 특히 이번 마라톤 준비를 위해서 5월 18일 충북방송 충주마라톤대회 참가 이후 많은 양은 아니지만 거의 쉬지 않고 부지런히 연습을 하였기 때문이다.

　도착해서 짐을 찾자마자 전화가 울렸고 받아 보니 이 계장님이 벌써 몇 번이나 했다고 한다. 13시 20분경에 다시 만났고 주최 측에서 준비한 간식이 보편적으로 맛있으므로 그곳으로 가자고 하니 화천의 별미를 맛보여 준다고 하여 이 계장님의 부인과 함께 평양 초계탕이라는 식당을 찾아갔다. 처음 맛본 초계탕(2인분 22,000원)은 아주 맛있었다. 궁중음식으로서 기름을 뺀 시원한 닭고기 육수에 닭 살코기와 막국수 사리를 곁들인 음식이었는데 양도 푸짐하였고 시원하였다. 더 하자는 것을 정중히 사양하고 이별주로 소주를 한 병 마셨으며 식사를 끝내고 화천터미널에 도착하니 13시 30분이다. 이 계장님이 춘천행 표를 구입해 주는데 14시에 출발하므로 두 분과는 아쉬운 작별을 한다. 화천에서의 이틀 일정을 마무리하고 14시에 출발해서 14시 45분에 춘천에 도착하였고, 다시 16시에 춘천을 출발 19시 02분에 동해터미널에 도착하였다. 아내가 터미널까지 태우러 온다는 것을 사양하고 택시를 이용하여 저녁식사 장소로 이동하여 아내와 식사를 끝내고 귀가하니 20시 15분이었으며 이로써 또 하나의 새로운 경험과 추억을 쌓은 21번째 마라톤 여행은 마무리되었다.

끝으로 마라톤대회가 다소나마 지역경제에 도움이 된다고는 하지만 전국의 달림이들을 위해 교통통제 협조 등 생활의 불편을 감수해 주신 화천군민들이 그저 고맙다. 또한 마라톤대회를 주최·주관한 화천군과 비목문화제조직위원회 그리고 교통통제와 급수봉사 등 대회의 성공 개최를 위해 애쓰신 군청 공무원, 여고생, 경찰, 소방관, 봉사단체 회원 등 모든 분들께 진심으로 감사의 뜻을 전한다.

댓글

아이고⋯⋯이제 후기 좀 짧게 써 줘요.. 눈 아파요. ㅋㅋㅋㅋ

심관홍[2008/06/18]

도대체 못 말리겠습니다. 酒 회장님!
암튼 또 한 번의 멋진 마행이었군요. 축하!~

심재천[2008/06/15]

酒 走 회장님, 이번 대회도 어김없이 ㅎㅎ

신윤승[2008/06/12]

촛불 들고 뛰었으면 전국적으로 부각되어 얼굴 뵙기가⋯⋯. ㅎㅎ
완주를 축하드립니다.

권우찬[2008/06/12]

양원희 님의 글 잘 읽었습니다. 님의 완주기를 보면서 저도 열심이 연습하여 내년에는 꼭 한 번 비목 마라톤대회에 참가하고 싶네요. 늘 즐런 하시고 건강하세요.

초보관심이 06/13

첫 산악마라톤 참가,
'한가위맞이 제5회 남산우정마라톤대회'(22)

1. 대회개요

- ○ 대회명: 한가위맞이 제5회 남산우정마라톤대회
- ○ 일시: 2008. 9. 13.(토) 09:00(날씨: 맑음)
- ○ 장소: 남산 국립극장 위 북측순환로
- ○ 주관: 한국산악마라톤연맹
- ○ 코스: 남산 국립극장 위 약수터~녹색체육관 왕복
- ○ 종목: 4종목(풀, 30킬로미터, 24킬로미터, 12킬로미터)
- ○ 참가비: 30,000원(풀코스)
- ○ 기념품: 선글라스 또는 김
- ○ 총경비: 88,700원(참가비 포함)
- ○ 소속: 동해시청마라톤클럽, 동해마라톤클럽
- ○ 기록: 04:41:51.58

2. 참가배경

  매월 1개 대회 이상 뛰기로 마음의 결정을 하고 7~8월 중에 대회 참가 신청을 하였으나 사무실과 개인적인 일이 연속적으로 겹치는 까닭에 무려 4개 대회를 뛰지 못했다. 참가비가 아까운 것은 뒤로 미루더라도 6월 8일 화천에서 풀코스를 뛴 지 3개월여를 뛰지 못한 관계로 몸이 근질근질하던 차에 대회일자가 임박할 때까지 참가 신청을 받고 있는 남산대회를 알게 되었고 마감 일자에 참가 신청을 하였다. 산악마라톤연맹에서 주관하는 대회인 만큼 산악(?)을 뛸 것이라 생각은 했지만 평지를 뛰는 것과 큰 차이가 있겠나 하는 다소 안일한 마음과 남산 구경을 한 번도 해 보지 못하던 차에 남산 구경도 해 볼 겸 참가하게 되었다. 그러나 추석 하루 앞날인지라 과연 내가 제정신으로 참가하는 것인가 그리고 9월 13일 동해로 귀가 시에는 얼마나 많은 시간이 걸릴까 하는 다소 염려스러운 마음을 떨칠 수는 없었다.

3. 출발부터 대회장에 도착할 때까지

  9월 12일(금) 19시 50분에 마라톤용품을 챙겨 집을 나선다. 동해시외버스터미널에서 동서울로 가는 버스는 이미 끊긴 상태이므로 강릉에 가서 버스를 타기로 한다. 20시 05분 강릉행(3,200원) 버스에 올라 강릉에 도착하니 20시 44분이다. 추석 연휴 탓인지 터미널의 매표창구에는 승객들로 장사진을 이루고 있다. 21시 버스에 탑승을 해야 하는데 줄이 너무 길어 마음에 안달이 나지만 새치기할 수도 없고 마음을 졸이면서 승차권(12,600원)을 끊어 차에 오르니 출발 1분 전이다. 21시 정각에 버스는 출발하였고 휴게소에 들르지도 않은 채 열나게 달린 탓인지 23시 20분에 동서울에 도착한다. 이제는 서울에서 개최되는 마라톤대회에 참가할 때마다 단골 숙박 장소가 되어 버린 강변스파랜드(9,000원)를 찾아 들어가니 23시 40분이다. 간단히 사우나를 하고 찜질방에 들어가니 참 손님도 많다. 만만하게 몸을 눕힐 적당한 공간을 찾기가 쉽지 않아 산소방, 아이스방 등 몇 곳을 헤매다 마침내 공간을 발견하였고 찾아가 드러눕는다. 얼마나 소란스러운지 MP3 볼륨을 크게 높여 귀에 단단히 꽂고 잠을 청해 본다.

이리저리 뒤척이다 눈을 뜬 시간이 04시 40분이다. 눈도 아프고 머리도 띵하므로 더 잠을 잘까 해서 누워 버텨 보지만 뜻대로 되질 않는다. 뛰려면 아침은 3시간 전에 먹어야 하므로 식당을 찾아갔는데 20여 분 이상을 기다려도 불이 켜질 기미가 없다. 예전에 몇 번 아침식사를 했었는데 손님이 별로 없는 까닭인지 영업시간을 바꾼 모양이다. 5시 15분에 사우나에 들어가 6시까지 몸을 씻고 찜질방을 나선다. 찜질방에서 식사를 하면 좀 더 쉴 수 있고 여유로운데 안타깝지만 아침식사를 위해서 부지런히 나서는 것이다. 찜질방 옆의 신촌설렁탕에서 설렁탕(5,500원)으로 아침식사를 마치고 동서울터미널에 들러 귀가할 버스표를 예매하는데 이른 탓인지 16시 35분 동해행 버스표가 아직은 있다. 07시에 강변역에서 지하철을 탑승 7시 30분에 동대입구역에서 내렸고, 남산의 출발 장소가 어디에 있는지 알지 못하므로 마라톤 복장을 한 일행들을 따라 무턱대고 따라가니 7시 50분에 출발 장소에 도착한다. 이른 시간이지만 벌써 많은 선수들이 도착해서 몸을 풀고 뛰느라 소란스럽다.

남산은 지금까지 남산타워 구경차 차를 이용하여 두 번 들른 적이 있다. 걸어서 올라 남산을 구경한 것은 이번이 처음이다. 동대입구역에서부터 출발 장소까지는 비교적 짧은 거리임에도 참 잘 가꾸어져 있고 주변 경관이 아름답게 느껴진다. 신라호텔, 동국대학교, 민주평화통일자문회의, 한국자유총연맹, 국립극장 등 유명한 건물들이 도로 양편에 자리하고 있다. 경사진 도로변을 따라 산책로와 조깅 및 자전거도로가 폭이 넓게 잘 만들어져 있고 숲은 우거졌으며 은행나무 가로수는 연한 노란색으로 단풍이 들어 가고 있었다. 차량 통행은 별로 없었으며 자전거를 타거나 조깅 및 산책을 하는 시민들의 모습이 많이 보인다. 8시 5분까지 출발지 주변의 생활체육시설 안에 있는 쉼터(정자)에서 옷을 갈아입고 짐을 보관소에 맡긴 후 8시 50분까지 계속해서 스트레칭을 하고 몸을 푸는데 연습이 모자란 탓인지 몸이 영 무겁게 느껴진다. 오늘 참가자는 700여 명 정도 되는데 3일간의 추석연휴임에도 달리는 사람들이 제법 많게 느껴진다. 대회장의 준비상황은 아주 단출하다. 대회 및 출발지를 알리는 플래카드 1개, 본부용 천막 2개, 짐 보관소는 나무 그늘 아래 노천 상태로 마련되어 있고, 칩 반납 및 간식 배부처도 별도로 마련되어 있지 않다. 어느 대회에서나 보이는 선도용 경찰차도 보이지 않고 교통통제를 주로 전담하는 경찰이나 해병전우회, 급수 및 간식봉사를 위해 주로 동원되는 학생들의 모습도 보이지 않는다. 산악마라톤대회에 처음 참가를 해 보지만 통상적인 대회와는 사뭇 다른 풍경이라 조금은 의아스럽다. 햇볕은 다소 뜨겁게 느껴지지만 주로 변에는 큰 나무들로 숲이 우거졌기 때문에 그늘 터널이 잘 만들어져 있어 뙤약볕을 맞으며 뛰지는 않아도 될 것 같았고 숲 속에서 간간이 불어오는 바람도 아주 시원스럽다.

4. 대회 참가 및 완주

　내빈과 외국인 선수 소개에 이어 산악연맹회장의 간단한 인사말씀이 끝나자 9시 정각에 출발신호를 알린다. 코스 구분 없이 일제히 같이 출발하였는데 코스는 3킬로미터 구간을 계속 왕복해서 달리는 것이라고 설명을 한다. 풀코스의 경우는 7회를 왕복해야 하는 것이다. 출발 지점에서 조금 뛰어가니 상당한 내리막이 나오는데 이어서 오르막 - 내리막 - 오르막 - 평지 - 내리막 - 오르막 - 내리막길이 반복적으로 계속 이어진다. 첫 회를 왕복할 때는 평지를 뛰는 것보다 오히려 재미를 느꼈는데 내리막에서는 보폭이 자꾸 길어지므로 의식적으로 줄이려 해도 잘되지 않는다. 특히 다른 선수들을 따라 뛰게 되므로 오버페이스가 아닌가 하는 생각을 자꾸 하게 된다. 12킬로미터를 뛰었을 때의 기록이 70분이므로 잘만 하면 4시간 정도는 되지 않겠나 하는 다소 무리한 생각을 가져 본다. 3회를 왕복(18킬로미터)하니 벌써부터 숨이 가쁘고 다리에는 서서히 통증이 오면서 힘이 빠지기 시작하였으며 하프 기록이 115분, 24킬로미터 통과 기록은 135분이 걸렸다. 아주 힘겹게 느껴져서 마냥 걷고만 싶은데 아직까지는 걷는 모습이 전혀 보이지 않는다. 간식과 물을 먹으면서 3분 이상을 앉아 쉬고 다리, 허리의 근육을 풀어 주었음에도 정말 한 걸음씩 내딛기가 힘들다. 땀은 가랑비를 맞은 듯 끝없이 쏟아지고 호흡은 가빠지며 허리, 엉덩뼈, 무릎, 발목 등 전신이 불편하다. 포기할 수도 없으므로 평지와 내리막은 뛰지만 오르막이 나오면 가급적 걷는 것으로 작전을 바꾼다. 원래 기록도 저조하지만 오직 5시간 안에 포기하지 말고 완주만 하자는 목표로 골인 지점을 향해 한 걸음씩 옮기기로 한다. 30킬로미터 통과 기록이 185분, 36킬로미터 기록은 235분, 피니쉬라인 통과 기록은 4시간 41분이었는데 아마도 내 뒤로 들어온 선수들은 불과 20여 명도 채 되지 않아 보인다.

처음에는 코스를 잘 모르는 까닭에 선글라스를 끼었는데 얼마나 땀이 나는지 2회 왕복 후에는 벗어 버렸고, 5회 왕복하고는 MP3의 배터리가 다 떨어져 이것마저 벗어 버렸다. 급수는 출발지와 반환점에서 공급을 하였고 간식은 출발지에서만 공급을 해 주었는데 초코파이, 바나나, 케이크, 김밥, 사탕 등 다양하였다. 너무 힘이 든 까닭에 4회 왕복 이후부터는 물과 간식은 앉아 쉬면서 섭취를 하였고 물을 너무 많이 마신 탓인지 화장실을 네 번이나 이용했다. 아스팔트와 우레탄으로 만들어진 2차선 도로임에도 원래 일반 차량은 통행을 할 수 없는 곳인지 뛰는 내내 아스팔트 도로 위를 운행하는 차량은 1대도 보지 못했으며 연인, 가족, 친구 단위로 산책하는 시민과 자전거, 등산, 마라톤을 즐기는 시민들의 모습이

무척 많이 보였다. 뛰는 와중에 2007년 8월 울릉도오징어마라톤대
회에서 인사를 나눈 서울 KT의 직원 분과 인사를 나누었는데 몹
시 반가웠다. 이분도 얼마나 열심히 마라톤을 하는지 전국의 여러
대회에서 간혹 만나는 분이다. 또한 올해 4월 112회 보스턴마라톤
대회에 같이 참가하셨던 분과도 반가운 인사를 나누었다. 오랜 군
생활을 마치고 대령으로 예편하신 분인데 정신없이 뛰고 있는데
알아보시고 내 이름을 불러 주신 것이다. 올해 연세가 59세 정도
되신 분인데 보스턴에서도 나보다 기록이 좋았지만 이번에도 내가
37킬로미터 지점을 뛸 때 41킬로미터를 뛰셨으므로 20~30분 정도
는 더 좋은 기록으로 완주를 하신 것 같다. 여자 분도 상당수가
참가했는데 얼마나 많은 연습을 했는지 정말 잘 뛰었으며 그 강인
한 체력과 잘 다음어진 몸매, 그리고 철저한 자기관리에 대해서
절로 존경심이 우러나온다.

5. 소감 및 귀향

　풀코스를 뛴 지 3개월 만에 첫 산악마라톤풀코스대회 참가, 참
힘들게 또 한 대회를 마쳤다. 개최시기와 코스는 참 좋았다는 생
각이다. 별로 중요한 것도 아니지만 어떤 대회에서건 빠짐없이 주
는 기념 메달 대신에 열쇠고리를 주는 것은 다소 특별했다. 점심
시간이 훨씬 지난 시간이었으므로 완주 후에 빵과 우유 등 간단한
간식과 생수 1통 정도씩은 공급해 주었으면 좋지 않았을까 하는

아쉬운 마음이 있다. 전국의 달림이들을 위해 우리나라 최고의 명산인 남산의 좋은 코스에서 대회를 개최하여 주시고, 널리 배려하여 주신 한국산악마라톤연맹 회장님을 비롯한 관계자 여러분께 깊은 감사의 말씀을 드린다. 내년에는 더 훌륭하고 멋진 대회로 발전하기를 기원한다.

짐을 찾아 옷을 갈아입고 14시 05분에 대회장소를 출발한다. 뛰는 중에 간식을 조금 먹고 물을 많이 마셨음에도 배가 고프고 갈증이 계속 나기 때문에 다리의 상태가 다소 불편하지만 식당을 찾아 부지런히 발걸음을 옮긴다. 동대입구역 앞에 장춤쉼터라는 식당이 보이므로 찾아 들어가 김치찌개(5,500원)와 병맥주 한 병(3,000원)을 시켜 먹고 나니 한결 나은데 갑자기 피로가 확 밀려온다. 마라톤 완주나 조금 많은 양의 운동 후 갈증이 심하게 날 때는 역시 맥주가 최고임을 다시 실감한다. 식사를 다 하고 일어서려고 하는데 마라톤대회에 참가한 일행 다섯 명이 들어오시면서 고생했다는 인사를 건넨다. 이분들도 식사를 주문함과 동시에 맥주를 먼저 찾는 것을 보니 나와 같은 마음인가 보다. 14시 50분에 동대입구역에서 지하철(1,100원)을 타고 강변역에 도착하니 15시 32분인데 동해행 차량 출발 시간이 얼마 남지 않았다. 15시 50분에 몇 번 가본 적이 있는 동방대중사우나를 찾아가 샤워(3,000원)를 하고 나오니 16시 20분이다. 새벽부터 얼마나 바쁘게 시간을 보냈는지 정말 정신이 없을 정도이지만 부지런히 동해로 가자니 달리 방도가 없지 않은가?

서울에서의 일정을 모두 마치고 마침내 16시 35분에 동해행 버스에 올랐고 버스가 출발하자마자 바로 잠이 들었으며 장평휴게소에서 15분 정도의 휴식을 가진 후 동해에 도착하니 19시 37분이다.

추석연휴 첫날로서 추석 전날임에도 3시간 2분밖에 걸리지 않았으므로 비교적 교통소통이 원활했던 듯싶다. 19시 50분에 아내를 만나 저녁식사를 하고 집에 도착하니 20시 35분이었으며 또 하나의 새로운 경험과 추억을 쌓은 22번째 마라톤 여행은 마무리되었다.

양 계장님
축하드립니다.
일, 술, 마라톤.
모든 분야에서 다재다능하신
양 계장님을 존경합니다.   권우찬[2008/09/18]

추석연휴 동안 달리기여행을 다녀오신 양원희 님 수고하셨습니다. 좋은 글 잘 읽었고 즐겁게 여행하는 기분으로 달릴 수 있다는 것이 얼마나 행복합니까. 앞으로도 좋은 글 많이 올려 주세요.   홍성태[2008/09/17]

양 계장님의 달리기 사랑은 타의 추종을 불허합니다.
부상 없이 항상 즐거운 달리기가 되었으면 합니다.
멋있습니다.!!   임진호[2008/09/17]

한가위 준비에 바쁘실 텐데 멀리서 오셔서 참가하셨군요.
처음부터 상세하게 마라톤 진행 상황을 재미있게 묘사하여
다음번 참가자들에게 많은 참고가 되겠습니다. 좋은 글 감사합니다.
                                              박금환, 09/18

출발에서 끝날 때까지의 과정을 현장에 있는 듯한 양원희 님의 서울에서의 마라톤 참가기 잘 읽었습니다. 이렇게 힘들게 마라톤 대회를 참가하는 달림이가 많다는 것을 대회를 주최하는 주최 측에서는 알아야 할 것 같습니다. …… 양원희 님의 마라톤에 대한 열정에 박수를 보냅니다. 짝~짝~짝~짝~짝~
                                        신상철(가로수), 09/19

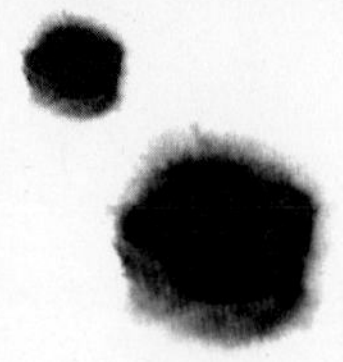

포기와 자존심의 갈등,
'2008 경기 평화통일마라톤대회'(23)

1. 대회개요

○ 대회명: 2008 경기 평화통일마라톤대회

○ 일시: 2008. 9. 27.(토) 09:00(날씨: 맑음)

○ 장소: 임진각

○ 주최: 경기도

○ 주관: 경기관광공사, MBC, 경기육상연맹

○ 코스: 임진각~통일대교~민통선~통일로~파주 시내 일원

○ 종목: 3종목(풀, 하프, 10킬로미터)

○ 참가비: 40,000원(풀코스)

○ 기념품: 스포츠점퍼, 완주 메달/스포츠타월, 완주기념 T셔츠

○ 총경비: 99,100원(참가비 포함)

○ 소속: 동해시청마라톤클럽, 동해마라톤클럽

○ 기록: 04:45:48

2. 참가배경

　연초에 매월 최소한 1개 정도의 풀코스는 뛰기로 결심을 하고 시작은 했는데 7~8월 연속해서 뛰지 못했다는 쓸데없는 부담감이 마음에 계속 남아 있다. 내가 맡고 있는 일이 주로 주말에 이루어지다 보니 이를 감안해서 '마라톤온라인' 사이트를 통해 대회를 찾다 이 대회를 발견하게 되었다. 대회가 토요일에 열리는 까닭에 동해에서 그곳까지 이동해서 참가하는 것이 다소 무리가 아닌가 하는 생각을 가졌는데 주최 측에서 서울에서 임진강역까지 셔틀 열차를 제공해 준다는 그 높은 참가자들에 대한 배려 때문에 용기를 내어 참가 신청을 하게 되었다. 또한 남북관계와 6·25, 평화통일을 논할 때마다 먼저 연상되는 임진각에도 한번 가 보고 싶었고, 철원에서 개최되어 민통선을 달리는 DMZ국제평화마라톤대회와 코스를 비교도 해 보고 싶은 마음이 들었기 때문이다. 그러나 막상 대회에 참가할 날이 코앞에 다가오자 크게 걱정이 되었다. 9월 13일의 남산 우정산악마라톤대회에 참가해서 다소 무리를 한 후 2주간 동안 연습이라고는 10킬로미터 자전거 타기 1회, 5킬로미터 조깅 1회만을 했을 뿐이다.

3. 출발부터 대회장에 도착할 때까지

9월 26일(금) 18시 10분 조금 일찍 귀가해서 대회에 참가할 짐을 부지런히 챙긴다. 짐을 챙기면서 '굳이 이렇게까지 달려야 하나. 내가 제정신이 맞나' 하는 생각을 잠깐 하며 실소를 한다. 18시 40분에 친구들과의 모임에 참석해서 소주를 몇 잔 하다 보니 미치지 않았냐 하며 술이나 마시자고 유혹을 한다. 순간 마음이 조금 흔들리긴 했지만 대회에 꼭 참가하기로 단호한 마음의 결정을 내린다. 하지만 계획한 것보다는 친구들과의 모임이 1시간 길어졌으며 이로 인해 다음 날 큰 고생을 하게 될 줄이야…….

20시 40분에 친구들과 헤어져 식당을 나선다. 약간의 시간이 있으므로 다리 근육도 풀어 줄 겸 해서 터미널까지 20분간을 걸어서 간다. 21시 강릉행 버스(3,200원)에 탑승하여 21시 40분에 도착하였고, 22시 동서울행 버스(13,900원)에 탑승하여 24시 14분에 도착을 하였다. 24시 20분에 단골 숙박업소가 되어 버린 강변스파랜드(9,000원)에 들어가 00시 50분까지 샤워를 한 후 찜질방으로 간다. 오늘은 2주 전에 왔을 때보다 손님들이 더 많다. 서울 시민들이 이제는 지방으로 내려가는 교통편이 너무 복잡해서 찜질방에 와서 즐기나 하는 엉뚱한 생각을 한다. 아무리 뒤져 봐도 드러누울 공간이 없다. 아이스방, 산소방, 수면실 등을 왔다 갔다 하며 찾아봐도 드러누울 마땅한 공간이 없다. 결국 거의 뜬눈으로 헤매다가 03시 30분에 박차고 일어나고 만다. 사우나에 들렀다가 속소(?)를 나와 04시 40분에 신촌본가설렁탕에 도착, 05시 05분까지 설렁탕

(5,500원)으로 아침식사를 한다. 05시 10분에 강변역에 도착하니 아직 근무자들이 나오지 않았는데 이른 시간임에도 20여 명의 시민들이 지하철을 기다리고 있다. 화장실에서 볼일을 보고 나오니 05시 20분이 되지 않았는데도 승차권을 판다. 05시 36분이 첫차이므로 시민들의 편의를 위해서는 별 수 없겠지만 참 고생 많다는 생각이 든다. 20여 분을 기다리다 05시 41분 서울역행 내선 구간 첫차를 타고 동대문운동장역에서 4호선으로 환승하여 서울역에 도착하니 06시 10분이다. 서울역에도 처음 와 본 듯하다. 서울역으로 나가는 출구를 찾아 조금 헤매다가 역에 도착하니 마라톤 복장을 갖춘 사람들의 모습이 몇 명 보이므로 다소 마음이 놓인다. 단체 참가자인 듯한 일행의 뒤를 따라가는데 임진강마라톤대회에 참가할 선수들은 빨리 열차에 타라고 계속 방송을 한다. 11번 탑승구로 가라고는 하는데 보여야 가지. 6~7명이 무리 지어 뛰다 보니 승무원이 빨리 오라고 손짓을 한다. 그곳이 11번 탑승구였으며 차에 오르자마자 06시 20분에 곧바로 출발을 한다. 숨도 가쁘지만 안도감과 함께 얼마나 큰 한숨이 나오던지. 이 차 놓치면 30분 뒤에 있는 열차를 탑승해야 하는데 마라톤 출발 시간과 비교해 볼 때 여유시간이 없을 것으로 보였기 때문이다.

열차는 마라톤 복장을 한 사람들로 만원이다. 마라톤대회를 위해서 특별하게 운행하는 열차라는데 정말 대회에 참가한 사람들만 탄 것일까? 출발하자마자 찜질방에서 자지 못한 잠을 청해 본다. 억지로 얻은 자리가 횡으로 마주 보는 자리이기 때문에 다소 불편한 탓도 있지만, 소란스럽기도 해서 잠이 잘 오질 않는다. 잠이 드는 듯 마는 듯 헤매다가 07시 40분에 임진강역에 도착한다. 대회

특별열차는 서울~임진강역행 3편, 임진강역~서울행 4편에 총 3,280석을 준비했으며 편도당 이용요금은 1,400원이므로 참가자에게 막대한 비용을 들여 편의를 제공해 주어 큰 고마운 마음을 갖게 된다. 역에서 대회장 까지는 약 500여 미터의 가까운 거리이므로 걸어서 간다. 아직은 이른 시간임에도 주변 도로는 교통소통이 잘 이루어지지 못하고 행사장으로 향하는 인파도 엄청나다. 대회장에서는 화장실 이용에 어려움이 있으므로 가장 먼저 화장실을 찾는다. 간이화장실이 남녀 2동씩만 설치되어 있는데 한 동은 출입문이 채워져 있다. 옆 동에 가서 줄을 서자마자 길게 줄이 늘어선다. 10여 분을 기다렸는데 참지 못한 선수들은 여자 화장실 쪽으로도 발걸음을 옮긴다. 남자 화장실의 큰 볼일용 2칸 중 1칸은 막혀서 오발트를 하므로 마지막 볼일 보신 분이 이용하지 못하도록 문을 막아 버린다. 뒷사람을 생각해서 짧게 볼일을 보고 나와 손을 씻으려고 하니 물이 나오지를 않는다. 이곳저곳의 대회에 많이 참가해 보았지만 이런 경우는 처음 겪어 본다. 경기도청에서 주관을 하고 멋진 출발선 아취, 대회장인 임진각공원의 아름다운 모습 등으로 기대가 컸는데 하나씩 무너진다. 탈의실과 짐 보관소를 찾아보니 보이지를 않는다. 행사장 안내판 앞에는 많은 사람들이 모여 있는데 서로에게 묻는 형편이 나와 똑같다. 한참을 이리저리 헤매다가 찾긴 했는데 안내판을 왜 만들어 놓았는가 하는 생각을 갖게 된다. 남자용 탈의실로 텐트를 3개 설치해 놓았는데 얼마나 많은 사람들이 모여 있는지 감당이 불가능하겠지만 대부분이 밖에서 그냥 갈아입는다. 나는 찜질방에서 아예 갈아입었기 때문에 겉옷을 벗기만 하면 되므로 아무 문제가 없다. 짐 보관소에는 안내

현수막도 없고 코스별, 번호별로 구분도 되어 있지 않으며 아르바이트 학생이 아무 곳에나 맡기면 된다고 한다. 찾을 것을 생각하니 조금 미심쩍었으나 맡기고 난 후 08시 40분경에야 현수막을 붙인다. 짐을 찾아 해당 부스에 맡기고 몸을 푼다.

08시 10분경에 식전행사로서 모듬북 공연을 했고 이어서 김문수 경기도지사님께서 참가비의 5%인 1천만 원을 북한주민돕기 단체인 (사)나눔인터내셔널에 기증하였다. 한마디로 말해서 참가비수입이 5억 원이나 되므로 참가자가 그만큼 많았다는 뜻이다. 스트레칭을 마치고 출발선으로 이동을 해야 하는데 행사 장소는 엄청 넓은데 출구는 좁으니 코스별 안내 플래카드는 있으나 마나하다. 그냥 따라가면 출발선에 도착은 하겠지만 이것 또한 운영 미숙이라는 생각에 혀를 차게 된다. 어찌 되었거나 육군군악대를 따라 출발선 부근에 도착하니 09시는 넘어섰는데 발 디딜 틈이 없을 정도로 많은 선수들로 꽉 차 있다.

4. 대회 참가 및 완주

시간이 다소 지연된 듯 사회자의 진행이 빠르다. 내빈인사에 이은 김문수 도지사의 10여 초 정도의 짧은 인사말씀이 끝나고 출발신호를 알린다. 스타트라인은 남북분단을 상징하는 뜻인지 문이 닫혀져 있었는데 출발신호와 함께 문이 열리면서 일제히 달려 나간다. 오늘은 어떻게 달릴까를 잠시 궁리한다. 이른 시간인지 몸에 한기를 느낄 정도로 날씨가 선선하고 바람도 적당히 불어 준다. '오랜만에 4시간 안에 한번 달려 볼까? 아니지 내게는 무리야. 그럼 일단은 4시간 30분 정도로 목표를 잡고 달려 보자고' 마음을 굳힌다. 임진각 누리공원 옆을 돌아 통일대교를 지나 북쪽으로 향한다. 4~6차선 도로 전체를 주로로 전면 통제하는데 시원스럽다. 주로의 양편은 울긋불긋 피어 있는 코스모스가 바람에 한들거리고 황금빛 들녘에는 누런 벼 이삭이 고개를 숙이고 있다. 이런 코스가 끝까지 계속된다면 정말 좋겠다는 기대감에 연습이 부족했음에도 발걸음이 가볍다. 아직은 갈증도 나지 않고 견딜 만하므로 5킬로미터 급수 지점은 그냥 통과한다. 조금 더 진행하니 이제는 뛰어갈 수 있는 한계 지점인지 반환하라는 표시가 있어 되돌아가는데 주로 위에는 정말로 선수들이 많다. 아마도 행렬의 길이가 5킬로미터 이상은 됨 직하다. 지금까지 참가한 모든 대회는 매 킬로미터마다 거리표시가 되어 있었는데 이 대회는 5킬로미터 단위로 표시가 되어 있을 뿐이다. 물 스펀지가 마련되어 있는 지점은 그 반인 2.5킬로미터 지점으로 추측할 뿐이다.

대략 8킬로미터 지점을 통과하니 왼쪽 엉덩뼈에 미세한 통증이 느껴진다. 너무 빨리 달렸나 하는 생각에 불안한 마음이 인다. 다시 출발지 옆을 돌아 임진강 변의 주로로 진행하는데 강변에는 철조망이 설치되어 있다. 남북분단의 현실과 이곳이 최전방 지역이라는 것을 실감하게 된다. 10킬로미터 지점에서는 물을 두 모금 마시면서 시간을 보니 53분에 뛰었다. 남들 따라 뛰다 보니 너무 빨리 뛴 것이다. 남의 페이스에 말리지 말고 평상시 연습할 때처럼만 뛰자고 몇 번을 다짐해 본다. 흐드러지게 핀 코스모스 꽃길은 계속 이어지고 도로변의 나뭇잎들은 약하고 연한 노란 단풍 기운이 감돈다. 15킬로미터를 조금 미치지 못해서는 오른쪽 무릎에도 약한 통증이 온다. 2주일간 전혀 연습하지 못한 탓이라는 것을 실감하며 보폭을 더 줄이고 지면에서의 발 높이도 최대한 낮춘다. 15킬로미터 지점에서 급수를 보충하고 계속 진행을 하는데 이제는 바람도 그리 불지 않고 햇볕이 다소 따갑게 느껴진다. 17.5킬로미터 지점에서는 처음으로 물 스펀지를 사용해서 땀을 닦는다. 약한 오르막 중간쯤에 20킬로미터 급수대가 설치되어 있고 간식으로 오이와 바나나를 나누어 준다. 물 한 모금 마시고 오이를 5쪽 받아먹은 후 잠시 다리 근육을 풀어 준다. 조심스럽게 뛰므로 왼쪽 엉덩뼈의 통증이 더 심해지진 않지만 오른쪽 무릎도 조금씩 아파 온다. 이때의 소요시간은 114분이므로 10킬로미터를 61분에 뛴 것이다. 약한 오르막이 몇 군데 있지만 지금까지의 코스는 무난하다. 언덕을 올라 내리막 다시 오르막을 넘으니 꽤 긴 내리막이 계속 이어진다. 25킬로미터 지점에서 물을 마신 후 소변이 마려워 도로변의 카센터를 찾아갔으나 화장실이 보이지 않으므로 포기를 하고 만다. 대략 26킬로미터 지점부터 500여 미터는 강변 1차 도로를 뛰는데 차량통제를 하지 않은 탓에 버스들이 옆을 스쳐 지나간다. 26킬로미터 지점에서는 길옆 으슥한 곳을 찾아 소변을 본다. 27.5킬로미터 지점에서 다시 물 스펀지를 사용하면서 조금 쉬는데 물이나 간식이 있으면 좋겠다는 마음이지만 그냥 바람일 뿐이다. 무릎과 엉덩뼈에 이어 이제는 허리와 어깨도 조금 불편하다. 날은 갈수록 뜨거워지고 입술은 바싹바싹 마르며 땀은 쉴 새 없이 흘러내린다. 힘도 들고 허기가 지므로 30킬로미터 지점에서는 간식을 먹으며 조금 쉬어야겠다고 생각을 했는데 물밖에 없다. 앞서 부지런히 간 선수들이 몇 개씩 먹고 들고 갔다고 한다. 그리 많지는 않지만 각종 대회 참가했다가 간식이 떨어져서 먹지 못한 경우는 처음 겪는다. 참 어이가 없지만 만들어 내놓으라고 할 수도 없고 달리 도리가 없지 않은가? 물을 몇 잔 마시고 잠깐 쉬면서 허리, 무릎, 어깨, 목운동을 하며 몸을 풀어 준다. 이때의 소요시간이 183분이므로 10킬로미터를 69분에 뛴 것이다.

30킬로미터를 지나면서부터는 걷는 선수들의 모습이 간간이 보이기 시작한다. 내 몸의 안 좋은 상태를 느끼면서 참 멀리 잘도 왔다는 생각을 하며 힘든 한 걸음 한 걸음씩을 옮긴다. 30~35킬로미터 구간은 2차선 도로인데 한쪽 차선은 완전히 통제를 하여 주로로 활용하고 있다. 풀코스의 전 구간은 경찰이 차량통제를 하고 있는데 해병전우회나 모범운전자 등의 지원을 받지 않는 것이 다른 대회에 비해 이채롭다. 32.5킬로미터에서도 힘이 들기 때문에 스펀지를 받아 땀을 닦으며 조금 쉬었는데 원래 없는 곳이지만 이곳 역시 간식은 없다. 35킬로미터 지점에 도착해서 물을 보충했는데 간식은 모두 떨어졌단다. 물도 얼마 남지 않았다는 얘기를 듣고 페이스메이커 중의 한 분이 봉사학생에게 경찰무전기를 통해 물을 확보해 놓으라고 한다. 아직 뒤에 뛰어 오고 있는 사람이 많고 더위를 이기지 못하는 사람들은 몸과 머리에 물을 쏟아 붓기도 한다는 말과 함께…….

500여 미터를 더 갔을까 꽤 긴 오르막이 막 시작되는데 간식을 전혀 먹지 못해서인지 힘도 없고 온몸이 고통스럽다. 5분 정도를 걷다 다시 힘을 내어 뛴다. 이제는 아무 생각도 없다. 그저 빨리 피니쉬라인에 도착하기만을 바랄 뿐이다. 앰뷸런스 한 대가 바쁘게 지나가지만 여기서 절대 포기할 수는 없다. 주로의 중앙선에 대기 중인 앰뷸런스에서 물을 얻어 마시는 선수들의 모습이 보이므로 뒤에 서 있다가 한 잔을 받아 마신다. 내리막인데도 걸어가는 모습이 보인다. 떨어지지 않는 발걸음을 억지로 떼며 몇 명을 따라잡고 그리 길지도 않은 언덕 중간에서 다시 걷는다. 스펀지든 급수든 빨리 나타나기만을 기다리며 걷다 뛰다 하는데 37.5킬로미터 지점의 스펀지를 공급해야 할 장소에 탁자와 사람이 보이지 않는다. 얼굴에 물을 적시며 조금은 편안(?)하게 쉬려던 마음에 실망이 더욱 크다. 이제는 발목에서조차 통증을 느낀다. 지금까지 23번의 마라톤(1번 실패)을 뛰면서 발목의 통증을 느낀 적은 한 번도 없었는데 9월 13일의 다소 무리한 산악마라톤대회 이후 전혀 연습을 하지 못한 까닭이라는 것을 절감하게 된다. 조금 더 가니 500미터 앞에 급수대가 설치되어 있다는 표지판이 보이므로 40킬로미터 지점이 가깝다는 뜻이므로 없던 힘이 조금은 난다. 목적지가 가까워질수록 발걸음은 무거워지고 온몸이 고통스럽기는 마찬가지겠지만 나보다 몸매가 더 건강해(?) 보이는 여성 분들이 한 걸음 한 걸음씩 잘 내딛는다. 급수대가 나타나기만을 학수고대하고 가지만 보이지 않는다. 결국 골인 지점까지 급수대를 보지 못했으므로 40킬로미터 지점의 급수대는 먼저 철거를 했거나 아니면 물이 떨어져 폐쇄를 했다는 얘기인데 정말 해도 해도 너무한다는 생각을 떨쳐 버릴 수가 없다. 대략 골인 지점 1킬로미터를 남겨 놓고는 여성 선수 3명의 뒤를 바라보면서 아픔을 참으며 계속 뛰었고 마침내 피니쉬라인을 통과한 시각이 01시 54분을 막 지나고 있었으므로 4시간 47분 정도의 기록으로 완주를 한 것이다. 출발선 200여 미터부터는 주로 변에서 바라보고 있는 시민들이 파이팅을 외치면서 손을 흔들어 주므로 통증이 줄어드는 것도 같고 바닥난 힘이 조금은 나는 것도 같아 너무나 고맙다.

5. 소감 및 귀행

2주 만에 풀코스를 뛰었다. 가장 힘들게 뛴 대회로 기억될 것 같다. 코스는 대한육상경기연맹 공인코스라고 하는데 비교적으로 좋은 코스라고 생각된다. 일부 구간이 조금 신경을 쓰게 만들었지만 시내 지역을 달릴 때는 도로 중앙선 측에 주로를 확보하였고 황금빛 들판과 숲이 우거진 도로변을 따라 뛰므로 가까운 데부터 먼 곳까지 시야를 시원스럽게 확보할 수 있었고 조금은 덜 지루하게 느껴졌다. 특히 출발지부터 통일대교를 지나 북쪽으로 한창 달리는 등 대략 15킬로미터까지의 코스는 매우 좋다고 생각한다. 다만 대회 진행 과정에서 아쉬운 점은 ① 대회장의 간이화장실 이용 불편 ② 대회장 안내표지의 불명확 ③ 탈의실 협소 및 짐 보관소 운영 미비 ④ 매 1킬로미터 단위로 거리 표시가 되지 않은 점 ⑤ 물과 간식이 제대로 공급되지 않음은 물론, 대회가 끝나기 전에 급수대와 물 스펀지대를 철거한 점 등이다. 그럼에도 불구하고 ① 대회장의 주변 경관이 넓고 아름다움 ② 동행 가족들을 위한 체험 시설 등을 대폭 준비한 점 ③ 출발 장소의 색다른 아취 ④ 뛰기에 적당하고 원만한 코스 마련 ⑤ 서울~임진강역까지의 특별열차 제공 ⑥ 북한 주민 돕기 성금 기탁 등은 매우 좋았던 점으로 기억된다. 마라톤대회는 동행하는 가족도 같이 즐기지만 달림이들을 위해서 마련된다. 대회를 주최한 경기도와 후원기관·단체, 생산 활동과 생업의 불편을 감수하고 오랜 시간 동안 차량통제에 협조하여 주신 파주 시민, 차량통제와 급수·간식 지원을 위해 뙤약볕 아래서 고생하신 경찰과 자원봉사자 등 대회의 성공적인 준비와 진행을 위해 애쓰신 모든 분들께 깊은 감사의 마음을 전하고 싶다.

완주하고 나니 다리에 힘이 하나도 없고 후들후들 떨린다. 간단한 스트레칭으로 몸을 풀 기력도 없고 마냥 아프다. 14시 50분 서울행 열차에 탑승해야 하므로 마음 편하게 개길 시간이 없다. 물을 한 통 받고 칩을 반납하며 간식을 받은 후 짐을 찾는다. 너무 허기져서 간식(빵 1, 우유 1, 바나나 1, 연양갱 1)을 모두 먹은 후 옷을 갈아입고 임진강역으로 부지런히 걸어간다. 귀가를 서두르는 인파가 몹시 많다. 승차권 1매(1,400원 무료)를 얻어 14시 50분 행 열차에 올라타서 힘겹게 자리를 잡은 후 잠을 청한다. 16시 15분에 서울역에 도착 다시 강변역행 지하철(1,100원)을 탔고 강변역에 도착하니 16시 57분이다. 18시 55분 동해행 버스표(14,400원)를 구입한 후 17시 10분에 가까운 동방대중사우나(3,000원)에 들어가 18시까지 몸을 씻는다. 같은 건물에 있는 들녘식당에 들어가 두부김치전골(6,000원)과 소주 한 병을 시켜 점심 겸 저녁으로 부지런히 먹고 18시 40분에 동서울터미널에 도착한다. 18시 55분 동해행 버스에 탑승하자마자 곧바로 잠이 들었고 장평휴게소에서 15분 정도의 휴식을 가진 후 동해에 도착하니 22시 20분이다. 다리 근육을 풀어 주기 위해 걸어갈까 택시를 탈까 잠깐 고민하다 택시(2,500원)를 탔으며 집에 도착하니 22시 30분이다. 이로써 정말 숨 가쁘게 파주시를 오가면서 뛴 23번째 풀코스 여행은 마무리되었다.

댓글

양 계장님 또 한 번 고생하셨네요. 멋있습니다.

임진호[2008/10/02]

아이고, 양 선배님 글 좀 짧게 써 주셔요. ㅋㅋㅋ 읽다가 읽은 줄 또 읽게 되자나요. 고생 많으셨어요. 부상 없이 항상 즐런 되세요. 지금은 많이 회복하셨겠죠.

심관홍[2008/10/01]

캬 ~~~
대회 참가가 평상시 훈련이네요. ……ㅎㅎ
힘!

신윤승[2008/10/01]

의미 있는 대회 참가기 잘 읽었습니다. 평화통일을 염원하는 온 국민들의 성원에 마라톤 마니아들의 힘이 보탬이 되었으면 합니다. 다음 대회에는 좀 더 성숙된 운영을 기대합니다.

임미수(211.247.228.89) 10/03

☺ 마라톤 유머

- 더위 먹은 짐승들 -

사람이 되겠다며 마늘만 먹다가 영양실조로 죽은 곰순이
자기도 날 수 있다며 아파트 옥상에서 떨어져 죽은 오골계
토끼네 집 앞에서 달리기 한판 하자고 소리 지르는 거북이

용왕님께 간 팔고 오겠다며 바다로 떠난 토 선생
남이 먹던 건 더러워서 못 먹겠다던 하이에나
오늘부터 다이어트 하겠다던 돼지들
생선회 칼을 늘 품에 넣고 다니는 깡패 광어들
술 취해서 앞으로 걸어가는 바닷가의 게들
　- http://www.ezday.co.kr/ -

- 사자와 거부기 -

사자와 거부기가 달리기 경주를 합니다.
사자: 어이 거부기, 가방 좀 내려놓고 뛰지……
거부기: ……
사자: 어이, 더운데 가방 좀 내려놓고 뛰지……
거부기: …….
사자: 야 임마, 등딱지 내려놓으라고.
화가 난 거부기: 머리나 묶어, 이 미친년아……!
　- http://www.ezday.co.kr/ -

신라 천년의 고도를 달린
'동아일보 2008 경주국제마라톤대회'(24)

1. 대회개요

○ 대회명: 동아일보 2008 경주국제마라톤대회

○ 일시: 2008. 10. 19.(일) 08:00(날씨: 맑음)

○ 장소: 황성공원 시민운동장

○ 주최: 경상북도, 경주시, 대한육상경기연맹, 동아일보사

○ 코스: 황성공원 시민운동장~경주 시내 순환코스

○ 종목: 3종목(풀, 하프, 10킬로미터 단축코스)

○ 참가비: 40,000원(풀코스)

○ 기념품: 아식스 아웃도어 배낭, 완주 메달

○ 총경비: 125,500원(참가비 포함)

○ 소속: 동해시청마라톤클럽, 동해마라톤클럽

○ 기록: 04:45:14/2,754위

2. 참가배경

경주는 초등학교 때 수학여행을 가면서 처음 방문을 했던 곳이다. 몇십 년간의 세월이 지났지만 아직까지도 불국사, 석굴암, 첨성대 등의 기억은 아련히 남아 있다. 그 이후에도 더러 가 보았겠는데도 기억이 잘 나지 않는 것을 보면 경주에 대한 첫인상이 강렬하게 각인되었는가 보다. 매월 1개 대회는 뛰어야 하고 업무와 다른 일정을 감안하여 대회를 찾다가 경주대회를 발견하였으며 비록 짧은 일정이지만 경주의 모습을 보고 싶은 마음에 참가를 신청하게 되었다. 9월 27일 파주에서 개최된 '2008 경기 통일마라톤대회'에 참가한 이후에도 연습을 착실하게 하지는 못했지만 기록에 연연해서 너무 무리하지는 않으므로 걱정은 크게 되지 않았다. 다만 헌혈을 한 후 하루만 지나면 회복된다는 얘기를 들었으나 대회 3일 전에 헌혈을 한 것은 조금 염려가 되었다.

3. 출발부터 대회장에 도착할 때까지

10월 18일(토) 09시에 집을 나서 아내와 함께 10시 30분까지 시내를 돌아다니며 볼 일을 마친 후 시외버스터미널로 향한다. 도착하자마자 화장실에 갈 틈도 내지를 못하고 10시 45분 포항행 버스(19,800원)에 몸을 실었고 병곡휴게소에서 잠시 휴식을 가진 후 14

시 10분에 포항버스터미널에 도착한다. 터미널 안의 아서원에서 수타짜장면(4,000원)으로 점심을 때우는데 오랜만에 먹어 보는 수타면이 입맛에 딱 맞는다. 14시 50분에 경주행 버스(2,700원)를 탔고 15시 27분에 경주시외터미널에 도착한다. 대한민국의 대표적인 관광지로서 세계적으로 널리 알려져 있을 경주시외버스터미널의 환경은 그리 깨끗해 보이지 않는다. 4차선 도로를 건너가니 형산강 변인데 하천 변이 참 잘 가꾸어져 있다. 3.4킬로미터에 이르는 둔치는 폭 30~50미터 정도의 넓은 잔디밭과 조깅로, 자전거 도로, 인라인스케이트 도로, 산책로 등으로 이루어져 있다. 시합을 하는 유소년 선수들의 모습과 산책을 하고 조깅을 하거나 자전거를 타고 낚시를 하는 시민들의 모습이 단풍으로 물들어 가는 가로수와 유유히 흐르는 형산강의 물과 함께 아름답게 조화를 이루고 있다. 15시 40분부터 형산강 변을 따라 대회 출발지인 황성공원 시민공원까지 두루두루 구경하며 걸어가니 16시 35분이다. 대회장 주변의 도로에는 마라톤 거리표시, 현수막과 아취 등 홍보물 설치로 분주스러운 모습이다. 16시 40분부터는 황성공원 안을 두루 살펴보았는데 그 규모도 상당하였지만 문화예술시설과 체육시설, 편의시설 등이 집단화되어 있는 것이 몹시 부러웠다. 규모는 31만여 평에 달하는데 운동장, 실내체육관, 축구장, 씨름장, 게이트볼장, 풋살경기장, 테니스장 등의 체육시설과 도서관, 청소년수련관, 박목월 노래비, 김동리 문학비 등과 충혼탑, 김유신 장군 동상, 일본 奈良市와의 자매공원 등이 건립되어 있고 문화예술회관은 건축 중에 있었다. 17시 30분부터는 숙박장소(찜질방)와 식사할 장소를 찾아 시내를 이리저리 둘러본다. 18시 50분에 용팔이막창이라는 곳을 찾아 들어가 막창구이라는 음식을 경주 지방 소주인 참소주와 함께 처음 맛보는데 입맛에 맞는다. 20시에 저녁식사(17,000원)를 끝내고 나니 아직은 시간이 이른 듯해 시내 구경도 할 겸 입가심으로 한잔할까 해서 몇 곳을 들러 보았는데 마땅한 곳이 눈에 띄지 않는다. 21시에 스카이찜질방(7,000원)을 찾아 들어가 간단히 샤워를 한 후 적당히 눈 붙일 곳을 찾아 자리를 잡는다.

10월 19일 04시 25분에 눈을 뜬다. 몸을 씻고 05시 40분에 찜질방을 나가 아침식사 할 곳을 찾아보니 눈에 띄질 않는다. 시간은 자꾸 흘러가므로 할 수 없이 가까운 김밥나라에 들어가 설렁탕(4,000원)으로 아침식사를 한다. 김밥집에서 김밥 외에도 다양한 음식을 취급하고 있다는 사실을 처음 알았다. 아직은 이른 시간인데도 식사를 하고 김밥을 사러 오는 손님들이 자주 보인다. 06시 7분에 식당을 나와 경기장에 도착하니 06시 17분이다. 대회 참가자와 진행요원들의 움직임으로 부산스럽다. 일찌감치 화장실에 들러 볼일을 보고 아식스 현장 판매부스에서 녹차를 한 잔 받아 한 기를 달랜다. 경기장 주변을 돌아보면서 구경을 하고 짐을 맡기고 몸을 푼 후 출발 장소의 모습을 카메라에 몇 컷 담는다. 사회자의 멘트에 따르면 전체 참가자는 13천여 명 정도 되며 풀코스에는 4천5백여 명이 뛴다고 한다. 에어로빅 팀의 공연과 스트레칭, 개회 선언, 인사말씀에 이어 엘리트 선수들이 축포와 함께 출발을 했고 풀코스는 8시 5분에 출발을 한다. 이번 대회부터는 다만 몇 장의 사진이라도 찍어 보자는 뜻에서 카메라를 준비해 갔으며 카메라를 가지고 뛰기로 한다.

4. 대회 참가 및 완주

　출발 지점을 지나면서 마라톤시계의 스톱워치를 눌렀는데 작동이 되지 않는다. 몇 번을 시도하다가 그만 포기하고 만다. 오늘도 4시간 30분 정도를 완주 목표로 정하고 다른 사람들의 페이스에 이끌려 가지 않을 것을 다짐해 본다. 300여 미터 정도 진행하니 4차선 도로가 나오는데 전체를 통제한다. 이른 시간인 탓도 있지만 비교적 쌀쌀하고 약한 바람도 불어 주는 것이 달리는 데 최적의 날씨라는 생각을 갖는다. 도로변의 가로수와 가까운 산자락은 단풍으로 붉게 물들어 가고 있고 하늘은 무척 쾌청하다. 도로변에는 많은 시민들이 수기(태극기)를 흔들고 농악을 연주하며 파이팅을 연호해 준다. 교통통제에 협조해 준 것만도 고마운데 이른 시간에 나와서 반겨 주고 적극 응원해 주는 것이 무척 고맙다. 5킬로미터를 32분에 통과하는데 이 정도 속도면 된다는 생각을 하며 물을 조금 마실까 하다가 그냥 지나친다. 시가지의 도로변 곳곳에는 선수들을 반기는 시민들의 모습이 연이어 보인다. 지금까지 참가해 본 국내대회 중 시민들의 열기가 가장 뜨거웠던 대회인 듯하다. 7.5킬로미터 스펀지대를 지나 10킬로미터는 61분에 통과를 한다. 29분 만에 5킬로미터를 달렸으니 조금 빨리 달렸다는 생각에 속도를 늦춘다. 11킬로미터를 지날 때 선두 흑인 선수의 모습이 보인다. 9명의 흑인 선수 무리가 연이어 지나가고 대략 1킬로미터 이상 뒤떨어져서 우리 선수들의 모습이 보인다. 13킬로미터 정도부터는 강변도로 코스이므로 주변 경관이 한결 보기 좋고 시야도 시원스럽다. 91분경에 15킬로미터 지점을 지나면서 물을 반 컵 정도 마시고 조금을 더 가니 반환점이다. 20킬로미터를 122분에 통과한다. 초코파이 1개와 물을 한 컵 가득히 마신 후 다리와 허리운동을 하면서 몸을 풀어 준다. 사람 눈에 뜨이지 않는 으슥한 곳을 찾아 상당한 시간 동안 참았던 작은 일을 보니 시원하다. 엉덩뼈와 무릎에 통증이 조금 있긴 하지만 아직까지는 상당히 양호한 편이다. 23킬로미터 지점에서 강변 코스를 벗어나 25킬로미터를 162분 만에 통과를 한다. 5킬로미터를 40분에 뛰었으니 너무 많이 걸린 것인데 초코파이 먹고 소변 보고 몸 풀면서 너무 많은 시간을 사용한 것이다. 28킬로미터 지점을 지날 때 강릉경포호수마라톤클럽의 남녀 선수를 발견하고는 반갑게 인사를 나눈 후 앞질러 간다. 29킬로미터 지나갈 때 왕릉이 보이므로 응원해 주는 여성에게 사진 촬영을 부탁해서 한 장 찍는다. 뛰다 말고 무슨 사진을 찍느냐며 참 별난 사람이네 하는 표정을 지으며 반갑게 찍어 주므로 감사의 표시를 하고 다시 대열에 합류한다. 30킬로미터를 195분에 통과하면서 바나나 한 개와 물 한 컵을 마신다. 아직까지는 몸 상태가 괜찮다. 고분, 사찰 등 역사 문화유적이 가장 많은 도시인 까닭에 오래되고 조금은 낡이 보이는 건물들이 많이 보이지만 도로 주변은 잘 정비되어 있어 보기가 좋다.

　30킬로미터를 지나니 걷는 선수들의 모습이 간간이 보이기 시작한다. 11시 20여 분을 지났으니 햇볕이 따갑게 느껴지고 이제는 피로감이 몰려올 시간이므로 동병상련의 마음으로 이해가 된다. 잠깐 동안 몸의 근육을 풀어 준 후 다시 천천히 뛰기 시작한다. 35킬로미터를 229분에 통과를 한다. 이제 남은 거리는 7.2킬로미터 정도이고 시내 중심도로를 달린다. 6차선 도로인데 주행하는 반대 방향의 차로에도 차량이 별로 보이지 않는다. 전면통제를 한 것인지 아니면 시민 스스로 통행을 자제하는 것인지 조금은 의아스럽다. 38킬로미터 정도를 지나면서 허리에 통증이 심하게 느껴진다. 사이클 봉사단에게 요청해서 허리에 에어파스를 뿌려 주니 한결 좋다. 마지막 혼신의 힘을 쏟기 위해 잠깐 동안 스트레칭을 하고 몇 걸음 내딛으니 현기증을 느낀다. 지금까지 23번의 풀코스를 뛰면서 현기증을 느낀 것은 처음이므로 바로 뛰기를 멈추고 걷기로 한다. 사흘 전에 한 헌혈의 영향 때문이 아닌가 하는 생각이 든다. 5분 정도 걷다가 괜찮다 싶어 다시 300여 미터를 뛰니 같은 현상이므로 걷는다. 다시 5분 정도 걷다 500여 미터를 뛰니 계속 어지럽고 몸이 힘들다. 39킬로미터 지점을 눈앞에 두고 시간을 보니 4시간 25분 정도 걸렸는데 킬로미터당 10분씩에만 걸어도 제한 시간 안에 완주는 가능하므로 계속 걷기로 마음을 바꾼다.

40킬로미터 지점에서 큰 컵 가득히 물을 마시고 나니 다시 힘이 솟는 기분이 들고 연도 변에는 시민들의 모습이 많이 보이므로 마냥 걷는 것이 조금 창피하다. 41킬로미터를 지나면서 다시 힘을 내어 천천히 뛰어 보니 현기증이 느껴지지 않으므로 골인 지점까지는 멈추지 말고 계속 뛰기로 한다. 황성공원 입구에 들어서니 주로 양편에는 벌써 완주를 한 선수들과 가족, 시민들로 가득하고 응원과 환호성으로 없던 힘이 더 난다. 105리를 힘들게 달려온 나와 비슷한 수준의 선수들이 걷는 것과 크게 다르지 않은 속도로 뛴다. 모두 엄청 힘들겠지만 목적지에 다 왔기 때문인지 밝고 즐거운 표정들이다. 운동장 안에 들어서서는 조금 더 힘을 내어 속도를 내어 본다. 피니쉬라인을 통과할 때의 시간은 4시간 46분 정도를 조금 넘어서고 있었는데 막판에 조금 달린 것이 10여 분 정도의 시간을 앞당겨 주었다. 골인하자마자 참가 선수에게 기념 촬영을 부탁하여 한 컷 찍는다. 새로운 경험을 쌓으면서 즐겁고 힘들게 또 하나의 마라톤을 끝낸 것이다.

5. 소감 및 귀향

3주 만에 풀코스를 뛰었다. 먼 곳의 대회를 힘들게 뛰었음에도 지금까지 다녀 보았던 대회 중 가장 좋았던 대회로 기억되지 않을까 하는 생각을 갖는다. 경주시의 대표적인 공원과 깨끗한 시가지, 농촌의 황금빛 들판, 잘 정비된 아름다운 형산강 변으로 이어지는 코스는 조금은 복잡한 듯하나 오히려 무료하지 않았다. 급수와 간식, 스펀지도 충분하였고 시민들의 호응도도 가장 높았던 것 같다. 좋은 시기, 좋은 날씨에 교통통제가 잘 이루어진 탓에 매연을 거의 느끼지 않았다. 국제적인 선수들이 참가하는 대회인 만큼 주최 측에서는 선수들을 위해 세심한 부분까지 배려를 하였기 때문이리라 생각한다. 한 가지 아쉬운 점은 내가 미처 발견하지 못했는지는 모르겠으나 주로 변에 간이화장실이 없었다는 것이다. 최근에는 많은 대회에서 선수들의 편의를 고려하고 시민에게는 좋지 않은 모습을 보이지 않도록 하기 위하여 주로 변에 간이화장실을 설치하는 추세이기 때문이다. 대회를 주최한 경상북도와 경주시, 동아일보 등의 각급 기관·단체, 생활의 불편을 감수하고 오랜 시간 동안 차량통제에 협조하고 응원과 격려를 해 주신 경주 시민, 차량통제와 급수·간식 지원을 위해 고생하신 경찰과 자원봉사자 등 모든 대회 관계자 여러분들께 깊은 감사의 마음을 전한다.

의외로 엉덩뼈와 무릎의 상태가 그런대로 괜찮다. 칩을 반납하고 간식(빵 한 개, 바나나 한 개, 음료수 한 개)을 수령하여 곧바로 남김없이 먹고 나니 허기가 가신다. 시간 여유가 있으니 시외버스 터미널까지 걸어가기로 하고 13시 30분에 대회장을 나선다. 가는 도중 14시 10분에 천지장목욕탕(4,000원)에 들러 샤워를 하고 터미널에 도착하니 15시 10분이다. 15시 25분 포항행 버스에 탑승해서 16시 5분에 도착을 하였고 터미널식당에서 우동(2,500원)으로 간단히 요기를 한 후 16시 44분 동해행 버스에 오른다. 피곤한 탓에 곧바로 잠이 든 듯하고 병곡휴게소에서 20분간의 휴식을 한 뒤 동해에 도착하니 20시 8분이다. 마침 친구가 낚시를 가서 상당한 양의 어획물을 낚아 회와 매운탕을 끓여 놓고 기다린다고 하므로 아내에게는 도착 전화를 해 주고 택시(2,000원)를 타고 친구 집에 도착하니 20시 15분이다. 돔, 전복 등의 회와 매운탕을 반찬 삼고 안주 삼아 복분자 등 담근 술로 주로에서 빼앗긴 기력을 가득 보충한 후 200여 미터 떨어진 집에 도착하니 22시 25분이다. 허기진 상태에서 이렇게 맛있는 회와 매운탕을 먹어 보기는 처음이었던 듯하여 친구와 친구 아내에게 거듭거듭 감사를 표하면서 나온다. 새로운 마라톤 경험과 낯선 지역에 대한 새로운 지식과 정보를 쌓은 24번째 마라톤 여행은 이렇게 마무리되었으며 다음에는 좀 더 착실한 연습과 몸 관리로 '즐기는 마라톤을 하자'고 다짐해 본다.

또 한 번의 마라톤 여행을 무사히 잘 마쳤네요.@@
부상 없이 모든 마라톤대회를 섭렵하시 길 바랍니다.
멋있습니다.

임진호[2008/10/28]

안녕하세요. 반갑습니다. 예전 동해시청 근무했던 사람입니다.
참가기 잘 읽었습니다. 직접 뛰는 듯한 느낌입니다.
언제 주로에서 한번 뵙지요. 건승하세요.

홍정기(220.123.96.166) 10/29

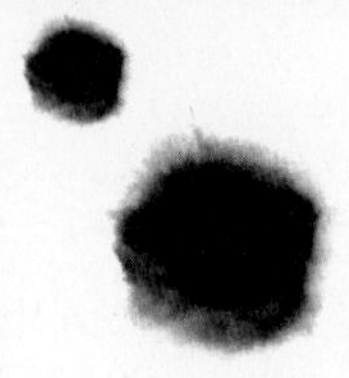

1년 8개월 만에 SUB 4를 이룬
'2008 중앙서울마라톤대회' (25)

I. 대회개요

○ 대회명: 2008 중앙서울마라톤대회

○ 일시: 2008. 11. 2.(일) 08:00(날씨: 맑음)

○ 장소: 잠실종합운동장

○ 주최: 중앙일보, 일간스포츠, 대한육상경기연맹

○ 코스: 잠실종합운동장~성남 왕복

○ 종목: 2종목(풀, 10킬로미터)

○ 참가비: 40,000원(풀코스)

○ 기념품: 미즈노 기능성 티셔츠, 완주 메달

○ 총경비: 121,750원(참가비 포함)

○ 소속: 동해시청마라톤클럽, 동해마라톤클럽

○ 기록: 03:59:10/전체 4,031위(연령별 2,321위)

○ 우승자: 에티오피아 솔로몬 몰라/02:08:46(국내 1위: 지영준/02:13:04)

2. 참가배경

중앙서울마라톤대회는 지난해에 참가했다. 시기도 적절했지만 참가해 본 대회 중 상당히 좋았던 코스로 여겨지던 곳이다. 참가해 보지 않은 대회만 골라서 뛰기로 작정을 하면서도 동아일보, 조선일보, 중앙일보에서 주관하는 3개의 대표적인 마라톤대회는 모두 참가하기로 결정을 했으므로 주저 없이 신청을 하였다. 2주 전에 동아일보 경주마라톤대회에 참가한 후 이 모임 저 모임 참석 등 바쁜 일과로 전혀 연습을 하지 못하였으나 너무 무리해서 달리지는 않으므로 크게 걱정되지는 않았다.

3. 출발부터 대회장에 도착할 때까지

11월 1일(토) 11시 30분에 짐을 챙겨 집을 나선다. 12시 1분 동서울행 버스(15,300원)에 탑승을 했는데 버스요금이 900원(6.3%) 올랐다. 문막휴게소에서 점심을 때울 겸 호두과자로 요기를 한다. 15시 35분 동서울터미널에 도착해서 강변역으로 이동 신설동역행 지하철(1,000원)을 탔으며 16시 25분에 서울풍물시장에 도착한다. 지난 마라톤대회 참가 시부터는 조금 일찍 출발해서 개최지역의 볼거리를 찾아보기로 마음을 먹었으므로 미리 목적지를 정하고 간 것이다. 이곳은 청계천 8가 황학교 주변으로 2007년 10월에 30억

원의 사업비로 착공 2008년 4월에 5,056㎡ 규모로 개장했다. 잡화 가게, 옷가게, 신발가게, 전자제품 가게, 도자기 가게, 음식점 등 894곳의 노점이 입주해 있다고 하는데 쇼핑하는 시민들의 모습도 제법 보인다. 2층 건물의 모든 통로를 돌아다니고 나니 17시 30분 인데 아직 저녁식사를 하기에는 이른 감이 있으므로 청계천으로 발걸음을 옮긴다. 30여 분간 걸어 본 청계천 변은 생태공원, 체육 공원, 문화예술공원 등 여러 몫의 역할을 충분히 하고 있다는 생 각이다. 우아한 자태로 서 있는 왜가리 한 마리와 3마리의 오리 가족을 보았고 맑은 물속에는 물고기들이 지천이다. 높은 옹벽과 교각의 상하부 등은 예술작품으로서도 손색이 없어 보였고 이곳저 곳 설치되어 있는 돌다리와 무성한 풀숲 등은 이곳이 서울의 한복 판이 맞는가 하는 의구심을 갖게 한다.

　18시에 풍물시장으로 옮겨 음식점 주인이 자랑하는 보신탕으로 저녁식사를 하다가 노신사분과 합석을 하게 되어 반주도 한잔하며 이런저런 얘기를 나누었고 식대(12,000원)는 내가 계산을 한다. 보 신탕도 맛이 있었지만 노신사 분은 닭곰탕을 드시러 먼 곳에서 오 셨다고 하는 것을 보아 음식 맛이 제법 알려진 곳인 것 같아 식당 을 잘 골랐다는 생각을 갖는다. 19시에 시장을 나와 강변역으로 이동 20시에 단골 숙소가 되어 버린 강변스파랜드(7,000원)를 찾아 들어간다. 사우나를 끝내고 찜질방으로 들어가니 이른 시간임에도 얼마나 손님들이 많고 소란스러운지 적당히 자리 잡을 공간이 없 다. 이 방 저 방 수면실을 오가면서 틈새잠, 새우잠을 청해 보지만 뜻대로 되지 않는다.

　11월 2일 03시 40분에 눈을 떴는데 아프기도 하지만 눈두덩이

한 짐이다. 사우나에 들러 스트레칭과 샤워를 하고 나니 정신이 들고 피로가 조금은 풀리는 듯하다. 짐을 챙겨 5시에 찜질방을 나와 신촌설렁탕집에 아침식사를 하러 들어간다. 찜질방에서 식사를 하면 조금은 더 여유롭고 편하게 시간을 보낼 수 있지만 설렁탕(5,500원)이 속에 부담이 덜 될 듯하기 때문이다. 식사 중에 두 팀의 마라톤선수 7명이 들어온다. 이분들도 찜질방에서 하룻밤을 보낸 것 같아 나같이 미친 사람들이 많다는 생각에 실소를 한다. 05시 40분에 식당을 나와 강변역에서 종합운동장역(1,000원)으로 이동을 하고 06시 17분부터 07시 10분까지 운동장 내외부와 마라톤 행사장 주변을 구경한다. 이른 시간이라 어둑하지만 대회 관계자와 자원봉사자들의 움직임이 분주하다. 긴 것 짧은 것을 준비해 갔으나 대세인 짧은 유니폼으로 갈아입으니 조금은 춥지만 어쩌랴. 매년 바람막이 비닐봉지를 나누어 주었는데 올해는 환경마라톤으로 치르기 위해 나누어 주지 않고 에어파스도 사용하지 않는다고 한다. 선수집결지에서는 07시 20분까지 얼른얼른 모이라고 계속해서 안내방송을 한다. 수십여 개의 간이화장실 앞에는 장사진을 이루고 있기 때문에 운동장 안의 화장실을 찾아 큰 일을 보고 집결지로 이동하니 7시 25분이다. 스트레칭을 하고 A그룹의 대열에 합류하여 출발 지점으로 이동을 한다. 지난해 보스턴마라톤대회 참가기록을 만들기 위해 소속 클럽의 후배님께서 만들어 준 기록 덕분에 A그룹 선수들과 어깨를 나란히 하게 된 것이다. 몸매는 A그룹감인데 기록은 C그룹에 속하지만 연습과 실력이 부족하니 어쩔 수 없는 일이다. 여성들도 여럿 보이는데 군살 하나 없는 몸매와 실력이 마냥 부럽고 나도 모르게 어깨가 움츠러드는 기분이다. 수백

미터를 걸어 7시 50분경 스타트라인에 도착을 하였고 유인촌 문체부장관, 주한 케냐 대사 등 내빈소개에 이어 개회선언을 하고 8시에 폭죽과 함께 출발신호를 알린다. 배동성 마라톤대회 전문 사회자의 멘트에 의하면 오늘 참가자는 2만 3천여 명에 달한다고 하는데 줄지어 서 있는 선수들의 행렬이 대단하다. 4월에 보스턴마라톤대회에 참가했을 당시의 참가규모와 엇비슷하니 엄청난 인파다.

4. 대회 참가 및 완주

오늘의 완주계획인 ① 목표기록(크게 의미를 두지는 않음)은 지난 대회보다 15분 앞당긴 4시간 30분 ② 보폭은 가급적 줄이고 걸음은 지면에서 최대한 낮게 함 ③ 오버 페이스는 절대 하지 않음을 다시 한번 되새겨 본다. 마라톤열기에 조금은 흥분했던 탓인지 출발하면서 스톱워치 누르는 것을 잊어버렸다. 1킬로미터 정도 지나서야 그 사실을 알았으니 정신을 어디에 두고 뛰는 것인지 참 한심하기 짝이 없다. 12차로 아니면 그 이상인지 기억이 잘 나지 않으나 그 넓은 도로를 전면 통제하여 주로의 반대편 도로에도 차량이 보이지 않는다. 고층빌딩 속의 넓디넓은 도로의 차량을 통제하여 시원스럽게 뚫린 도로를 달리는 기분은 정말 좋다. 하지만 차량통제로 인해 매일 이 길을 다녔던 시민들의 불편함과 고통을 생각하면 조금은 심한 것 아닌가 하는 생각이 든다. 조금은 쌀쌀하지만 날씨는 화창해서 좋다. 잘 가꾸어진 가로수의 나뭇잎은 울

굿불굿 단풍이 곱게 물들었고 도로 양편은 깨끗하게 잘 정비되어 있다.

선두그룹에 속해 달리는 탓인지 발걸음이 자꾸 빨라짐을 의식하게 된다. 늦추자 늦춰를 속으로 외치면서 속도를 늦추는데 모두 잘도 달린다. 저 많은 선수들이 저렇게 빠른 속도로 달리다 모두 완주할 수 있을까 하는 엉뚱한 생각이 든다. 4킬로미터를 지날 때 60은 넘어 보이는 어르신이 빠른 속도로 추월해 가는데 등에는 166회째라는 광고판을 붙였고 이번 대회가 5주 연속 풀코스 참가라는 말씀을 하신다. 참 놀라울 따름이다. 과연 그분께서는 어떤 기록으로 완주를 하셨을지 지금도 몹시 궁금하다. 5킬로미터를 30분에 통과하면서 물을 한 모금 마신다. 나중의 수분 부족을 감안해서 모든 급수대에서 물을 마시기로 마음을 먹었기 때문이다. 킬로미터당 6분에 뛰었는데 초반전이므로 괜찮다는 생각이다. 추월하는 선수나 추월당하는 선수들 모두 밝고 즐거운 표정이다. 서울에서 개최되는 대회에 참가할 때마다 서울이 참 잘 가꾸어져 있고 아름답다고 느껴진다. 서울시와 서울 사람들이 돈 많은 탓인지 방문할 때마다 나날이 달라지는 모습이다.

10킬로미터를 56분에 통과하며 물을 반 컵 마신다. 5킬로미터를 26분에 뛰었으므로 너무 빨리 뛴 것이다. 딴생각하면서 남의 페이스에 말려들었나 싶어 걱정이 되지만 무릎이나 엉덩뼈는 아직 괜찮다. 12킬로미터 지점에서는 목동마라톤클럽 회원 수십 명이 도로변에서 북을 치며 응원을 한다. 모두 즐거운 표정이다. 고마운 분들이므로 손을 흔들어 답례를 한다. 15킬로미터를 83분에 통과하였고 18킬로미터를 지날 때 선두그룹이 지나간다. 5킬로미터를

27분에 달린 것인데 아직까지도 몸에 통증은 없다. 흑인 선수 9명이 차례로 지나가고 백인 선수 2명 뒤에 경찰청 소속의 지영준 선수가 부지런히 달려간다. 많은 마스터즈 선수들이 지영준 파이팅을 외치며 힘을 보태어 준다. 인도에는 달리기를 포기하고 걸어오는 선수가 몇 명 보인다. 아마도 오버페이스 때문이었으리라. 왼쪽 무릎에서 통증이 시작되므로 달리는 속도를 줄이고 걸음의 높이를 더 낮추어 지면을 스치듯이 달린다. 17킬로미터 지점에서는 우리 은행에서 협찬한 밴드가 음악을 연주하며 힘을 보태 준다. 20킬로미터를 115분에 통과했으므로 32분 걸렸다. 엑스트림 스포츠젤을 두 개 받아 한 개는 먹고 한 개는 주머니에 집어넣는다. 포카리를 한 컵 받아 마시고 몸을 조금 푼 후 가까이 보이는 주유소의 화장실에 들러 작은 일을 보고 주로에 들어선다.

22킬로미터를 지났을까. 맞은편에서 양팔이 없는 선수가 달려온다. 3시간 페메가 뒤따라가는 것으로 보아 SUB 3 선수인데 정말 놀라울 따름이다. 마라톤 한다고 하면서 뭐 했나 싶어 조금은 창피한 생각이 든다. 23킬로미터를 지날 때 4시간 페메가 앞질러 간다. 너무 빨리 뛰었나 싶어 다시 속도를 줄이며 몸의 미세한 통증을 다스린다. 25킬로미터를 141분에 통과를 했으므로 5킬로미터에 26분이 걸린 것이다. 너무 빨랐고 약한 통증이 계속 이어진다. 반환점을 돌아 포카리를 한 잔 마시고 주로에서 쉬고 계시는 선수에게 한 컷 촬영해 줄 것을 부탁한다. 앞에는 약한 몸매의 여성 선수가 지친 기색도 없이 잘도 달린다. 따라잡을 듯한데 10~20여 미터를 줄기차게 앞서 간다. 이제는 피로감이 많이 몰려올 시간인지 간혹 걷는 선수들의 모습이 보인다. 27킬로미터 지점에서 4시간 페메를 발견한다. 잘만 하면 4시간 안에 골인이 가능할 것 같아 걱정과 함께 기대감도 든다. 30킬로미터를 172분에 통과했으므로 5킬로미터에 31분 걸렸다. 속도 늦추고 사진 찍고 몸 푸느라 조금 더 걸린 것이다. 4시간 페메를 50~100미터 앞에 두고 계속 달린다. 4시간 이내 완주가 더욱 가능하다는 생각이지만 지난 경주대회 시 문제가 발생했던 38킬로미터까지는 무리하지 말자고 다시 다짐을 한다. 스포츠젤이 공급되므로 한 개 받아먹고 물을 한 컵 마신다. 이젠 걷는 선수들의 모습이 자주 눈에 띈다. 35킬로미터를 207분에 통과했으므로 5킬로미터에 35분 걸렸다. 킬로미터당 7분이라니 당연히 힘은 들겠지만 너무 늦게 뛴 것이다. 경기를 포기하는 선수들이 계속 발생하는지 회수차량이 옆을 지나간다. 38킬로미터를 지나는데도 지난번과 같은 현기증은 없다. 4시간 페메는 멀지 않은 거리에서 계속 달리고 있으므로 4시간 내 완주가 확실시된다.

39킬로미터를 지나면서 4시간 이내 완주로 목표를 수정한다. 또한 골인 지점까지 몇 명이나 추월할 수 있는지 숫자를 세어 보기로 결심을 한다. 4시간 페메 그룹에 합류해서 조금 뛰어 보니 추월도 가능할 것 같다. 엉덩뼈와 무릎의 통증은 계속되지만 지난해 울트라 첫 도전에서 마지막 10킬로미터 뛸 때의 고통을 생각하면서 속력을 낸다. 한 명 두 명 따라잡으며 뛰니 재미가 쏠쏠하다. 종합운동장이 가까워질수록 응원하는 시민들의 모습이 많이 보인다. 모두 참 먼 거리를 잘도 달려왔구나 하는 생각이 든다. 1킬로미터 정도 남았을까 주로 변에는 응원하는 사람들로 가득하다. 박수 쳐 주고, 환호해 주고, 신나는 음악 빵빵하게 틀어 주고……

없던 힘이 절로 나므로 속도를 더욱 높인다. 종합운동장의 트랙을 한 바퀴 돌아 피니쉬라인을 통과할 때의 시간이 12시를 넘지 않고 있다. 4시간 안에 완주한 것인데 목표한 시간보다 30분 이상을 앞당긴 것이다. 마지막 7.2킬로미터를 32분에 뛰었으니 나로서는 엄청나게 빠른 속도로 무리를 한 것이다. 39킬로미터부터 추월한 숫자는 331명이다. 자랑할 거리도 되지 못하지만 2008년 들어 10번째 뛰었는데 가장 좋은 기록이었으며 17개 대회 참가 만에 3번째 SUB 4 달성이다. 기념사진을 한 컷 촬영함으로써 25번째 풀코스 도전을 무사히 마무리하였다.

5. 소감 및 귀향

　2주 만의 풀코스 완주이다. 처음 이 대회를 참가했을 때 코스와 선수들에 대한 배려가 상당히 좋게 느껴졌는데 올해도 만족스럽다. 스모그 현상 때문인지 쾌청하지는 않았지만 날씨도 매우 좋았고 전면적인 차량 통제 때문에 매연을 크게 느끼지 않았다. 충분하게 공급된 물과 스포츠 음료, 바나나와 초코파이, 스포츠젤, 물 스펀지 등은 선수들의 달리기에 크게 도움이 되었을 것이다. 다만 아쉬운 점은 코스 주변에 화장실이 없다는 것이다. 대도시의 대로변에서 방뇨하는 선수들의 모습은 통행하는 시민에게도 곱지 않지만 선수 본인들의 마음은 또 어떠하겠는가? 요소요소에 간이화장실이 설치되었으면 하는 바람이다. 이 대회를 주최한 중앙일보와 일간스포츠, 대한육상경기연맹, 교통 불편을 참고 오랜 시간 동안 차량통제에 협조하고 응원해 주신 서울 시민과 성남 시민, 그리고 대회의 성공 개최를 위해 애쓰신 경찰과 자원봉사자 등 모든 대회 관계자 여러분들께 깊은 감사의 마음을 전한다.

운동장 출입구에서 물을 한 통 받아 마시고 보조경기장의 트랙에서 스트레칭으로 몸을 푼다. 학생들이 칩을 풀어 주는 모습이 보였으나 직접 풀어 반납하고 완주 메달과 간식(빵, 음료수, 바나나, 초코과자)을 받은 후 물품보관소에서 배낭을 찾는다. 옷을 갈아입고 12시 25분경 운동장 입구에서 골인 지점으로 힘겹게 달려가는 선수들을 보니 내 모습을 보는 것 같아 감회가 새롭다. 12시 50분에 지하철에 탑승 13시 2분에 강변역에 도착하였고 13시 10분에 동방대중사우나(3,000원)에 들어가 몸을 씻는다. 14시에 들녘식당에 들러 순두부김치전골에 소주를 곁들여 점심식사(12,000원)를 한다. 식당에는 마라톤대회에 참가한 직장클럽 회원들이 완주담을 나누면서 뒤풀이를 찐하게 하고 있다. 15시 28분 동해행 버스에 탑승 20시 10분에 망상톨게이트에서 내린다. 다시 의형님 승용차에 탑승 발한동으로 이동해서 소주를 한잔 얻어 마신 후 22시에 귀가함으로써 25번째의 마라톤 여행은 마무리되었다.

25번째의 마라톤 여행기, 샤브 – 포 감축드리나이다. ……

신윤승[2008/11/07]

이제는 프로가 다 되었네요 참가기 감명 깊게 잘 읽었습니다.

홍성태[2008/11/05]

안녕하십니까? 보스턴 112회 동기 박귀남입니다! 마온에서 글을 보게 되니 너무 반갑군요! 우선 풀코스 25번 완주와 서브4 달성을 축하합니다~! 나도 중마 2주전에 북경 마라톤 대회에서 3시간 32분에 완주하고 중마에서 동기님들을 주로에서 혹시나 하고 보스턴 모자를 쓰고 달리면서 많이 두리번거렸는데 보스턴잠바 입으시고 응원하시는 박종언 선생님(최고연장자 74세)만 뵙고 얼마나 반갑던지요~ 나도 중앙에서 최고기록 세웠네요! 3:19:25 보스턴 전지훈련을 잘한 덕분이겠죠? ㅎㅎㅎ 보스턴 서울팀들은 11월 28일 2차 만남이 있는데 먼 길이지만 서울 마라톤대회 참석하는 정성으로 한번 놀러 오시죠?

박귀남 11/07

☺ 마라톤 유머

술주정에 관한 X파일 ㅋㅋ

1. 심봉사 눈 뜨는형: 이런 유형의 사람들은 주로 술에 취하면…… 숨겨져 있던 끼가 발산되는 형.
2. 상갓집 아르바이트형: 이 사람들은 술만 먹으면 운다. 우는 이유는 아무도 잘 모른다. …….
3. 숙취성 혼절형: 술만 먹으면 자는 사람들이 있다. …….
4. 방랑시인 김삿갓 형: 술자리에선 잘 헤어졌다가도 담날 연락받으면 밖에서 주로 잤다고 고백하는 형이다.
5. 분노의 질주형: 참 대책이 없는 형태이다. …… 술에 만취하면…… 이유 없이 뛰기 시작하며…….
6. 정의의 용사형: 술만 취하면 싸우는 형……. 주로 주변 사람과 많이 싸우며 전봇

대나 아스팔트, 동네 간판을 그 대상으로 삼기도 한다. ······.

7. 동시 상영형: 이 형은 주로 필름이 끊겼다는 말로 설명되기도 하는데, 전문가의 의견에 의하면 알코올중독 초기 증상이라고 한다. ······.

8. 람보 또는 코만도형: 가장 위험한 형 중의 하나······. 주로 쓰레기통이나 자동차 사이드 미러, 동네 간판 등을 닥치는 대로 파손한다.

9. 미소 속에 비친 그대형: 특별한 이유 없이 실실 쪼개는 스타일이다. ······.

10. 대중가수 지망형: 길거리에서 고래고래~~ 노래를 부르는 형태······.

11. 정의의 사자형: 앞뒤 위아래를 뒤집는 형이다. 남들은 이해 못 하는 시빗거리를 갖고서 대개 그 자리의 장 격인 사람에게 시비를 건다.

12. 리플레이(되씹는)형: 아······ 생각만 해도 귀에서 쥐가 난다······? 가장 골 때리는 형이다.

여러분은 과연 몇 번 유형에 해당하십니까?

   - http://www.ezday.co.kr/ -

마라톤 참가현황 및 기록

연번	대회명	기록	일자	비고
1	제2회김제지평선전국마라톤대회	04:25:57.52	2003. 9. 28.	풀코스
2	2004서울국제마라톤대회 겸 동아마라톤대회	04:04:17	2004. 3. 14.	〃
3	제2회하이서울마라톤대회	03:46:55	2004. 10. 3	〃
4	제6회경향신문서울마라톤대회	04:11:20	2006. 4. 16.	〃
5	제8회경인일보남한강마라톤대회	04:57:32.72	2006. 6. 4.	〃
6	제4회하이서울마라톤대회	04:53:30	2006. 10. 1.	〃
7	2006조선일보춘천마라톤대회	05:22:55	2006. 10. 29.	〃
8	2007동아일보서울마라톤대회	03:50:00	2007. 3. 18.	〃
9	제7회경향신문서울마라톤대회	04:16:25	2007. 4. 15.	〃
10	제12회바다의날마라톤대회	04:48:55	2007. 6. 2.	〃
11	2007진고개대관령울트라마라톤대회	14:28:00	2007. 7. 15.	울트라
12	제7회 독도 지키기 울릉도오징어마라톤대회	실패	2007. 8. 26.	풀코스
13	제4회철원DMZ국제평화마라톤대회	04:47:53.39	2007. 9. 16.	〃
14	2007국제평화기원마라톤축제	04:34:15	2007. 10. 3.	〃
15	2007조선일보춘천마라톤대회	04:34:44	2007. 10. 28.	〃
16	2007중알일보서울마라톤대회	04:10:55	2007. 11. 4.	〃
17	2008 새해 첫날 마라톤대회	04:38:27	2008. 1. 1.	〃
18	제5회 한강 동계 풀코스마라톤대회	04:45:54	2008. 2. 3.	〃
19	제11회 서울마라톤대회	04:24:58	2008. 3. 2.	〃
20	제112회 보스턴마라톤대회	04:17:50	2008. 4. 21.	〃
21	제4회 HCN 충북방송충주마라톤대회	04:06:21	2008. 5. 18.	〃
22	평화통일기원 제7회 화천비목마라톤대회	04:42:41	2008. 6. 8.	〃
23	한가위맞이 제5회 남산우정마라톤대회	04:41:51.58	2008. 9. 13.	〃
24	2008 경기평화통일마라톤대회	04:45:48	2008. 9. 27.	〃
25	동아일보 2008 경주국제마라톤대회	04:45:14	2008. 10. 19.	〃
26	2008 중앙서울마라톤대회	03:59:10	2008. 11. 2.	〃

▮ 약력

강원도 동해시청 근무
한국방송통신대학교 국어국문학과 졸업
2002년 7월 마라톤 시작
2008년 11월 풀코스 24회 완주
100km 1회 완주

마라톤 아무것도 아니다

초판인쇄 | 2009년 2월 6일
초판발행 | 2009년 2월 6일

지은이 | 양원희
펴낸이 | 채종준
펴낸곳 | 한국학술정보㈜
주 소 | 경기도 파주시 교하읍 문발리 513-5 파주출판문화정보산업단지
전 화 | 031) 908-3181(대표)
팩 스 | 031) 908-3189
홈페이지 | http://www.kstudy.com
E-mail | 출판사업부 publish@kstudy.com

등 록 | 제일산-115호(2000. 6. 19)
가 격 23,000원

ISBN 978-89-534-1012-1 03040 (Paper Book)
       978-89-534-1026-8 08040 (e-Book)

이담
Books 는 한국학술정보(주)의 지식실용서 브랜드입니다.